Helga Kernstock-Redl • Béa Pall

Gefühlsmanagement

Eigene und fremde Gefühle verstehen, nutzen und steuern:
Konstruktiver Umgang mit Emotionen im Beruf, im Team und Alltag

Ökotopia Verlag, Münster

Impressum

Autorinnen	Helga Kernstock-Redl Béa Pall
Illustrator	Boris Braun
Satz	art applied • Medienproduktion Hennes Wegmann, Münster
ISBN	978-3-86702-092-3

1 2 3 4 5 6 7 8 9 10 11 • 16 15 14 13 12 11 10 09

Inhalt

Geleitwort

Die Ergebnisse der modernen Gehirnforschung belegen, dass wir auf Sinneseindrücke zuerst emotional reagieren, bevor unser Denken und Wollen aktiv werden. Erstaunlicherweise wird dies in den Ausbildungen für Lehrpersonen, professionelle Helferinnen und Helfer sowie für Führungskräfte in Wirtschaft und Verwaltung selten berücksichtigt.

In den meisten Organisationen werden bekanntlich Emotionen nicht geschätzt, sondern nur als behindernde Kräfte verstanden, die schnell ruhig gestellt werden müssen, um wieder zur viel beschworenen „Sachlichkeit" zurückzukehren. Dieses Gebot der „Sachlichkeit" hat vielerorts das Äußern von sog. „negativen" Emotionen – wie Ärger, Angst, Zorn oder Unsicherheit etc. – tabuisiert. Dennoch sind diese Emotionen ja da! Sie bestimmen das Verhalten der Menschen, ob sie diese nun ausdrücken oder nicht. So wird durch eine Kultur in einer Organisation, welche Rationalität zur Norm gemacht hat, nur Konfliktscheue und Konfliktunterdrückung erreicht. Doch die vorhandenen und nicht ausgelebten Emotionen entfalten auf Schleichwegen ihre Wirkung und führen zu „kalten Konflikten". Das heißt, Differenzen werden nicht offen, sondern nur indirekt und hinterrücks ausgetragen und können weiter eskalieren. Weil jedoch Emotionen immer mit rationalen Elementen vermischt auftreten, spielen sie unbemerkt in alle Auseinandersetzungen hinein, wie sehr man diese auch sachbezogen führen möchte. Die gegenseitige Durchdringung von Ratio und Gefühl ist schon in entspannten Situationen gegeben, doch in Zeiten von Stress, Spannungen, Reibungen und Konflikten wird dies zum Problem, wenn Menschen nur noch blindlings von der „Affektlogik" getrieben handeln. Wie Studien zur psychischen Regression gezeigt haben, agieren sie dann „weit unter ihrem Niveau". Auch hochkultivierte Menschen fallen in ihrem Denken, Fühlen, Wollen und Verhalten auf primitivere Formen zurück, die sie in ihrer individuellen bzw. kollektiven Entwicklung eigentlich schon zurückgelegt haben. Wenn sie von übermächtigen Emotionen überwältigt werden, verlieren sie jegliche Kontrolle über sich selbst und über die Situation, in der sie sich gerade befinden. Sie sind „außer sich" im wahrsten Sinne des Wortes, weil sie nicht mehr Ich-geleitet, nicht mehr von ihrem Selbst geleitet handeln.

Es fragt sich dann: Wer handelt eigentlich, wenn ich „außer mir bin"? Carl Gustav Jung hat für diese seelischen Kräfte, die dabei mobilisiert werden, den Begriff des „Schattens" geprägt, Rudolf Steiner spricht in ähnlichem Sinn vom „Doppelgänger". Und beide weisen darauf hin, dass es in den seelischen Untergründen eines jeden Menschen verdrängte, dunkle und zerstörerische Kräfte gibt. Diese übernehmen die Macht, wenn Menschen ihnen Tür und Tor öffnen, weil sie nicht bei klarem Bewusstsein sind. Wer sich so in der Gefangenschaft seiner Gefühle befindet, ist in der Regel nicht bereit, Verantwortung für die Folgen seines Tuns – für tiefe persönliche Verletzungen und beträchtlichen Sachschaden – zu übernehmen. Wiederum stellt sich eine Frage: Wer ist eigentlich für die Folgen verantwortlich?

Müssen Emotionen somit als gefährliche Energien unterbunden und von außen oder „oben" unter Kontrolle gehalten werden? Darauf gab Daniel Goleman (1995), bauend auf die vorhandene empirische Forschung zu diesem Thema, eine ermutigende Antwort. Er lenkte mit dem Begriff der „sozialen Intelligenz" die Aufmerksamkeit auf die Bedeutung der Gefühle als Ressource für jegliches zwischenmenschliches Handeln. Soziale Intelligenz zeichnet sich durch die folgenden fünf Fähigkeiten aus:

- *Selbstreflexion* (wir sind uns dessen bewusst, was wir fühlen; erkennen Ambivalenzen und können diese aushalten; wir können einschätzen, wie unser Gefühlszustand auf andere wirkt)

- *Selbstkontrolle* (Stress wirft uns nicht aus der Bahn, wir lassen uns durch heftige Erregungen nicht mitreißen, sondern können uns beruhigen; wir verlieren uns nicht in einer Stimmung, fällen keine vorschnellen Urteile, denken bevor wir handeln)
- *Selbstmotivation* (wir lassen uns durch Enttäuschungen nicht entmutigen; wir können unsere Gefühle auf Zielerreichung ausrichten)
- *Empathie* (wir können uns in die Sichtweise anderer einfühlen, können sie nachvollziehen und können mit den Gefühlen anderer sensibel umgehen)
- *Interaktionskompetenz* (wir können auf sensible Art die Beziehung zu anderen Menschen gestalten, können Netzwerke aufbauen, wissen die richtige Nähe oder Distanz zu finden, können unsere Interessen artikulieren).

Goleman hat deutlich gemacht, dass soziale Kompetenz erlernt und entwickelt werden kann. Wenn wir sowohl mit negativen als auch mit positiven Emotionen selbstbestimmt umgehen können, werden sie zu einer äußerst wichtigen Ressource. Starke Emotionen sind immer Signale für ein bestehendes Problem eines Menschen oder einer Gemeinschaft oder einer Organisation; sie haben eine eminent wichtige Anzeigefunktion. Auch wenn wir diese Signale ignorieren, so bleiben die Konfliktpotenziale dennoch weiter bestehen und untergraben die Gesundheit, zerstören mit der Zeit eine Beziehung oder behindern die Entwicklung und Funktionsfähigkeit einer Organisation.

Hier setzt nun das Anliegen der Autorinnen dieses Buches an. Sie anerkennen Emotionen als Mittel, um einerseits deren äußere Ursachen und inneren Nöte aufzuspüren und danach zu bearbeiten, und andererseits, um zu erkennen, auf welche Bedürfnisse und angestrebte Ziele diese Emotionen hinweisen. Gefühlsmanagement wird so zu einer wesentlichen Komponente der Konfliktfähigkeit. Und Konfliktfähigkeit ist eine unverzichtbare Voraussetzung dafür, dass sich eine Gemeinschaft oder eine Organisation gesund entwickelt und nicht durch Gegenschläge aus der Bahn geworfen wird und sich selbst zerstört. Eine nachhaltige Konfliktlösung wird aber nur erreicht durch tiefere kognitive und emotionale Wendeerlebnisse, indem sich Menschen selbst aus der Gefangenschaft ihrer Emotionen lösen und sich nunmehr mitfühlend und verstehend anderen zuwenden können. Dann kann es auch zu einer Wende in ihrem Wollen kommen und der Konfliktgegner wird zum Konfliktpartner.

Wie das erreicht werden kann, zeigen Helga Kernstock-Redl und Béa Pall auf sehr differenzierte und klare Weise auf. Das Buch bietet somit sehr viele praktische und wirkungsvolle Methoden, mit denen sich Menschen durch Arbeit an ihren Emotionen selbst befreien können, so dass sie wieder „zu sich kommen". Diese Methoden sind von unschätzbarem Wert für BeraterInnen, Coaches, MediatorInnen, TherapeutInnen, SeelsorgerInnen und andere helfende Berufe – ja eigentlich für jeden Menschen im Berufs- und Privatleben.

Aber der Nutzen eines guten Gefühlsmanagements geht über die direkt Betroffenen selbst hinaus. Denn Gefühlsmanagement befähigt zu Selbstmanagement, wodurch sich Menschen gegenüber Manipulation immunisieren. Selbstmanagement ist schließlich die wichtigste Voraussetzung für Verantwortungsfähigkeit in allen gesellschaftlichen Bereichen. Und Verantwortungsfähigkeit tut Not – gerade in Zeiten, in denen unzählig viele Menschen durch Gefühlskälte und Verantwortungslosigkeit in eine der größten wirtschaftlichen und gesellschaftlichen Krisen der letzten hundert Jahre manövriert worden sind.

Durch Gefühlsmanagement möge auf lange Sicht eine neue Konfliktkultur entstehen, die uns vor ähnlichen Katastrophen bewahrt.

Friedrich Glasl

Vorwort

Wir freuen uns, dass Sie sich für dieses Buch entschieden haben. Es hat als klar definiertes Ziel, Selbst-Coaching für Menschen zu bieten, die ihre Kompetenzen im Management von Emotionen im beruflichen Kontext ausbauen wollen.

Um einen praktisch gangbaren Weg zu bieten, verwenden wir dabei nicht die Sprache der Forschung. Diese ist besonders im Bereich der Emotionen von extrem hoher Komplexität und Kompliziertheit, verwendet aufwändig definierte Fachausdrücke, konzentriert sich auf einzelne, in möglichst großen Studien bewiesene Einzelfaktoren und vermeidet Fragen und Aussagen, die zwar vielleicht wichtig und richtig wären, aber nicht wissenschaftlich exakt nachweisbar sind. Wir verzichten bewusst auf alle Differenzierungen, die unserer Erfahrung nach im beruflichen Alltag nicht zwingend notwendig sind. Daher werden die Begriffe Gefühl, Emotion, Stimmung, Empfindung etc. als Synonyme verwendet. Ähnliches gilt für die verschiedenen Gefühlszustände, die sich ebenfalls als Kategorienamen für einander ähnliche Emotionen verstehen: Der Begriff „Zorn" umfasst auch Ärger, Wut, Groll, Hass u. Ä. Die Beschreibungen der Empfindungen selbst, ihrer Ursachen und ihrer Ziele sind weder allgemeingültig noch umfassend, sondern möglichst prägnant.

Der Inhalt dieses Buches ruht, ähnlich wie ein stabiler Tisch, auf vier Stützen. Das sind das Münchner Trainingsmodell[1] , das sich im BESSER-Ablauf wiederfindet, das Wissen um den Wert von Gefühlsmanagement in der Traumatherapie, Erkenntnisse der Arbeits- und Organisationspsychologie und schließlich die systemische Sichtweise. Dieses Denkmodell betont, dass es in unserer Innen- und Außenwelt kaum einfache Ursache-Wirkungs-Zusammenhänge gibt.

Sie finden hier also zum Teil wissenschaftliche Arbeiten und Forschungsergebnisse und zum anderen Teil Erfahrungen der Autorinnen.
Beide Formen des Wissenserwerbes haben ihre Vorteile: Die Forschung liefert objektive Daten, die zumindest für die Mehrzahl von Menschen gelten. Persönliche Beobachtungen und Erfahrungen helfen, nützliche Muster zu finden und permanent zu überprüfen und zu optimieren.

Das Buch ist als eine möglichst alltagstaugliche Zusammenfassung von bewiesenen und bewährten Inhalten, Sichtweisen und Methoden gedacht. Wer das weite Feld der Emotionen und Konflikte noch näher kennenlernen möchte – und es ist tatsächlich ein ganz besonders spannendes Gebiet – der findet Stichwörter im Text und Literaturempfehlungen im Anhang. Finden Sie heraus, welche der nun folgenden Anregungen für Sie mit Ihrer einzigartigen Persönlichkeit und Geschichte in Ihrem ganz speziellen Umfeld passen und brauchbar sind. Neben den Texten gibt es viele (Wort-) Bilder zur Erklärung und Darstellung, um gehirngerechtes Arbeiten zu erleichtern und um Anregungen zur Entwicklung Ihrer ganz eigenen Vorstellungen, Modelle oder Melodien zu bieten. Diese sollen so gut zu Ihnen passen, dass aus Informationen unvergessliche Eindrücke werden.

Viel Freude beim Kennenlernen, Experimentieren und Optimieren unter dem Motto:
„Noch BESSER als gestern!"

Helga Kernstock-Redl
Béa Pall

1 Innerhofer 1977

Einleitung
Gefühle am Arbeitsplatz

In manchen Chefetagen ist noch immer scheinbar nur der Verstand gefragt. Gefühle haben dort keinen Platz, es wird höchstens noch eine gewisse „Intuition" oder ein „Gespür" für geschäftliche oder personelle Entscheidungen informell geduldet und in (internen) Besprechungen als Argument zugelassen – zumindest solange der Erfolg Recht gibt. Vielleicht wird noch hin und wieder vage von „Betriebsklima" gesprochen. Emotionen gehören in die Ebene der KundInnen, KonsumentInnen, WählerInnen oder KlientInnen. Dort werden sie gezielt geweckt, verändert oder genutzt. Oder sie werden im Privatleben gepflegt, in Beziehungen, im Hobby und Sport. In beruflichen Positionen hat man am besten „so etwas" nicht oder ist zumindest bemüht, nichts davon zu zeigen. Eine der wenigen Ausnahmen bildet das Stress-Gefühl, es ist seit einigen Jahren offiziell erlaubt.

Vermutlich erkannte man aufgrund dieser Ablehnung auch in der Forschung erst relativ spät: „People don't check their emotions at the door of their organisazion."[1] Besonders intensiv beschäftigte sich die Arbeits- und Organisationspsychologie mit diesem Bereich. Dazu wurde, um nur ein Beispiel zu nennen, in Amerika 1997 die „Emonet-Gruppe" als Diskussionsplattform ins Leben gerufen. Es kam zu intensiver Analyse von Emotionen in Zusammenhang mit Veränderungs- und Entscheidungsprozessen, mit Produktivität, Qualität, Burnout, Gefühlsarbeit, Konflikten u.v.m. Unter dem Schlagwort der Emotionalen Intelligenz wurden psychologische Tests entwickelt, die langsam ihren Weg auch nach Europa finden.[2] Es wurde vielfach bewiesen, dass Gefühlsmanagement nicht nur notwendig, sondern auch erlern- und trainierbar ist.[3] Systematische Forschung passiert derzeit in vielen Ländern und wird in Artikeln und Büchern präsentiert.

Ein spezieller Einsatzbereich dafür liegt im konstruktiven Umgang mit jenen Situationen, wo unausweichlich belastende Gefühle auftauchen: Es geht um Extremsituationen, schwierige MitarbeiterInnengespräche und um Konflikte, um eigene und jene von KollegInnen, KundInnen oder KlientInnen. Ohne die Lenkung des Verstandes neigen hier Emotionen aufgrund einer typischen Dynamik dazu, ungebremst zu eskalieren. Doch glücklicherweise gilt die Prämisse:

SIE MÜSSEN SICH (AUCH) VON SICH SELBST NICHT ALLES GEFALLEN LASSEN!

Menschen mit Führungsverantwortung werden mit ihren emotionalen Befindlichkeiten und Zuständen besonders allein gelassen. Es scheint, als würde man von ihnen erwarten, dass sie gar keine belastenden oder extremen Empfindungen haben. Selbst die angenehmen sind nur dann legitim, falls es die berufliche Situation erfordert. Man tut so, als ob man gutes „Betriebsklima mit sich selbst" nur durch ein wenig work-life-Balance oder Stressmanagement erhalten könnte und für das Klima im Team die Weihnachtsfeier genügt.

Doch das ist zu wenig. Emotionen entstehen beständig und ohne jede Steuerung durch das Bewusstsein. Und das ist gut so, denn sie tragen uns durchs Leben. Menschen haben selbst nichts davon, wenn sie stark, wichtig, klug und kompetent *sind*. Sie müssen sich stark, wichtig, klug und kom-

1 Ashkanasy u.a., S. xiii, 2000
2 MSCEIT ab 2011 bei Hogrefe
3 Einen guten Überblick zum Stand der psychologischen Forschung bietet die Reihe von Ashkanasy u.a. (z. B. 2002).

petent *fühlen* können, sonst mögen zwar andere von ihren Fähigkeiten profitieren, sie selbst jedoch nicht. Wer (sich) die unangenehmen Emotionen verbietet, sie konsequent verdrängt, verleugnet oder überspielt, der sperrt langfristig damit auch die angenehmen in den Keller des Bewusstseins und wird leer und gefühllos. So ist das nun einmal, jedes Ding hat zwei oder mehr Seiten und man kann auf Dauer nicht nur die gute Hälfte haben.

Was man anstreben, lernen und lehren kann, ist *Einfluss* darauf, was man mit einem Gefühl tut, ob man darauf hört, es verändert, es nutzt und es verstärkt, ob man sich hineinfallen lässt oder doch lieber aussteigt. Niemand muss der Spielball seiner Emotionen sein, oder wie es Viktor Frankl so treffend formuliert: „Man muss sich von sich selbst nicht alles gefallen lassen."

Menschen wissen sich seit jeher selbst zu helfen und daher kennen alle Erwachsene, die sich beruflich behaupten können, mehr oder weniger nützliche Maßnahmen für die Steuerung von Emotionen als Teilbereich der emotionalen und sozialen Intelligenz. Auch Sie haben mit Sicherheit viele Tricks auf Lager. Es ist sehr nützlich, sich dieser Techniken von Zeit zu Zeit bewusst zu werden und sie zu sammeln. Was also tun Sie, wenn Sie zornig, erschöpft, allzu begeistert oder verzweifelt sind, aber das in einem bestimmten Moment nicht (mehr) sein wollen? Wie machen Sie Kopf und Herz wieder frei, wie bekommen Sie die Füße felsenfest auf den Boden? Wie sorgen Sie für konstruktive Emotionen und wie bringen Sie Ihre Konflikte zu einem guten Ende? Wie unterstützen Sie bei alldem jene Menschen, für deren Führung oder Beratung Sie bezahlt werden?
Die vorgestellten Gesetzmäßigkeiten und Strategien können Ihr persönliches Repertoire erweitern, Alternativen aufzeigen und Ihr Wissen über die Grundprinzipien der menschlichen Gefühle und Konflikte vertiefen. Sie alle folgen der Prämisse Viktor Frankls:

DENN GEFÜHLSMANAGEMENT IST NOTWENDIG, MÖGLICH, NÜTZLICH UND LEHR- UND LERNBAR.

Grundlegendes zur internen Organisation der Gefühle

Hard Facts about Soft Skills

Eine ganz wesentliche Grundlage – wenn nicht sogar die wichtigste – für sozialen Erfolg, kompetente Führung und Konfliktlösung ist das gelungene Management von Emotionen. Dazu gehören zunächst einmal natürlich die eigenen Gefühle: Sie zu erkennen, sie gut zu handhaben und in den Dienst der eigenen Sache zu stellen sind wichtige Bausteine für nachhaltig zufriedenstellende Lebensführung. Daneben ist es günstig, die Emotionen anderer Menschen ebenfalls korrekt wahrnehmen und angemessen darauf reagieren zu können. Und schließlich geht es darum, wie diese Energien in Interaktionsprozessen gesteuert und brauchbar gemacht werden können.

Je vertrauter ein Mensch mit allen Aspekten von Gefühlsmanagement ist, je besser er diese inneren Vorgänge verstehen und je effizienter er sie nutzen kann, umso erfolgreicher wird er sein. Unter anderem bewirken diese Fähigkeiten, über jene Ausstrahlung zu verfügen, die man gemeinhin als authentisch bezeichnet: Wollen, Handeln und Fühlen sind widerspruchsfrei und wirken als Einheit:

„WENN ICH WILL, KANN ICH ZEIGEN,
WAS ICH FÜHLE, UND FÜHLEN, WAS ICH ZEIGE.“

Effiziente Authentizität hat zum Ziel, Verhalten und Emotionen so zu managen, dass beides gut zusammenspielt und in die gleiche Richtung zielt. Dazu braucht es einen guten Kontakt mit seiner Innenwelt, das Wissen, wann man seinen Gefühlen vertrauen kann, wann sie sich irren oder übertreiben, und die Fähigkeit, Gefühle im steuerbaren Bereich zu halten, sie zu vermindern, zu stärken oder konstruktiv zum Ausdruck zu bringen.
Im Unterschied zu Emotions*management* wird in der Literatur als „Emotions*arbeit*“ die Notwendigkeit definiert, ganz bestimmte Gefühle zu zeigen (bei Servicepersonal ist es Freundlichkeit, bei Sicherheitskräften ernsthafte Kampfbereitschaft). Vorgespielte Gefühle verursachen Erschöpfung[1], unterdrückte Emotionen ebenfalls[2]. Andererseits führt das ungefilterte Zeigen von z. B. negativen Gefühlen erwiesenermaßen zu geringerem Erfolg und Teamzusammenhalt.[3] Doch was wäre, wenn es gelänge, wirklich keinen Ärger bei mühseligen Menschen zu haben und aus konfliktfördernden Emotionen beizeiten auszusteigen und dabei nichts verleugnen oder vorspielen zu müssen? Das sind grundlegende Ziele der später beschriebenen BESSER-Strategie. Eine echte Kongruenz in Fühlen, Denken, Wollen und Tun vermittelt jene Ausstrahlung, mit der es sich zielgerichtet handeln, überzeugen und führen lässt:

GEFÜHLSMANAGEMENT
IST DER KÖNIGINNENWEG
ZU EFFIZIENTER AUTHENTIZITÄT.

1 s. Kap. „Emotional Labor" in Ashkanasy u.a. 2002
2 Jones u.a. 2002, S. 108
3 ebd.

Definition und Bestandteile von Emotionen und ihrem Management

Der Begriff Emotions- bzw. Gefühlsmanagement bezeichnet in diesem Buch ganz allgemein den Prozess der Analyse und des bewussten Umgangs mit Emotionen.
Daher ist es notwendig, sich über ihre Entstehungsbedingungen, ihre „Bestandteile" und ihren Verlauf Gedanken zu machen. Für uns als Autorinnen hat sich im Laufe der Zeit, als Kombination von gelesenen, beobachteten und selbst erlebten Faktoren folgendes Bild geformt:[1]

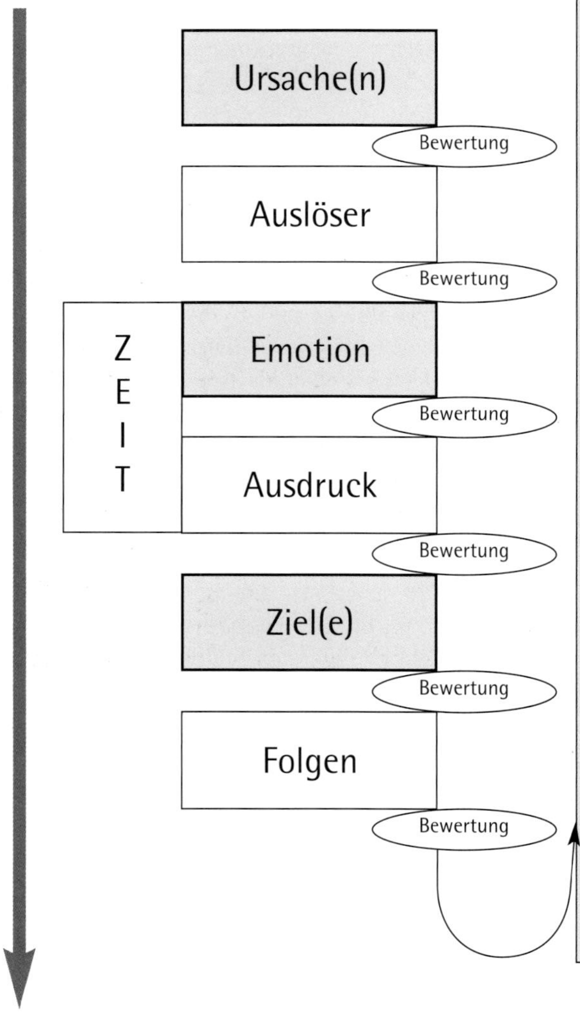

Aufgrund einer *Ursache*, z. B. die Erinnerung an eine frühere als negativ *bewertete* Erfahrung

wird ein aktuell wahrgenommener, als „spöttisch" *bewerteter* Gesichtsausdruck in einer ganz bestimmten Situation (bezogen auf Außen- und Innenwelt) zum *Auslöser* von

der *Emotion* Zorn, die als angemessen bewertet wird und daher

durch Körperspannung, Gesicht, Stimmlage und Wortwahl (in Übereinstimmung mit *Werten*) zum *Ausdruck* gebracht wird,

um das Selbstwertgefühl, ein positiv *bewertetes* Ziel zu verteidigen.

Das hat zur *Folge*, dass die lächelnde Person erkennt, dass ihr Gesichtsausdruck als Angriff verstanden wurde. Sie erklärt den Hintergrund ihres Gesichtsausdruckes.

Die zornige Person *bewertet* diese Klärung als Erfolg, was ihre vorangegangenen Bewertungen und Entscheidungen bestätigt und bestärkt (es war gut, so zu handeln). Sie fügt die neue Erfahrung ihrer früheren hinzu, was zukünftige Prozesse verändern kann.

1 vgl. Kernstock-Redl 2009

EMOTIONSMANAGEMENT KANN AN JEDEM EINZELNEN ELEMENT, DAS AN DER ENTSTEHUNG ODER DEM VERLAUF EINES GEFÜHLS BETEILIGT IST, ANSETZEN!

Bewertungen

Bewertungen erfolgen nicht nur auf einer bewusst-gedanklichen Ebene, sondern z. B. auch rein emotional (gut/schlecht) oder die Physiologie selbst reagiert und fördert oder blockiert Aktionen. Bewertungsprozesse berücksichtigen soziale und eigene Normen und beziehen u. U. aktuelles Umfeld, Erfolgswahrscheinlichkeit der einzelnen Möglichkeiten, Kosten/Nutzenüberlegungen, Prioritäten etc. mit ein. Am Ende steht in jedem Fall eine (nur selten bewusste) *Entscheidung* für eine der (aus subjektiver Sicht) zur Verfügung stehenden *Alternativen.*

Verändern Sie Bewertungen: Zeigen Sie durch Ihr Verhalten, dass Sie einen Wutanfall nicht gut und Scham nicht peinlich finden. Ein Schimpfwort muss nicht als Angriff bewertet werden, sondern z. B. als Zeichen von Not.

Ursachen

Als *Ursachen* von Emotionen sind Außen- oder Innenweltfaktoren wichtig. Immer ist es eine **Kombination**, die den höchst spezifischen Hintergrund bildet, aufgrund dessen dann ein einzelnes Ereignis zum Auslöser werden kann.

Verändern Sie Ursachen: Falls äußere Faktoren unveränderbar sind, verändern Sie sich selbst oder Ihre Kompetenz.

Auslöser

Zum *Auslöser* für eine Emotion kann buchstäblich alles werden: ein Verhalten, eine Erinnerung, Gedanken, eine Körperempfindung, eine andere Emotion u.v.m.

Verändern Sie einen Auslöser(anteil): Die Rückmeldung der Kollegin ärgert Sie nur, wenn Publikum dabei ist? Verändern Sie etwas an der Situation. Der Auftrag stresst Sie gemeinsam mit einem Perfektionsanspruch? Delegieren Sie die Verantwortung, indem Sie die letzte Kontrolle jemand anderem überlassen.

Emotionen

Emotionen sind mindestens dreischichtig: Es gibt die Ebene der rein *physiologischen Vorgänge.* Liegt ein Teil davon über der Wahrnehmungsschwelle, ermöglicht das entsprechende *Körperwahrnehmungen*, die in Verbindung mit typischen *kognitiven Prozessen und inneren Bildern* stehen. Diese drei Bereiche können einander wechselseitig beeinflussen: Angst verursacht Katastrophenbilder, die ihrerseits Angst auslösen können. Rachegedanken können Wut vergrößern, ein beschleunigter Herzschlag kann zu Angst führen.

Verändern Sie die Physiologie selbst, die Körperwahrnehmung, die Gedanken oder *die inneren Bilder*: Erzwingen Sie (von sich) notfalls Bewegung statt Starre, Aufmerksamkeit auf angenehme Empfindungen, konstruktive Vorstellungen oder Rätselaufgaben.

Ausdruck

Der *Ausdruck* der Emotion, spontan oder bewusst gewählt, ist ein wichtiger Faktor, denn er ist nicht nur ihre Folge, sondern wirkt auf sie zurück. Eine der ältesten Beobachtungen zu dieser Tatsache stammt vom Biologen Charles Darwin: „Der freie Ausdruck einer Gemütserregung durch äußere Zeichen macht sie intensiver. Auf der anderen Seite macht das Zurückdrängen aller äußeren Zeichen, soweit dies möglich ist, unsere Seelenbewegungen milder".[1]

Verändern Sie den Ausdruck: Übertreiben Sie die Reaktion. Verhindern Sie eine simple Explosion, Abreaktion oder Flucht. Reden Sie, statt zu handeln. Schreien Sie nicht, sondern halten Sie die Luft an. Zählen Sie rückwärts bis 10. Es gibt Emotions-Schulungssysteme, die hauptsächlich darauf basieren, innerhalb der ersten Sekunden nach Beginn einer Emotion klug zu reagieren.[2]

Ziele

Ziele können aus verschiedensten Blickwinkeln betrachtet werden: Man kann von den grundlegenden Bereichen ausgehen (mehr Einfluss, Nähe oder Sicherheit) oder sie ganz konkret in z. B. physiologischer oder sozialer Richtung suchen. Das archaische Ziel des Gefühls selbst muss berücksichtigt werden (Zorn macht kampfbereit etc.) und kann von dem bewusst gewählten Ziel unterschieden werden, das die Wahl des Gefühlsausdrucks (mit)bestimmt.

Verändern Sie die Ziele: Schaffen Sie neue konkrete Zielvorstellungen und konzentrieren Sie (sich) darauf.

Zeit

Zeit ist ein wesentlicher Faktor, denn physiologische Prozesse laufen in der Zeit ab und verändern sich bereits allein dadurch. Extreme Emotionen bedeuten physiologisch Hochstress. Körper und Gehirn wollen sie nur so kurz wie möglich aufrecht erhalten, daher arbeitet die Zeit gegen sie. Gefühle erzeugen je nach ihrer Zeitdauer bestimmte Gehirn- und Körperstrukturen.[3]

Verändern Sie die Zeit: Nutzen Sie den Faktor, dass Emotionen von selbst vergehen und warten Sie ab oder geben Sie ihnen gar nicht erst die Zeit, um sich aufzubauen.

Folgen

Folgen sind physiologisch (Abreaktion, Aktivierung, Erschöpfung ...), sozial (Kontakt, Belohnung, Strafe ...) oder mental (ausgelöste Gedanken, Bilder ...) und können sich auf die Innenwelt oder die Außenwelt beziehen.

Verändern Sie die Folgen: Sorgen Sie dafür, dass nützliches Verhalten angenehme Reaktionen zur Folge haben.

Querverbindungen und Rückkoppelungen

Querverbindungen und Rückkoppelungen: Die meisten Elemente in diesem Diagramm stehen in Wechselwirkung miteinander, es gibt kaum einseitige Ursache-Wirkungsbeziehungen: Die Zeit verändert eine Emotion, doch diese kann auch das Zeitempfinden deutlich beeinflussen.

Verändern Sie *Querverbindungen und Rückkoppelungen:* Erkennen und nützen Sie wechselseitige Abhängigkeiten: Angst verändert den Atemrhythmus, doch dieser kann seinerseits die Anspannung verringern.

Es gibt immer Dutzende von Möglichkeiten, den Ablauf einer Emotion zu beeinflussen. Falls Sie keine sehen können, bedeutet das wahrscheinlich nur, dass Ihnen das Extremgefühl den Blick versperrt. Holen Sie sich Assistenz oder bieten Sie diese an!

1 Darwin 1872, zit. nach Buchhaupt 2007, S. 32
2 www.6seconds.org
3 „Neuronale Plastizität", Spitzer u. Bertram 2007

Ursachen und Ziele der Gefühle

Vorausgeschickt sei, dass es ein Leben ohne Emotionen nicht gibt: „The bottom line ist that people are emotions".[1] Die Überzeugung „Ich denke, also bin ich" ist vollkommen überholt. Selbst wenn es Mitmenschen mit starken Emotionen gibt und solche, die weit weniger intensiv fühlen, in jedem Fall gilt:

„ICH FÜHLE, ALSO BIN ICH!"[2]

Jede aktuelle Emotion hat Ursachen in der Vergangenheit und Ziele in der Zukunft: Emotionen entstehen auf der Basis von *Bedürfnissen*, die Menschen haben, und bei einer *Diskrepanz* zwischen Ist- und Soll-Zustand. Emotionen wollen diese *Bedürfnisse vermitteln*, also deutlich spüren lassen, welche Ziele angestrebt werden sollen. Gefühle können bei jeder dazu notwendigen *Bewertung und Entscheidung* helfen.[3] Zur Erreichung dieser Ziele stellen sie pure *Energie* zur Verfügung und dienen als Handlungsaufforderungsimpulse. Und als „Nebeneffekt" bewirken sie in einem Menschen das grundlegende Gefühl von *Beständigkeit, Ganzheit und Lebendigkeit*.

Es gibt vier Hauptprobleme, die Menschen mit ihren Emotionen haben:[4]

1. Manchmal ist die augenfälligste Emotion nicht die wichtigste.
   Wir müssen dann zunächst die entscheidende Emotion ausfindig machen.
2. Manchmal passt die Intensität nicht:
   Es ist zu viel an Emotion da, sie ist zu nah oder überflutet uns. Oder es ist zu wenig da, sie ist zu weit weg und wir können sie deshalb nicht zu unseren Gunsten nutzen. Wenn das passiert ist es wichtig, die Emotionen in die passende Arbeitsintensität zu bringen.
3. Manchmal bleiben wir in einer Emotion stecken, meist weil ein wichtiges Element fehlt.
   Wir wissen entweder nicht, worum es wirklich geht, wie eine Situation mit einer Körperempfindung in Verbindung zu bringen ist, können sie nicht in Worte fassen, nicht ihre Botschaft verstehen oder wollen sie nicht loslassen, weil dadurch etwas noch Unangenehmeres verhindert werden kann. Wenn das passiert, müssen wir herausfinden, was los ist und die jeweilige Lücke füllen.
4. Emotionen sind manchmal die Folge einer Manipulation, Ansteckung oder falschen Überzeugung.
   Das muss zunächst erkannt werden. Darüber hinaus müssen Techniken zur Verfügung stehen, um sich distanzieren und aussteigen zu können.

1 Ashkanasy u.a., S.xii, 2002
2 Damasio 2002
3 vgl. Damasio 2002
4 1-3 vgl. Elliott 2008, S. 279

Emotionsmanagement als Basis der Emotionalen und Sozialen Intelligenz

Unter dem Begriff „Emotionale Intelligenz" werden Fähigkeiten subsumiert, die als sogenannte „Soft Skills" lange Zeit aus theoretischen Überlegungen (in der Praxis wurden sie seit jeher berücksichtigt) ausgeschlossen waren, denn man konnte sie weder in gängigen Intelligenztests noch in fach- bzw. faktenbezogenen Leistungsüberprüfungen objektiv beurteilen.
Dazu gehören:

- die korrekte Wahrnehmung von Emotionen,
- das Verständnis ihrer Ursachen und Ziele,
- ihr zielgerichteter Einsatz und
- der bewusste, steuernde Umgang mit ihnen.

Man kann dieses Wissen auf sich selbst anwenden oder andere damit unterstützen bzw. die Interaktionen verbessern. Emotionssteuerung wird damit zu einem Teilbereich der „Sozialen Intelligenz".[1]

Management von Gefühlen bedeutet (so wie das Management von Teams) nicht Zwang, Unterdrückung oder strikte Kontrolle, wobei jedoch diese Handlungsmöglichkeiten für Notfälle durchaus zur Verfügung stehen sollten. Es besteht aus einem ganzen Bündel von Strategien, durch die Emotionen versteh- und führbar werden. So müssen destruktive emotionale Entwicklungen oder Konflikteskalationen gar nicht entstehen oder sind rascher ausgestanden.
Der Bedarf ist unumstritten hoch. Das kann nicht nur bestätigen, wer in diesem Feld als BeraterIn tätig ist. Auch die Mehrheit von dazu befragten ArbeitnehmerInnen bzw. Führungskräften meint, dass die Klärung von Konflikten auf der zwischenmenschlichen Ebene und die Schaffung eines positiven Unternehmensklimas oft zu kurz kommen.[2]

Gefühlsmanagement als *soft skill* ist im Arbeitsleben außerordentlich wichtig und eine viel zu lange als selbstverständlich bewertete Schlüsselqualifikation, die bislang kaum systematisch gefördert oder geschult wurde. Und trotzdem wird stillschweigend in den meisten Firmen gefordert, dass jeder Mitarbeiter/jede Mitarbeiterin diese hohe Kunst beherrscht. Ein zusätzliches Dilemma entsteht, weil zwar Authentizität gefordert wird, doch Gefühle zu zeigen riskant ist. Groß ist die (meist berechtigte) Angst, als „instabil" zu gelten. In einigen wenigen Berufsfeldern hat sich bereits herumgesprochen, Emotionen als ein Zeichen von Engagement zu bewerten: Jeder Profi-Schauspieler und jede Leistungssportlerin, und seien sie noch so erfahren, dürfen Lampenfieber (= Angst) vor Auftritten oder Wettkämpfen zugeben. Doch in den meisten Arbeitsbereichen gilt das nach wie vor als Schwäche.

Es ist jedoch nicht nur im Privatbereich notwendig, Emotionen spüren, sie lenken, ihnen vertrauen und ihren Ausdruck nutzen zu können. In dieser Form authentisch kann man jedoch nur sein, wenn man keine Angst vor ihnen hat. Dazu braucht man die Erfahrung, ihnen nicht ausgeliefert zu sein, sich von ihnen nicht manipulieren, täuschen, überwältigen, zwingen, zu etwas hinreißen oder vernichten lassen zu müssen.

1 Golemann 2008
2 Akademie-Studie 2001, IGF-Studie 2004 und 2006

Grundsatzentscheidungen

Für Emotionsmanagement braucht es einige grundlegende Überzeugungen bezüglich der Verantwortung für Gefühle und deren Entstehung:

*KEIN MENSCH
HAT VERANTWORTUNG FÜR DAS, WAS ER FÜHLT.*

Wer hoffnungslos, zornig oder traurig wird, trägt dafür zunächst einmal keinerlei Schuld, er kann nichts dafür. Gefühle entstehen und passieren einfach. Sie kommen aus einer Region oder aus einer Zeit in unserem Inneren, wo der Verstand keine Kontrolle hat, haben braucht und haben soll. Jemanden für seine Gefühle, die er hat oder nicht hat, als guten oder schlechten Menschen zu beurteilen, zu kritisieren oder gar zu sanktionieren, ist reine Grausamkeit. Es ist einfach so, wie es ist.

*MIT JEDEM LEBENSJAHR
STEIGT DIE EIGENVERANTWORTUNG
FÜR DAS VERHALTEN.*

Auf das, was wir tun, haben wir jedoch mit zunehmendem Alter immer mehr Einfluss. Die eigenen Handlungen steuern und dadurch die Umgebung beeinflussen bzw. sich darin bewähren zu können, ist eine der wichtigsten Stützen für den so angenehmen Zustand der Selbstwirksamkeit und Selbstsicherheit. Ein starkes Gefühl ist – bis auf sehr wenige Ausnahmen – niemals eine Entschuldigung für ein ungutes Verhalten, höchstens eine Erklärung.

*VERANTWORTUNG
HAT EIN ERWACHSENER MENSCH DAFÜR,
WIE ER MIT SEINEM GEFÜHL UMGEHT.*

Wir können nichts *dafür*. Doch wir vermögen etwas *damit* oder *dagegen* zu tun und uns selbst zu sagen:

„Ich kann Emotion in mir ausbauen und festhalten oder sie vergehen lassen. Es ist (m)eine persönliche Entscheidung, ob ich dem Impuls von Hunger, Schmerz, Trauer oder Zorn nachgehe, ihn übergehe, darüber lache oder davor weglaufe. Ich kann mich in ein Gefühl hineinfallen lassen oder – trotz der unbestreitbaren Sogwirkung – aussteigen und selbstbestimmte Wege gehen."

Viele Menschen werden extrem zornig, doch nur wenige „müssen" deshalb zuschlagen. Der eine verliert angesichts des Arbeitspensums die Nerven, der andere läuft zu Höchstform auf. Einmal dösen Sie in einem uninteressanten Meeting dahin, am nächsten Tag beteiligen Sie sich gerade deshalb und verändern es dadurch.

*ES IST IM NORMALFALL NICHT EINE EMOTION
SELBST, DIE ZU PROBLEMEN FÜHRT,
SONDERN IMMER FALSCHES ODER FEHLENDES
GEFÜHLSMANAGEMENT,
DAS ZUM UNKONTROLLIERBAREN,
DESTRUKTIVEN EXTREMZUSTAND FÜHRT.*

Lähmende Angst, *unkontrollierte* Wut, *verdrängter* Ärger, *übertriebene* Begeisterung, *chronischer* Stress oder *ungebremster* Ehrgeiz führen dann tatsächlich zu Fehlentscheidungen, eskalierenden Konflikten oder Burnout.

Ein Menschen-Bild

Um die Gefühlswelt und einige der später beschriebenen Interventionen anschaulich darzustellen, sei folgender Vergleich mit den Schichten eines Planeten als Menschen-Bild vorgeschlagen:

- Die äußerste Hülle einer Person bilden Aussehen, Geruch, Stimme und Auftreten. Dazu kommt noch jener Teil ihres Verhaltens, den man gemeinhin als *„Benehmen"* oder als den *„ersten Eindruck"* bezeichnet: die oberflächliche, soziale Präsentation und Interaktion.

- Die nächste Schicht nimmt man erst bei längerem Kontakt wahr: übliche *Verhaltensweisen*, erste Ahnungen von *Grundeinstellungen und Gewohnheiten*, alles, was jemand über sich erzählt und mitteilt.

- Das *Innenleben* liegt darunter und wird durch die oberen Lagen verborgen und geschützt. Hierher gehört unsere *Gefühlswelt*, deren Energie die Oberfläche formen kann. Benehmen und Verhalten haben ihrerseits entscheidenden Einfluss auf die Innenwelt: Wer sich z. B. so benimmt, dass andere ihn für inkompetent oder feindselig halten, der wird sich auf Dauer nicht sehr gut fühlen. Auf die Emotion als Teil der Innenwelt hat die Umgebung keinen direkten Einblick. Man kann aufgrund äußerer Veränderungen und Handlungen zwar Schlüsse ziehen, Hypothesen bilden oder fragen, doch niemals können Außenstehende wirklich sicher sein, was im Inneren des Gegenübers los ist. Eine Ausnahme bilden unkontrollierte Gefühls-„Ausbrüche", denn dabei tritt wirklich *ein Teil* des Innenlebens zutage. Leider kommt es dadurch üblicherweise zu einer falschen Verallgemeinerung: Wer *ein Mal* einen Weinkrampf bekommen hat, ist noch lange kein hochsensibler Mensch. Ein *einzelner* Zornausbruch macht keinen Choleriker/keine Cholerikerin aus. Wir sind nur allzu rasch bereit, uns selbst und andere in solche Kategorien einzuteilen.
  Gedanken sind ebenfalls ein Teil des Innenlebens. Für Neugeborene scheint es noch keine Trennung zwischen Gefühl und Gedanke, zwischen Ich und Du zu geben. Erst durch die wertschätzende Wahrnehmung bzw. Reaktion einer Bezugsperson kann die lebenswichtige Differenzierung und Trennung zwischen emotionalen und mentalen Prozessen gelingen.[1] Distanzierung bleibt eine der wesentlichsten Fähigkeiten im Umgang mit Emotionen. Doch genauso entscheidend für eine gesunde psychische Entwicklung ist es, diese notwendige Kluft zwischen dem Denken und der reinen, gedankenlosen Empfindung durch Gefühlsmanagement als Brücke wieder zu schließen.

1 vgl. Fonagy 2004

- Im innersten Zentrum der Erde gibt es noch einen *Kern*. GeologenInnen sind sich nicht einig, woraus er besteht, wieso er rotiert und was genau seine Auswirkungen sind. Vermutlich liegt in ihm die Ursache für den Magnetismus der Erde. In Menschen kann man sich ebenfalls einen solchen allerinnersten Bereich vorstellen, den nicht einmal er selbst durch und durch kennt. Vielleicht bestimmt dieser Kern unser „Magnetfeld", jene Ausstrahlung, die feinsinnige Personen unabhängig von Äußerlichkeiten wahrnehmen können.

Niemals kann man sich selbst (und schon gar nicht einen anderen Menschen) so gut analysieren, dass man alles in seiner Innenwelt erforscht hat – für diese spannende Reise reicht ein einziges Leben nicht aus. Überdies verändert sich jeder Planet permanent in Abhängigkeit von Alter, Umwelteinflüssen, Sonnen und Nachbarplaneten.
Sein Inneres vollkommen zu verstehen und zu kennen ist auch gar nicht notwendig, um gut durchs Leben kommen. Es sind in der Regel die Krisen und Extremsituationen, die uns neue Bereiche entdecken lassen. Sie wecken den Wunsch nach mehr Nähe zu anderen und zu uns selbst, nach Einfluss oder Sicherheit und motivieren so zu Veränderungen und Forschungsreisen in die Innenwelt. Emotionsmanagement nutzt Gefühle als lebenswichtige Informations- und Energiequellen aus der Innenwelt, so wie ein Erdwärmekraftwerk die geothermische Energie aus dem Erdinneren nützt.

Dieses Planeten-Bild soll auch daran erinnern, dass Menschen ununterbrochen in Bewegung sind. Falls Sie im Moment keine Möglichkeit sehen, sich selbst zu verändern oder einen anderen bei der angestrebten Entwicklung zu begleiten: Wer weiß, wie es in einem Monat oder Jahr aussieht.

Effektive Arbeit mit Emotionen ist ein lebenslanger Übungsprozess, bei dem es keinen Abschluss, keinen hundertprozentigen Erfolg, geben kann und braucht. Spätestens wenn Sie den Eindruck haben, in Ihnen selbst oder in einem Team geht es zu „wie im Kindergarten", dann wissen Sie: Hier gibt es aktuell eine neue Lernchance! Das dynamische Zusammen- und Gegenspiel der Innenweltkräfte Denken und Fühlen hält uns in Bewegung, es bringt Entwicklung. Vollkommenes Management ist so wie die perfekte Balance beim Seiltanz weder möglich noch notwendig: Es genügt vollauf, jeweils früh genug zu korrigieren. Das Wissen dieses Buches kann vielleicht Ihre Balance ähnlich wie eine längere Stange verbessern oder ein Netz zur Verfügung stellen.

„Seiltanz ist keine Suche nach dem einzig möglichen Gleichgewicht. Er ist eine ununterbrochene Folge rechtzeitig korrigierter Abstürze."

Die neun Grundprinzipien in Emotionen

Seit langem ist bekannt, dass Teams in ihrer Entwicklung und Arbeit ganz bestimmten Gesetzmäßigkeiten folgen. Um Gruppen erreichen, verstehen, anregen, beeinflussen oder führen zu können, muss man die Mechanismen dieser „Gruppendynamik" bekanntermaßen erkennen, verstehen und akzeptieren, um sie dann ganz gezielt einsetzen zu können.[1]

In ähnlicher Weise folgen Emotionen ganz speziellen Gesetzen. Sie sind vergleichbar mit der Dynamik in Gruppen oder mit den Naturgesetzen in der Physik, sie sind in ihren Auswirkungen genauso deutlich beobachtbar, allerdings weniger leicht zu erforschen und zu beweisen. Jene Grundprinzipien, die für das Verständnis von eigenen und fremden Emotionen besonders bedeutsam erscheinen, werden nun vorgestellt. Ihr gezielter Einsatz bildet die Grundlagen für viele der später aufgezeigten Techniken effektiven Gefühlsmanagements (⇨ Überblick in Tools zum Bremsen, S. 131).

9 Grundprinzipien in Emotionen

1. Das Gesetz der guten Absicht
2. Emotionen sind im Prinzip steuerbar
3 Gefühle, Körper und Gedanken gehören zusammen
4 Die Koppelung zwischen Emotionen und Signalen
5 Das Gesetz der abnehmenden Intensität
6 Extreme Emotionen beeinflussen Denken und Wahrnehmung
7 Software verändert Hardware
8 Gefühle sind ansteckend
9 Handlungen und Emotionen haben Ursachen und Ziele

1 AGB 2004

1. Das Gesetz der guten Absicht

Dieses erste und wichtigste Gesetz besagt:

JEDES GEFÜHL IST PRINZIPIELL IN ORDNUNG.

Selbst die entsetzlichsten Empfindungen haben bei näherem Hinsehen immer einen wichtigen Ursprung, ein gutes Ziel, eine kluge Botschaft, eine nachvollziehbare Notwendigkeit oder einen Nutzen: Menschen in negativen Stimmungen treffen z. B. die exakteren Unterscheidungen oder bearbeiten Informationen genauer[1]. Es gibt keine „schlechten" Emotionen, obwohl natürlich einige von ihnen außerordentlich unangenehm sind. Denn im Lauf der menschlichen Evolution wurden nur jene entwickelt oder behalten, die in irgendeiner Form zur Selbst- oder Arterhaltung nützlich waren – auch wenn einiges in diesem Repertoire nicht mehr up to date ist und einige Gefühle jeden ins Verderben führen, der ihnen blind folgt.

*WER VON DER GUTEN ABSICHT
EINER EMOTION ÜBERZEUGT IST,
HAT ES LEICHTER,
KEINE ANGST VOR IHR ZU HABEN.*

Manche Menschen fürchten Zorn, Trauer oder Angst so, als könnten sie daran sterben. Doch das stimmt nicht! Wut muss nicht zwingend zu Gewalt führen, Trauer nicht zum Selbstmord und Begeisterung nicht zu schlechten Entscheidungen. Die Empfindungen sind in Ordnung, doch die gewählten Verhaltensweisen können klar als destruktiv bewertet werden.[2] Es ist weder die Wut noch die Waffe, die Unheil anrichten. Es ist immer der Mensch, der eine Waffe einsetzt oder die Kontrolle über die Wut aufgibt bzw. verliert.
Es ist unter Umständen wichtig, die Botschaft einer Emotion bezüglich ihrer Ursache und ihrem Ziel aufzugreifen und durch entsprechendes Verhalten zu verwirklichen. „Unter Umständen" meint:

*GEFÜHLE HABEN
– ENTGEGEN LANDLÄUFIGER MEINUNG –
DURCHAUS NICHT IMMER RECHT.*

Sie wollen zwar etwas Gutes, sind jedoch kurzsichtig und kurzlebig, berücksichtigen nicht den Gesamtzusammenhang. Wer seinen Gefühlen immer folgen würde, der könnte schwerlich auf 100 angenehme Kleinigkeiten verzichten, vielleicht nicht einmal jeden Tag in der Früh aufstehen, um ein großes Ziel zu erreichen.
Emotionen sind zudem außerordentlich einfach manipulierbar, noch leichter als der Verstand. Sie täuschen uns niemals absichtlich, aber sie irren sich manchmal gewaltig – die Werbepsychologie lebt davon. Die Auseinandersetzung mit einer Emotion kann man durchaus mit einem Gespräch mit einem guten Freund vergleichen: Ich kann jemanden sehr gern haben, ihn anhören und vollkommen verstehen, was er meint, was er von mir haben möchte und welche verständlichen Ursachen und guten Ziele er verfolgt. Doch all das bedeutet keinesfalls, ihm alles glauben oder ihm gar unkritisch gehorchen zu müssen.

Der Nutzen dieses 1. Grundprinzips für das Management von Gefühlen wird sofort merkbar, wenn es gelingt, die gute Absicht einer Empfindung in Worte zu fassen. Ein solches Verständnis bewirkt oft eine erste Reduktion: Wenn ein Gefühl gehört wird, braucht es seine Botschaft nicht mehr ständig laut zu rufen. Fühlt es sich verstanden, kann es eher Kompromisse akzeptieren und neue Lösungswege sehen. Der Umgang mit Gefühlen unterscheidet sich auch hier nicht von jenem mit Menschen.

*DIE SUCHE NACH DER GUTEN ABSICHT
NIMMT JEDER EMOTION IHREN SCHRECKEN,
BEDEUTET ABER NICHT,
SIE AKZEPTIEREN ODER ERDULDEN ZU MÜSSEN.*

1 Ashkanasy, 2002, S. 11
2 Rosenberg (2005) stellt unter anderem diese wichtige Unterscheidung von Gefühl und Verhalten in seinem Konzept zur gewaltfreien Kommunikation ausführlich dar.

Erkennen Sie hinter dem Toben eines Menschen ganz klar seine Angst vor Grenzverletzung oder sein überstarkes Engagement für ein Ziel? Trotzdem tun Sie gut daran, für Sicherheit zu sorgen, denn starke Gefühle können die Vernunft abschalten. Doch Sie brauchen sich vom Zorn nicht anstecken lassen, werden der Person keine Bösartigkeit unterstellen und können möglicherweise beim Bremsen helfen, indem Sie das vermutliche Ziel wertschätzend benennen:

„Ich denke, Sie wollen jetzt Sicherheit wiederherstellen/unbedingt Ihr Ziel erreichen. Ich verstehe das, es ist in Ordnung. Ich warte draußen, bis wir wieder miteinander reden können."

Tatsächlich gefährlich sind Gefühle nur, falls sie *unkontrollierbar* groß werden. In Wechselwirkung mit Wahrnehmungs- und Denkblockaden können sie ein Ausmaß erreichen, wo Menschen als „unzurechnungsfähig" gelten.

2. Emotionen sind im Prinzip steuerbar

Diese Überzeugung ist außerordentlich wichtig und doch immer wieder umstritten. Hier werden unter dem Begriff der Zurechnungsfähigkeit essenzielle, auch strafrechtliche Fragen von Schuld und Verantwortung berührt.

Menschen rechtfertigen sich für impulsive Handlungen oft mit: „Ich musste es tun." Dabei gibt es viele Beobachtungen, die für das Gegenteil sprechen. Wie könnte es sonst sein, dass exakt die gleiche Ausgangslage (z. B. eine Beleidigung) zwar vielleicht bei der Mehrheit der Menschen ähnliche Gefühle hervorruft, aber je nach Person, je nach Situation, manchmal sogar je nach Tageszeit zu vollkommen unterschiedlichem Verhalten (schimpfen, ablenken, auslachen, weggehen, verstehen, Mitleid haben ...) führt?

Es gibt zahllose Möglichkeiten, auf eine starke Emotion zu reagieren und damit umzugehen.

Die Diskussion um dieses 2. Grundprinzip scheint tatsächlich so alt zu sein, wie die Menschheit selbst. Daniel Goleman, der den Begriff „Emotionale Intelligenz" in seinem gleichnamigen Buch populär gemacht hat, beschreibt die Faszination der oft unterschätzten Steuerbarkeit mithilfe einer uralten japanischen Legende: Einst forderte ein kämpferischer Samurai einen Zenpriester auf, ihm Himmel und Hölle zu erklären. Der Priester erwiderte verächtlich: „Du bist nichts als ein Flegel, mit deinesgleichen vergeude ich nicht meine Zeit." In seiner Ehre getroffen wurde der Samurai rasend vor Wut, zog sein Schwert und schrie: „Für deine Frechheit sollst du mir sterben!" „Das ist", gab ihm der Priester gelassen zurück, „die Hölle." Verblüfft von der Erkenntnis der Wahrheit dessen, was der Priester über seine Wut gesagt hatte, beruhigte der Samurai sich sofort und dankte dem Priester mit einer Verbeugung für die Einsicht. „Und das", sagte der Priester, „ist der Himmel."[1]

Es gibt Ausnahmen, die uns tatsächlich zu Sklaven unserer Emotionen werden lassen.

Wie in der Überschrift angedeutet, gibt es bei diesem 2. Prinzip Ausnahmen, wo wir unseren Emotionen willenlos ausgeliefert sind:

1. Wahrhaft unkontrollierbare Extremgefühle entstehen in Situationen, die vom Gehirn *subjektiv als lebensbedrohlich bewertet* werden, z. B. bei einem Überfall oder Unfall. Hier sind die Emotionen so stark, dass Vernunft und/oder Wahrnehmung ausgeschaltet werden.[2] In den tiefen Hirnregionen springen schlagartig Notfallprogramme an. Die dadurch ausgelösten Gefühle und instinktgesteuerten Reaktionen sind kognitiv tatsächlich nicht steuerbar.

1 vgl. Daniel Goleman 1995, S. 67
2 selten bleibt das Denken, dafür müssen jedoch die Emotionen blockiert werden, vgl. Sachsse 2004, Schäfer 2006, Hüther 1997

Deren gute Absicht ist natürlich, das Überleben zu sichern. Diese Programme sind allerdings in einer Zeit geschrieben und geprägt worden, wo die menschliche Entwicklung noch weit entfernt von der heutigen Zivilisation und ihren Gefahren und Gesetzen war. Daher werden nicht immer die bestmöglichen Handlungen gewählt: Es ist nicht günstig, bei einem heranrasenden Auto in Schreckstarre zu verfallen. Doch es kann passieren, so sind wir nun einmal gebaut. Wir können zwar mit viel Übung und Geduld sogar ein zutiefst reflexartiges Verhalten umtrainieren (ExtremsportlerInnen oder Menschen in Berufen mit häufiger Lebensgefahr zeigen das), doch geraten wir im Normalfall glücklicherweise selten in solche Notlagen, was natürlich andererseits die Gelegenheit zu einem entsprechenden Lernprozess verringert.

WIE EINE PERSON IN HÖCHSTER NOT REAGIERT, IST NICHT EINMAL VON IHR SELBST VORHERSEHBAR.

Zwar gibt es Bedrohungen, die jedes gut funktionierende Menschengehirn als Todesgefahr bewertet und ein Überlebensprogramm einschaltet, doch ob dieses in Flucht, Kampf, Unterwerfung oder Erstarrung mündet, kann man vorher nicht wissen.

Auslöser für „Überlebensprogramme" sind nicht nur Bedrohungen der physischen Existenz, sondern genauso jene der psychischen oder sozialen. Bei solchen Angriffen auf Selbstwertgefühl, wichtige Beziehungen, Dinge, Ziele etc. zählt für das Gehirn nur die subjektive Einschätzung als „große Gefahr", nicht die objektive Sachlage. Aber: Solche Situationen kommen in der Regel öfter vor und ermöglichen daher ein entsprechendes Umlernen:
Würden sich PolitikerInnen nicht den Umgang mit entwertender Kritik antrainieren, sie könnten ihren Job nicht lange aushalten.

2. Echte Unkontrollierbarkeit entsteht weiters bei manchen *krankheitswertigen Zuständen*, denn Emotionen können, ähnlich wie andere Körperfunktionen oder Gedanken, aus verschiedensten Gründen entgleisen. Die üblichen körperinternen Regulationsmechanismen funktionieren nicht mehr, es entstehen zum Beispiel Burnout, Depressionen, dauerhafte Angstzustände oder Zwangskrankheiten. Bei solchen Störungen des Gefühlslebens greifen die Ideen in diesem Buch nicht tief genug, so wie bei jeder schweren Erkrankung Hausmittel zwar unterstützen, aber allein zu wenig wirksam sind. Hier braucht es ExpertInnen für seelische Gesundheit, die mit Beratung und Behandlung helfen.

3. Jeder kennt die *extremen Gefühlszustände in Konflikten*, die sich – scheinbar für die Betroffenen unausweichlich – aufschaukeln. Typischerweise sehen Außenstehende viele Chancen, die Eskalation zu verhindern („Sie hätten doch nur .... müssen."), während sich die Beteiligten immer tiefer in destruktive Emotionen, Gedanken, Verhaltensweisen und Interaktionen verwickeln und Stufe um Stufe in Richtung Zerstörung fallen. Es kann schließlich das Stadium eintreten, wo eine Situation subjektiv als lebensbedrohlich eingestuft wird (s. Pkt. 1).

Akzeptieren Sie also die Grenzen der Kontrollier- und Beeinflussbarkeit, doch erliegen Sie nicht dem pseudo-logischen Trugschluss: „Ich war so wütend/traurig/gestresst, ich konnte nicht anders!"

KONTROLLVERLUST IST DURCH RECHTZEITIGES UND RICHTIGES MANAGEMENT VERMEIDBAR.

Erwachsene (nicht Kinder!) können die Herrschaft über ihre Gefühlszustände behalten und sich die Freiheit der Entscheidung bewahren – zumindest ist das ein Ziel, das ohne Perfektionsanspruch immer öfter erreicht werden kann.

3. Gefühle, Körper und Gedanken gehören zusammen

Zwischen Emotionen und Körper gibt es naturgemäß eine enge Verbindung. An körperlichen Empfindungen und Zeichen kann ich bei mir und zum Teil bei anderen ablesen, welches Gefühl aktuell da ist. Seine Ursache liegt vielleicht im Körper (z. B. bei Schmerz), mit Sicherheit hat es Auswirkungen auf ihn:

ZU JEDEM AFFEKTIVEN ZUSTAND GEHÖREN EIN BESTIMMTER ATEMRHYTHMUS, EINE BESONDERE MUSKELSPANNUNG UND EINE SPEZIELLE EMPFINDUNG IM BAUCH- ODER BRUSTBEREICH, IM RÜCKEN ODER IM GESICHT ETC.

Dieser Zusammenhang wirkt in der umgekehrten Richtung ebenfalls: Durch ein Verhalten, z. B. absichtliches Lächeln oder Lachen, lässt sich ein dazugehöriges Gefühl bis zu einem gewissen Grad erzeugen. Das ist medizinisch und psychologisch sehr gut erforscht und bewiesen.[1]
Diese enge Wechselwirkung kann man hervorragend nutzen, um Intensität und Richtung von Stimmungen zu beeinflussen. Alle Erwachsenen kennen körperbezogene Techniken: durchatmen für mehr Ruhe, ein warmes Getränk gegen Stress oder Bewegung, um Ärger abzubauen.

Ähnliches gilt für die Koppelung mit Gedanken bzw. inneren Bildern. Gefühle verändern das Denken (Angst bewirkt z. B. Katastrophenbilder), werden jedoch auch ihrerseits davon gesteuert. Entsprechend feine Messungen von physiologischen Veränderungen beweisen:

JEDER GEDANKE LÖST EINE EMOTIONALE REAKTION AUS.

Das erzeugte Gefühl bleibt jedoch häufig unter der Wahrnehmungsschwelle, sodass wir es bewusst nicht bemerken. Lügendetektor und Biofeedback nutzen dieses Phänomen. Über die bewusste Wahl von Gedanken und Bildern gelingt mit einiger Übung gezielt die Beeinflussung der emotionalen Ebene. [2]

4. Die Koppelung zwischen Emotionen und Signalen

EIN MENSCH VERKNÜPFT VON GEBURT AN (UND VIELLEICHT SCHON VORHER) EINZELNE SITUATIONEN MIT GANZ BESTIMMTEN GEFÜHLEN.

Der Ursprung dafür liegt im unbewussten Lernen, das ständig und unwillentlich in Kopf und Körper stattfindet. Das sinnvolle Ziel ist klar und der Mechanismus funktioniert vermutlich bereits bei Einzellern: Durch solche Verbindungen bzw. der Erinnerung daran können in Zukunft unangenehme Zustände bzw. ein Verhalten, das dort hin führt, vermieden oder zumindest frühzeitig identifiziert werden: Eine winzige Bewegung der Augenbrauen des Gegenübers kann Angst auslösen, weil sie in der Vergangenheit kurz vor einem Angriff beobachtet wurde. Ähnlich trainierbar ist die Sensibilität für Anzeichen positiver Situationen.

Zu einem Signal, das nach einem langen oder intensiven Lernprozess reflexartig positive oder negative emotionale Reaktionen in Menschen auslöst, kann praktisch alles werden: die Bewegung eines Gesichtsmuskels, ein Wort, ein Gegenstand, eine Geste, ein Geruch und vieles mehr. Werbung versucht gezielt, diese Signalwirkung zu nutzen. Ihre Hauptstrategie liegt bekanntermaßen darin, ein angenehmes Gefühl (oder die Hoffnung darauf) zu wecken und mit einem Produkt oder einer Dienstleistung zu koppeln. Es gelingt manchmal so perfekt, dass die Vernunft kopfschüttelnd daneben steht. Der Leiter einer renommierten Sportwagenfirma soll einmal gesagt haben: „Ich bin der glücklichste Mensch auf Erden: Ich verkaufe etwas, das

1 Klein 2002

2 Wer Anregungen sucht, wie einfachste Inputs zu Stimmungswechsel in Gruppen führen können, dem sei das Buch von Simanowitz (2008) empfohlen.

keiner braucht und jeder haben will." Menschen möchten sich gute Gefühle kaufen – und das ist auch legitim, solange es nicht selbstschädigend wird. Es funktioniert prächtig und macht im Idealfall beide Seiten zufrieden: einen Verkäufer und eine frischgebackene Wagenbesitzerin.

AUF DER NUTZUNG DIESES PRINZIPS BASIEREN EINIGE DER WICHTIGSTEN WERKZEUGE FÜR DIE STEUERUNG EINER EMOTION.

(⇨ vgl. *Tools zum Bremsen*, S. 131) Die erfolgreiche Umsetzung dieses Prinzips in der Selbststeuerung macht das folgende Beispiel eines Kunden deutlich:

„Mein persönlicher Trick ist, dass ich mich kurz auf eine einsame Insel hindenke: Sand, die Wellen rauschen, die Sonne auf der Haut. Ich kann das Meer förmlich riechen ... Und dabei verschränke ich die Hände hinter dem Kopf und genieße das innere Bild und die Entspannung. Mittlerweile genügt das Verschränken der Hände und der Stress lässt nach, sogar im ärgsten Konflikt."

5. Das Gesetz der abnehmenden Intensität

Weil Gefühle so eng an den Körper gebunden sind, folgen sie einem seiner Naturgesetze: Er kann und will eine hohe Spannung nicht sehr lange aufrechterhalten. Starke Gefühle sind jedoch biologischer Hochstress. Es gibt daher keinen extremen Angstzustand, der länger als eine Stunde dauert. Die ganz heiße Wut muss im Normalfall sogar bereits nach einigen Minuten nachlassen. Die tiefe Trauer über einen Verlust wird im Laufe von Wochen oder Monaten weniger. Sogar eine wahnsinnig große Begeisterung oder Liebe kann mit jedem Tag mehr schwinden, ganz automatisch und von selbst, wenn man nichts tut, um sie zu behalten.

Und genau das ist der Haken dabei: Dieses Grundprinzip gilt nur, wenn man ein Gefühl nicht festhält und ihm nicht durch entsprechende Gedanken und Taten neue Energien gibt. Wer Schuld am Verlust eines Auftrags hat und jede Nacht über seine Fehler grübelt, anstatt daraus zu lernen und sich zu verzeihen, muss übermäßig lange hadern und trauern. Stress kann durch Erwartungen, Angst durch Vermeidungsverhalten und Zorn durch Abreaktion sogar größer werden, weil man sich so auf falsche Art damit beschäftigt.

Nicht nur unpassendes Verhalten kann bewirken, trotz dieser Gesetzmäßigkeit in einem tiefen Gefühl stecken zu bleiben. Auch das Verhalten anderer Menschen, Erschöpfung, die Anpassungsleistung des Gehirns oder Körpers, Angst vor den Folgen, irgendeine Form von (indirektem) Vorteil usw. machen Gefühlsmanagement manchmal schwierig. Allerdings gibt es in jedem dieser Fälle Möglichkeiten, wie sich Betroffene selbst helfen können. Eine wichtige Ausnahme bilden die bereits genannten krankheitswertigen Zustände, hier muss man sich helfen lassen, um auf die Beine zu kommen.

Für Gefühlsmanagement ist dieses 5. Prinzip von entscheidender Bedeutung:

MANCHMAL HILFT ES, EINFACH ABZUWARTEN, BIS EIN GEFÜHL VON SELBST VERGEHT.

Sie müssen sich (oder andere) nicht voll Panik sofort daraus befreien, sondern es einfach aushalten und vergehen lassen. Sehr viele Schwierigkeiten entstehen überhaupt erst deshalb, weil manche Menschen ein Gefühl sofort loswerden wollen. Nicht das Gefühl selbst, sondern erst die überzogenen Lösungs- und Vermeidungsversuche verursachen ernsthafte Schwierigkeiten: Tragischerweise flüchten manche Menschen vor einer extremen Trauer in den Tod, unterdrücken Ärger so lange, bis er sie krank macht, oder glauben, den extremen Zorn nur durch eine Gewalttat loswerden zu können. Dabei gibt es *immer* konstruktivere Möglichkeiten damit umzugehen.

Als wunderbare Metapher dazu gibt es ein Beispiel in der Natur, den Treibsand. Angeblich versinkt man darin und zwar umso schneller, je mehr man versucht, sich daraus zu befreien. Doch das ist ein Märchen, genährt durch Geschichten und Filme. In Wirklichkeit hat diese Sand-Wasser-Mischung eine so hohe Dichte, dass man schwer wie ein Stein sein müsste, um unterzugehen. Als Mensch ist man in jedem Fall leichter und kann darauf besser schwimmen als auf Wasser – ein physikalisches Gesetz. Problematisch werden jedoch heftige Befreiungsversuche, weil Treibsand scheinbar eine Sogwirkung entwickelt, sobald man voll Hektik versucht, ihm zu entkommen. Die Ursache dafür ist wieder die Physik: Wer zu schnell z. B. seinen Fuß hebt, gibt dieser zähen Flüssigkeit nicht genug Zeit, um darunter zu fließen. Ein Vakuum entsteht und bewirkt den Widerstand. Die Lösung liegt in langsamen, rüttelnden Bewegungen. Menschen können also im Treibsand gar nicht versinken, sie kommen höchstens aus Erschöpfung um, weil sie falsch handeln. So ist das auch mit Emotionen: Niemand müsste daran sterben, erst durch falsche Informationen und panikartige Aktionen werden sie zu einer Gefahr.

In einem Extremgefühl also zunächst einmal ruhig Blut bewahren, *es ist nur wie Treibsand!*

6. Extreme Emotionen beeinflussen Denken und Wahrnehmung

Jene Großhirnregionen, die für das logische Denken zuständig sind, werden in Zeiten starker Gefühle umgangen, blockiert oder zumindest viel langsamer informiert als die Alarmregionen im Hirnstamm.

PHYSIOLOGISCHER HOCHSTRESS SCHALTET GROSSE HIRNTEILE AB.

Auch die Wahrnehmung verändert sich: Sie fokussiert die Betroffenen auf die Gefahr bzw. auf mögliche Auswege oder sie blendet Unerträgliches gnädig aus. Der ursprüngliche Sinn aller Gefühle war es, dem Körper bestimmte grundlegende Handlungs-Reflexe in Richtung von Selbst- oder Arterhaltung ohne langes Überlegen zu ermöglichen. Zorn oder Angst macht also Betroffene aus

überlebenstechnisch sehr sinnvollen Ursachen tatsächlich unkreativ und dumm.
Der Forscher und Bestsellerautor Manfred Spitzer betont in seinen Veröffentlichungen[1] unter anderem diese Funktionsweise des Gehirns in Extremgefühlen. Er stellte bei einem seiner unterhaltsamen Vorträge lakonisch fest: „Natürlich hat es unter unseren Vorfahren auch Menschen gegeben, die angesichts eines angreifenden Säbelzahntigers über kreative Problemlösungsmöglichkeiten nachgedacht haben. Doch von diesen stammen wir nicht ab!"

Eine weitere Veränderung von Wahrnehmung und Denken bei entgleisten Emotionen ist die Selektion:

Es fallen am ehesten jene Erinnerungen ein und solche Faktoren auf, die mit dem aktuellen emotionalem Zustand in Einklang bzw. in Verbindung stehen.

Nach einem gescheiterten Projekt erinnern wir daher automatisch frühere Misserfolge und nehmen plötzlich die Anzeigen über Konkursverfahren in der Zeitung bewusst wahr. In der Wut bevorzugen wir eher aggressive Sportarten oder Filme, erkennen besser die Zeichen von Angriffslust bei anderen Menschen und reagieren aggressiver darauf. Frühere Auseinandersetzungen und Kränkungen sind bei einem aktuellen Anlass im Büro sofort wieder präsent und verstärken das aktuelle Verletztheitsgefühl – ein in Mobbing-, Rosen- und anderen Kriegen häufiges, zur Eskalation beitragendes Phänomen.
Dieser Effekt zeigt sich genauso im positiven Bereich: Bei einem Erfolg erinnern wir uns leichter an frühere Leistungen, direkt nach einem geglückten Vertragsabschluss sehen wir die Gegenwart besonders optimistisch – und die Zukunft gleich noch dazu.

In extremen Gefühlszuständen kann man also nicht oder nur mehr eingeschränkt logisch denken und objektiv wahrnehmen.

1 z. B. Spitzer u. Bertram 2007

Vernünftige Argumente werden höchstens begrenzt gesehen, gehört oder verstanden. Solche Interventionen bringen daher nichts, obwohl sie logischerweise helfen müssten, vermutlich eine Stunde früher noch funktioniert hätten oder in einer Stunde wieder wirken. Daher ist es wichtig, eine Emotion möglichst rasch so weit zu bremsen, dass sich das Hirn wieder zuschaltet. Danach kann das Gefühl wenn notwendig weiter genutzt und schließlich verlassen werden.

7. Software verändert Hardware

Ein Fernsehgerät könnte monatelang ausschließlich Krimiserien ausstrahlen und wenn Sie dann auf einen romantischen Film umschalten, wird der Apparat das neue Programm selbstverständlich so zeigen, wie es ist.

Ihr Gehirn jedoch funktioniert eher wie ein „lernender Fernseher", denn es verändert sich permanent durch das, was sich in ihm abspielt: Würden Sie sich also wochenlang tatsächlich nonstop Krimis ansehen und plötzlich einen Liebesfilm einlegen, könnte Ihr Gehirn vermutlich das neue Programm nicht ganz so sehen, wie es ist. Es würde den kriminalistischen Höhepunkt suchen und voll Spannung erwarten, vielleicht sogar einen Kriminalfall im Liebesfilm (er-)finden.

Das Gehirn verändert sich parallel zu seiner Nutzung.

Jahrelanges Taxi fahren oder der Dauerärger verändert die „Hardware". Diesem Phänomen wird aktuell in der Hirnforschung ein Höchstmaß an Aufmerksamkeit gewidmet.[1]

Ein alltägliches Beispiel dafür ist der berühmtberüchtigte Burnout-Zustand. Nach monatelanger Daueraktivierung ist es wirklich schwierig, Entspannung zu finden. Einzelne freie Stunden und Tage verringern die innere Anspannung und Erschöpfung nicht wesentlich. Das Arbeiten im Normaltempo muss vom Gehirn erst richtiggehend neu gelernt werden. Gleiches gilt, wenn jemand eine aggressive Umgangsform in seiner früheren Firma gewöhnt war. Er vermutet in einer freundlichen Umgebung möglicherweise noch eine Zeit lang automatisch Angriff hinter Zufällen und Verhaltensweisen.

Und selbst, wenn diese Phase einmal überwunden ist: Unter Druck neigt jeder Mensch dazu, in frühere Gefühls- und Verhaltensmuster zurückzufallen. Je besser man darüber Bescheid weiß, umso besser kann man sich vorbereiten und reagieren. Nachhaltiges Gefühlsmanagement erfordert aufgrund dieser Tatsache Geduld und Ausdauer. Kurzfristige Veränderungen sind durch Bremstechniken (⇨ *Tool Bremsliste*, S. 133) rasch erreichbar, aber langfristige und stabile Kurswechsel fordern ihre Zeit. Es dauert, bis eine Gefühls- oder Verhaltensgewohnheit grundsätzlich umgestellt ist, doch es funktioniert.

8. Gefühle sind ansteckend

Über Tierversuche kamen WissenschaftlerInnen dem genialen Mechanismus auf die Spur, wie ein Gehirn einen Vorgang in der Außenwelt so erfasst, dass es diesen unmittelbar selbst reproduzieren, sozusagen „spiegeln" kann. Das gelingt, indem bei einer Person, die z. B. isst, und bei einer zweiten, die ihr dabei nur zusieht, ähnliche Gehirnzellen aktiviert werden. Solche sogenannten Spiegelneuronen ermöglichen uns zu ahnen, wie sich Menschen auf dem Gehsteig bewegen werden, sodass wir kaum jemals zusammenstoßen. Sie ermöglichen intuitives Verstehen und Vorhersagen, Mitempfinden und die Entwicklung einer Vorstellung über die Innenwelt eines anderen. Das ist die Grundlage für das, was gemeinhin als Empathie bezeichnet wird. Wer mehr dazu lesen will: Dem Arzt, Molekularbiologen und Psychiater Joachim Bauer gelingt es, die neurobiologischen Erkenntnisse auch LeserInnen ohne entsprechende Sonderausbildung verständlich zu machen.[2]
Die Forschung zu den Spiegelneuronen hat nun wissenschaftlich bewiesen, was immer schon Alltagsbeobachtung war:

Emotionen sind „mitfühlbar" – entweder bewusst in Form von Empathie oder ohne Absicht als Ansteckung.

Auf jemanden in einem extremen Gefühlszustand werden alle halbwegs sensiblen Personen der Umgebung mit diesem Mitfühl- oder Ansteckungsreflex reagieren. Neben einem Menschen in einem „Anfall" von Zorn, Hilflosigkeit, Scham oder Schuldgefühl zu stehen und nicht selbst im gleichen Gefühl unkontrollierbar zu versinken, sondern bewusst damit umzugehen, kostet Kraft. „Anfall" ist übrigens einer jener Ausdrücke, die eine Unkontrollierbarkeit eines Gefühls suggerieren, denn er bezeichnet üblicherweise ein Symptom einer (tatsächlich nicht beeinflussbaren) Krankheit. Besonders bei Zorn gibt es MeisterInnen des inszenierten Kontrollverlustes, die sich mit einem Wut-„Anfall" durchsetzen wollen. Das zu durchschauen hilft beim Aufbau einer inneren Distanz und man tappt nicht mehr in die Ansteckungs- oder eine andere Falle. Das bedeutet keinesfalls, etwas einfach hinzunehmen, sondern nur, es nicht durch Spiegelung zu verdoppeln.

Die Ansteckung hat verschiedenste Facetten, Auswirkungen und Einsatzbereiche[3], die man kennen und akzeptieren muss, damit man sie aushalten, verhindern oder gezielt einsetzen kann:

1 „Neuronale Plastizität" Spitzer/Bertram 2007

2 Bauer 2006

3 vgl. Ashkanasy 2002, S. 9

1. Entlastung

„Du kannst bei mir / Ich kann bei dir etwas loswerden."

Wenn Person A an B ein belastendes Gefühl weitergibt oder es B von sich aus übernimmt, kann das A deutlich beruhigen. Der Spruch „Geteiltes Leid ist halbes Leid" meint unter anderem diesen konstruktiven Effekt. Es erleichtert, tröstet und bestärkt, wenn jemand in gleicher Art emotional reagiert:

> „Wenn ich voll Ärger meinem Kollegen davon erzähle und er regt sich genau so auf wie ich, fühle ich mich gleich besser. Dann geht's wieder, das reicht schon, mehr brauche ich gar nicht, denn ich weiß ja, was ich zu tun habe."

Ansteckung kann destruktive Ausmaße erreichen, manche Menschen wollen andere unbedingt mit ihrer Emotion, mit Zorn oder Angst infizieren, um diese in sich selbst zu reduzieren: Die Chefin verbreitet Hektik und wenn schließlich alle so richtig gestresst sind, wird sie ruhig. Manchmal wird sich die emotionale Wetterlage einer Gruppe erst dann verbessern, es wird sich eine gewisse Zufriedenheit im Team breit machen, wenn es endlich gelungen ist, der ursprünglich motivierten Leiterin ihre gute Laune gründlich zu verderben und damit den eigenen Frust aufzuteilen.

Glücklicherweise gibt es die konstruktive Richtung der Ansteckung ebenfalls: Ein einziger, energiegeladener Teilnehmer kann seine Kraft verteilen und ein festgefahrenes Meeting retten, die begeisterte Vorgesetzte wird ihr Team mitziehen.
Allerdings sind Menschen niemals zu 100 Prozent vorhersagbar und Emotionen können sich durch die Ansteckung aufschaukeln und durch Spiegelung potenzieren:

> „Eigentlich wollte ich nur meine Sorge loswerden. Ich hätte mir gewünscht, dass Frau B sich das anhört, vielleicht etwas nachdenklich von dannen zieht und es wäre für mich erledigt gewesen. Aber nein, sie glaubt an meine Katastrophenfantasie und wird panisch. Am Ende war ich vollkommen beunruhigt und noch dazu zornig."

Auf einer unbewussten Ebene findet man außerdem die sogenannte „Projektion" eines Gefühles oder eines (inneren) Konflikts. Ziel ist, sich mit einem unerwünschten oder anstrengenden Teil in der eigenen Innenwelt nicht selbst beschäftigen zu müssen. Daher wird dieser Aspekt einer anderen Person/Gruppe „unterstellt" und dort bekämpft. Eine Kombination unbewusst darauf ausgerichteter Kommunikation und Empathie führt häufig dazu, dass dieser Teil im Gegenüber tatsächlich an die Oberfläche kommt.

> Ein Beispiel: Frau A hat gleich viele Argumente für und gegen ein neues Projekt und fühlt sich wie gelähmt. Sie sucht ein Gespräch mit Herrn B und „es ergibt sich" eine Diskussion, wo B energisch das Projekt anzweifelt. Selbstverständlich geht A in die Verteidigungsposition. Der Zweifel wurde erfolgreich delegiert und kann nun im Gegenüber bekämpft werden. Herr B würde später sagen, er wäre über seine heftige Kritik selbst überrascht gewesen.

Falls Ihnen also ständig Menschen mit immer den gleichen Gefühlen oder „Unarten" begegnen, lohnt sich der kritische Blick, ob das mit Ihnen selbst zu tun hat.

Hinter dem Wunsch nach Rache steckt unter anderem das Bedürfnis, ein Gefühl weiterzugeben und dadurch loszuwerden:

> „Wenn du dann meinen Zorn, meine Kränkung, meinen Schmerz oder mein Schuldgefühl hast, bin ich selbst frei davon."

Das führt manchmal zu frühkindlichen Mustern: Schon mal versucht, dem „dummen" Computer, oder dem Tisch, der Ihrem Schienbein im Weg war, durch Schütteln oder Schlagen etwas von Ihrem Ärger zurückzugeben?

2. Führen

„Meine Stimmung kann deine verändern – und umgekehrt."

Über den Ansteckungseffekt wird man es oft schaffen, einen Menschen ganz gezielt aus einem extremen Zustand herauszubringen. Wichtig ist allerdings, ihn genau dort abzuholen, wo er ist. Darin liegt der wesentliche Unterschied zum gängigen „Aufheitern", wo die eigene Betroffenheit oder der eigene Zorn verleugnet wird und man sich betont cool, wie Jugendliche so ungemein treffend zu sagen pflegen, gibt. Beim Abholen sind jedoch genau diese Ansteckung und das (kontrollierbare!) Mitfühlen wichtig und können den Betroffenen offen gezeigt werden: „Mich macht das auch wütend." „Ich kann gut nachfühlen, wie ungerecht das für Sie ist." Dadurch stellen Sie eine Verbindung her, „docken an" und können die Betroffene/den Betroffenen ganz, ganz langsam in ruhigere Gewässer ziehen. Falls nicht, hilft es, wenn Sie einfach bei der oder dem Betroffenen bleiben, Innenwelt bei Innenwelt, ohne jedoch ebenfalls extrem tief in der Emotion zu versinken.

3. Kontakt

„Ich fühle mit dir / Fühle bitte mit mir"

Das gute und wichtige Gefühl von menschlicher Nähe lässt sich durch Empathie herstellen und zeigen. Sie ist zudem ein wertvolles Diagnoseinstrument, wenn ein Gefühl von den Betroffenen selbst nicht als solches erkannt oder unterdrückt wird. Erfahrene GefühlsmanagerInnen nehmen so eine verdeckte Stimmung in Personen oder Teams wahr. Die Kunst dabei ist, sich danach wieder zu distanzieren. Das in der eigenen Innenwelt gespiegelte Gefühl darf außerdem immer nur als Hypothese betrachtet werden, um damit mögliche Interventionen zu planen. Erst der Effekt wird zeigen, ob man Recht hatte – oder ob sich im Spiegel etwas Eigenes gezeigt hat. Ziel bleibt der Informationsgewinn, bzw. wie es Elisabeth Sechser, eine Spezialistin für familieninterne Betriebsnachfolge so treffend formuliert: „Als Beraterin fungiere ich als externer Spiegel, um das Unternehmen nach innen zu schärfen."[1]

1 Sechser 2006, S. 71

9. Handlungen und Emotionen haben Ursachen und Ziele

EIN MENSCH HANDELT AUFGRUND BESTIMMTER AUSGANGSBEDINGUNGEN IN DER VERGANGENHEIT UND WILL DAMIT EIN ZIEL IN DER ZUKUNFT ERREICHEN.

Das ist eine Tatsache, die ob ihrer Banalität kaum Beachtung findet. Zusätzlich und interessanterweise verleitet unsere Sprache hier systematisch zur Ungenauigkeit. Die gängigen Fragen, „*Warum* tust du das?", „Was ist der *Grund*, das *Motiv* dafür?", können sich sowohl auf Ursachen als auch auf Ziele beziehen.

Der Wert exakter **Ursache-Weg-Ziel-Analysen** ist jedoch alles andere als banal. Bei den Fragen dazu kann man getrost auf das ungenaue „Warum?" verzichten und es ersetzen durch:

- „Woher kommt das? Was ist die Ursache für das Verhalten?" und
- „Wozu dient das? Was will es erreichen?"

Um das an einem simplen Beispiel zu verdeutlichen, folgt nun das Ergebnis einer Gruppenarbeit zu möglichen Ursachen und Zielen hinter „Essen":

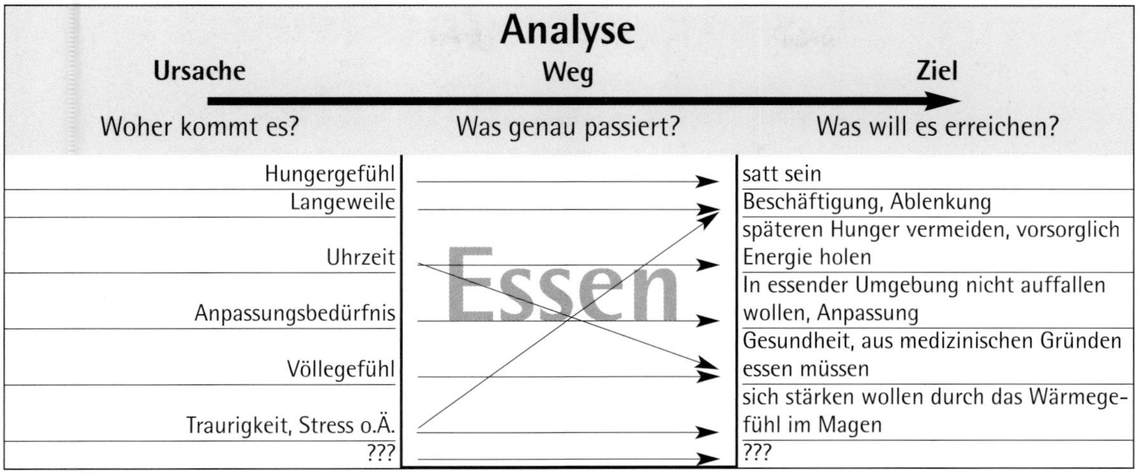

Sie merken: Hinter einem beobachtbaren Verhalten können ganz konträre Ziele und Ursachen stehen. Falls jemand eine Alternative zum Essen sucht und nun weiß, was bei ihm speziell zutrifft, kann nun wesentlich leichter Alternativen finden. Wer Hunger hat, muss deswegen nicht essen, falls er als Ziel nicht „satt sein", sondern „Gewichtsreduktion" wählt. Er kann sich ablenken oder etwas trinken. Und wenn jemand „Anpassung" in sich als Ziel entdeckt, kann er entweder Verhaltensalternativen suchen, um es zu erreichen – oder er stellt die Anpassung selbst in die Mitte und fragt sich: Woher kommt das und wozu dient es?

In gleicher Form hat auch ein Gefühl mindestens eine Ursache und mindestens ein Ziel.

Die entsprechende Analyse ist ein wichtiges Tool, um es effektiv managen zu können, denn das Verständnis ist bereits ein wichtiger Schritt zur Kontrolle (⇒ Beispiel *Empfehlungen bei Zorn* S. 114).

Während einer laufenden Interaktion ist dieses Modell ebenfalls nützlich. Sobald Sie eine konkrete Vermutung über Ursache oder Ziel des Verhaltens bzw. der Emotion eines Menschen haben, ist es möglich, direkt *darauf* zu reagieren. Dessen vielleicht übermäßige Emotion oder das unpassende Verhalten werden zwar gesehen, doch geantwortet wird auf vermutliche Ursachen bzw. Ziele.

Ein **Beispiel** dazu: Ein Mitarbeiter reagiert wütend auf die Ablehnung seines Projektes. Der erste Impuls seiner Vorgesetzen ist es, ihn ebenfalls anzuschreien und ihn aus dem Büro zu werfen. (Bei Zorn ist die Ansteckungsgefahr besonders groß. Durch den Angriff entsteht natürlich auch eigene Wut und der Impuls nach Verteidigung und Gegenangriff.) Eine in Gefühlsmanagement erfahrene Führungskraft kann (nicht: muss) nun anders reagieren. Sie wird sich nicht vom Zorn anstecken lassen, durchatmen, kurz nachdenken und fest und freundlich sagen: *„Ich sehe, Sie wollen jetzt Ihr Projekt mit allen Mitteln beschützen* (= Benennen und Eingehen auf das vermutete gute Ziel des Zorns). *Ich finde einige Punkte an Ihrer Idee sehr gut. Vielleicht finden wir gemeinsam Möglichkeiten, wie diese Punkte verwirklicht werden können. Ich denke, es ist günstig, das in einem größeren Rahmen zu besprechen. Mehr Köpfe ergeben mehr Möglichkeiten. Und falls nicht: Ich werde mir merken, wie viel Energie und Zeit Sie in Ideen investieren können. Ihr Engagement freut mich ... aber nicht so temperamentvoll, ist das klar!"*

Wir Menschen reagieren im Alltag ohnehin meistens nicht auf das objektiv beobachtbare Verhalten, sondern bilden Annahmen über Ursachen und Ziele. Sich dessen bewusst zu werden, erhöht den Handlungsspielraum enorm.

Was Menschen motiviert: ein Koordinatensystem der Grundbedürfnisse

Wer Menschen verstehen, unterstützen und führen will, braucht eine Ahnung von allgemeinen Ursachen bzw. Zielen. *Was also wollen Men*schen *grundsätzlich erreichen?* Jedes Lebewesen kennt natürlich den Wunsch nach Selbsterhaltung und Arterhaltung, will angenehme Gefühle haben und meidet die unangenehmen. So könnte man Einzeller verstehen und lenken, doch Menschen sind komplexer. Dazu gibt es zahlreiche Forschungsansätze, die das Thema aus ökonomischer, philosophischer, psychologischer oder sozialer Sicht[1] beleuchten.

Eine Analyse bewährter Methoden in Therapie und Beratung unterstützt von neurobiologischen Erkenntnissen zeigt, dass es für die biopsychosoziale Gesundheit von Menschen wichtig sein dürfte, drei Bedürfnisse erfüllt zu haben. Sie werden mit den Oberbegriffen *Sicherheit, Einfluss* und *Beziehung*[2] bezeichnet. Es gibt Ergebnisse der Hirnforschung, welche die zugrundeliegende Annahme unterstützen und zeigen, dass dafür jeweils unterschiedliche neuronale Systeme zur Verfügung stehen.[3]

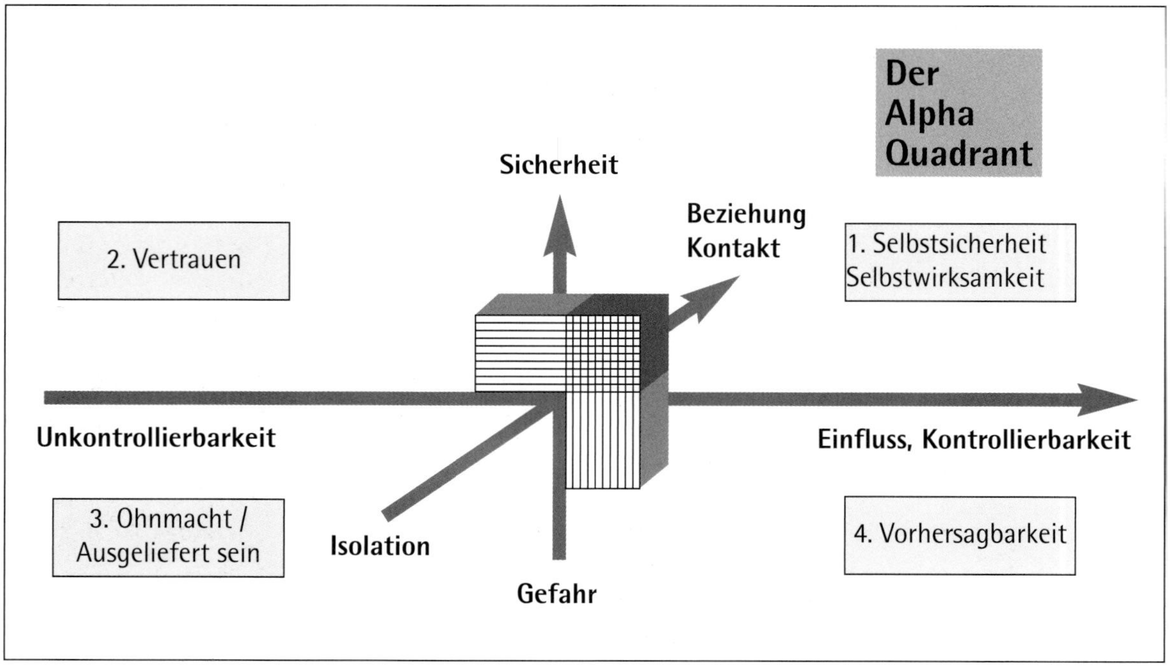

1 z. B. die 9 Grundbedürfnisse von Max-Neef, die Maslow'sche Bedürfnispyramide oder die 16 Lebensmotive von Reiss

2 vgl. Scherer, zit. nach Merten 2003, S. 114

3 Panksepp 1999

Diese drei Vektoren spannen ein Kraftfeld auf, ein Universum, innerhalb dessen sich Menschen bewegen.[1] Die drei grundlegenden Zielbereiche von Sicherheit, Beziehung und Einfluss sind mit magnetischen Polen vergleichbar: Sie ziehen Menschen an wie der Nordpol die Kompassnadel. Man kann sich daran orientieren, wenn man andere oder sich selber verstehen oder unterstützen will. Auf Dauer zufriedenstellend finden Menschen den „Alpha-Quadranten" in diesem Koordinatensystem. Wäre es der Weltraum, wir alle würden mit unseren Planeten dorthin wollen, auch wenn wir uns von Zeit zu Zeit in weniger angenehmen Gebieten herumtreiben (müssen). Ein Aufenthalt außerhalb dieses „Alpha-Quadranten" wird relativ gut ausgehalten oder sogar genossen, wenn man sich zumindest bei *einem* Hauptbedürfnis im „grünen Bereich" befindet: Gefahr ist erträglich, wenn sie unter Kontrolle oder zumindest vorhersagbar ist, AbenteurerInnen machen unter dieser Voraussetzung sogar gezielt gefährliche Ausflüge. Unkontrollierbarkeit stört nicht, wenn wir dabei in Sicherheit sind. Und Isolation, die Trennung von guten und hilfreichen Menschen, ist kein Problem, solange das Gefühl da ist, sie selbstbestimmt gewählt zu haben und beenden (= kontrollieren) zu können.

Der Alpha-Quadrant: Selbstsicherheit und Selbstwirksamkeit

Idealerweise hat eine Person eine ausreichend gute Position auf allen drei Achsen und fühlt sich *frei von Angst*, in gutem *Kontakt* und mit *Einfluss* sowohl in Bezug auf sich selbst als auch auf die Umgebung. Wer sich bereits fähig, gemocht und sicher fühlt, der braucht sich keine Beweise dafür aus der Umgebung holen. Dementsprechend selbstsicher und in sich ruhend wirkt er auf andere.

Jede psychologische oder psychotherapeutische Methode will Menschen unterstützen, in diesen Alpha-Quadranten zu kommen. Es wird versucht, *Beziehungsfähigkeit* zu erhöhen, mehr *Einfluss* auf eigenes und fremdes Verhalten und Denken oder mehr *Sicherheitsgefühl* durch positive Erfahrungen oder Angstbewältigung zu schaffen. Immer geht es um höchst subjektive Empfindungen und Einschätzungen, eben um das *Gefühl* von Sicherheit, Beziehung oder Einfluss. Es kann aufgrund von Fakten, Wahrnehmungen, Wahrscheinlichkeiten oder Logik entstehen, aber genauso gut auch ohne jede sachliche Basis.

> Menschen im Alpha-Quadranten sagen von sich zum Beispiel:
> „Ich kann etwas tun/erreichen, wenn ich es will. Ich bin selbstsicher und kompetent. Ich bin im Großen und Ganzen schon gut so, wie ich bin. Ich kann führen und bestimmen, wenn ich will. Und ich bin mir dessen so sicher, dass ich es weder mir noch anderen beweisen muss."

Der 2. Quadrant: Vertrauen in die Welt und in sich selbst

Wenn sich ein Mensch vollkommen *sicher* fühlt, er jedoch gleichzeitig emotional von der *Unkontrollierbarkeit* einer Situation überzeugt ist, wird diese Position als „Vertrauen" bezeichnet.
Mögliche Gedanken in diesem Bereich sind:

> „Ich kann zwar gar nichts tun, aber ich muss auch nicht. Wird schon gut gehen. Auf mich, meinen Verstand, mein Gefühl, meinen Körper oder auf andere Menschen, auf den Zufall, auf die Welt, auf Gott ... ist Verlass."

1 s. Kernstock-Redl u. Sachsse 2008

Der 3. Quadrant: Hilflos und ohnmächtig ausgeliefert

Nahezu unerträglich sind Erlebnisse, wo Menschen sich *gleichzeitig* großer *Gefahr* und *Unkontrollierbarkeit* ausgesetzt fühlen.

Kommt noch ein *Defizit an guter Nähe*, Beistand oder Interesse dazu – in Form von Isolation oder wenn Menschen selber zu einer Gefahrenquelle werden – dann ist eine Traumareaktion mit ihren instinktgesteuerten körperlichen, gedanklichen und seelischen Notfallprogrammen wahrscheinlich: Alle inneren Kräfte sind zunächst darauf ausgerichtet, Einfluss- und Sicherheitsgefühl wieder herzustellen. Falls die eigenen Möglichkeiten dafür nicht ausreichen, springt die Suche nach Nähe (das Bindungssystem) an mit verzweifelten Rufen nach Hilfe. Und sobald gar keine Möglichkeit der Rettung gesehen wird, erstarren Körper und Psyche im Todstellreflex und in der Dissoziation. Man findet Traumareaktionen bei großen Katastrophen, doch auch bei sich wiederholenden Beschämungen, (seelischen) Verletzungen, Verlusten und Versagenserlebnissen. Mobbing, Arbeitslosigkeit oder Krankheit können ähnlich verheerende Auswirkungen auf die Seelenlandschaft haben.[1]

Die Selbstüberzeugungen hier können lauten: „Ich bin absolut hilflos und in großer Gefahr. Ich bin ausgeliefert und verlassen. Ich gehe zugrunde, ich selbst kann nichts dagegen tun und niemand hilft."

1 Sachsse 2004

Der 4. Quadrant: Vorhersagbare/beeinflussbare Gefahr

Die psychologische Forschung konnte schon in ihren Anfängen eindrücklich beweisen, dass Versuchstiere Hochstress besser aushalten, wenn er beeinflussbar ist oder zumindest zuverlässig angekündigt und damit vorhergesagt wird[2]. Auch Menschen kann diese Form der „Kontrollierbarkeit der Zukunft" helfen. Man kann sich vorbereiten und weiß, wann es kommt und wie es wieder vorbeigehen wird.

Pläne in jeder Form, gute Vorsätze, ja sogar Horoskope oder Prophezeiungen bieten zumindest die Illusion von Vorhersagbarkeit und können dadurch den Stress der Einflusslosigkeit reduzieren. Es ist zweitrangig, ob die Vorhersage oder der Plan sich in der Zukunft als richtig erweist. Im Moment, wo ein Vorhaben projektiert wird, reduziert sich die Unkontrollierbarkeit und erhöht sich das Einfluss-Gefühl.

Ein **Beispiel** aus einer Beratung:
Ein Team leidet unter den unvermittelten Wutausbrüchen eines Vorgesetzten. Eines Tages entsteht während einer Supervision die Idee, immer am Vortag Wetten darauf abzuschließen, wen der Chef zuerst anschreit. Wer recht hat, kassiert. Das macht nun eine völlig andere Stimmung im Team. Das Gefühl des Ausgeliefertseins (Unkontrollierbarkeit + Gefahr) wird ersetzt durch die Hoffnung auf das Eintreten der Vorhersage (Kontrollierbarkeit + Gefahr). Die Arbeit ist immer noch nicht wirklich lustig, doch die Wette verringert schlagartig den Stress.

Folgende Gedanken machen eine Gefahr etwas leichter erträglich:
„Etwas Schlimmes wird zwar passieren, aber ich kenne mich damit aus. Ich bin darauf vorbereitet."

2 Pawlow, zit. nach Fischer 2003

Der Weg zum Alpha-Quadranten

Für effektives Gefühlsmanagement hat sich dieses Modell als äußerst nützlich erwiesen, denn es ermöglicht rasch eine erste Klärung und Orientierung:

❍ In welchem Bereich liegt das größte Defizit?

❍ Wie kann ich auf direktem Weg die gewünschten Gefühle holen oder zumindest über eine andere Achse etwas Entlastung erreichen?

Prinzipiell kann jeder Bereich einzeln angesteuert bzw. gefördert werden und dies kann die emotionale Gesamtsituation spürbar verbessern. Langfristig braucht jedoch ein Mensch mehr von genau jenem Bereich, unter dessen Mangel er leidet.

❍ Mehr Einfluss und Kontrolle!

Viele Menschen, die Angst vor Gefühlen haben, haben in Wahrheit (berechtigte) Angst vor einem Kontrollverlust und seinen unvorhersehbaren Auswirkungen. Daher ist das Ziel der Beeinfluss- und Steuerbarkeit emotionaler Zustände der rote Faden des Buches. Suchen Sie daher immer den selbst steuerbaren Teilbereich im „großen Chaos"! Wenn Sie schon der Entscheidung der Konzernleitung ausgeliefert sind, dann konzentrieren Sie sich auf einen beeinflussbaren Teil in Ihrem Arbeitsbereich. Sie können zwar nicht das Verhalten des Kunden bestimmen, jedoch ihr eigenes. Versuchen Sie, so oft wie möglich zu können anstatt zu müssen. Nicht einmal Gefühlsmanagement selbst muss immer sein. Es gibt Situationen, in denen der Kontrollverlust absolut in Ordnung ist und es wunderbar passt, sich mit Absicht in eine intensive Empfindung vertrauensvoll „hineinfallen" zu lassen. Doch es ist wie beim Autofahren: Erst die Gewissheit, jederzeit bremsen und steuern zu können, lässt schnelles Fahren zum Genuss werden, ein Drift ist dann „kontrollierter Kontrollverlust" und purer Spaß.

❍ Mehr Sicherheit!

Sicherheitsgefühle kommen durch vertraute Umgebung, den Riegel an der Tür oder das Geld auf dem Konto, wenn Symbole und Erinnerungen an Sicherheit in der Vergangenheit zugänglich sind und es Notfallpläne oder -helferInnen als Rettungsanker für die Zukunft gibt. Sicherheit kann durch Zahlen, Statistiken oder Wahrscheinlichkeiten vermittelt werden: „Ein Flugzeugabsturz ist möglich, aber äußerst unwahrscheinlich. Ich kann vertrauen."

Fakten können sowohl Sicherheits- als auch Kontrollierbarkeitsgefühle vermehren: Vielleicht verändert das Wissen um die 9 Grundprinzipien noch nicht Ihr Verhalten. Doch hoffentlich sind Emotionen nun besser versteh- und vorhersehbar und Sie fühlen (noch) mehr Sicherheit in der Begegnung mit ihnen. (⇨ Details zu weiteren Angstbewältigungsstrategien in Keine Angst vor der Angst, S. 46)

❍ Mehr Nähe!

Eine zentrale Erkenntnis der Forschung zur „Sozialen Intelligenz"[1] lautet: Das Kontaktbedürfnis ist in uns fix verankert. Die moderne Neurowissenschaft beweist, dass unser Gehirn spontan Kontakte sucht und eine Verbindung mit dem Gehirn jeder Person aufnimmt, mit der wir es zu tun haben (Spiegelneuronen!). Der Mensch ist als Herdenwesen angelegt, es ist eine biologische Programmierung, so wie ein Fisch zum Schwimmen geboren ist. Dauerhafte Isolation stresst – allerdings ein unkontrollierbarer, aufgezwungener Kontakt ebenfalls.

Es gibt nun extrem belastende Situationen, wo für mehr Einfluss oder Sicherheit tatsächlich überhaupt nichts getan werden kann. Falls Sie ein Arbeitsteam beraten, dem ein Teil des Aufgabenbereichs aufgekündigt wird, werden Sie mit den Gefühlen von Kontrollverlust und Gefahr konfrontiert sein. Nach einem Raubüberfall ist trotz maximaler Sicherheitsvorkehrungen das Risiko einer Wiederholung nun einmal tatsächlich gegeben.

Doch sogar in solchen Situationen können Sie sich und andere unterstützen: Sie können Nähe und Kontakt selbst zur Verfügung stellen oder im Team fördern. Das Gefühl, bei etwas nicht alleine sein zu müssen, kann den wichtigen Unterschied zwischen „gerade noch aushaltbar" und „unerträglich" ausmachen.

---

1 Goleman 1995

Das Management eigener Gefühle: Vom Hindernis zum Sprungbrett des Erfolgs

Die BESSER-Strategie

EMOTIONSMANAGEMENT BEDEUTET,
MIT GEFÜHLEN BEWUSST UMZUGEHEN.

BESSER ist eine Kette von Buchstaben als Platzhalter für 5 Aktionen. Sie bilden gemeinsam eine Form von Geländer, um sich an schwierigen Klippen entlang zu hanteln. Das gibt Schritt für Schritt Halt. Der Knackpunkt ist, sich vom Gefühl zu distanzieren, um nicht kopflos hineinzufallen und dabei nahe genug zu bleiben, um es verstehen und nutzen zu können. Falls ein genauer Check des Lage ergibt, dass ein Kopfsprung in die Emotion ungefährlich möglich ist: Viel Spaß!

Stellen Sie sich vor, Sie lenken einen PS-starken Sportwagen. Plötzlich gerät er ins Rutschen. Was werden Sie innerhalb von wenigen Sekunden tun?

Schritt 1: Sie spüren, dass der Wagen außer Kontrolle gerät. Wenn Sie kein Neuling sind, steigen Sie nicht auf die Bremse, sondern gehen weg vom Gas, treten auf die Kupplung und verhindern dadurch den weiteren Antrieb der Räder. Das Fahrzeug kann sich nun aufgrund physikalischer Gesetze minimal einbremsen.
B wie *bemerken, benennen und Panikreaktionen bremsen.*

Schritt 2: Im Bruchteil einer Sekunde wird Ihnen einfallen, welche Naturgesetze zwischen Auto und Straße wirken und was die Ursachen in diesem konkreten Fall sein könnten. Sie akzeptieren das gezwungenermaßen so, wie es jetzt ist.
E wie ehren und erforschen von Ursachen und Zielen

Schritt 3: Verschiedene Lösungsmöglichkeiten – je nach Vorder- oder Hinterradantrieb, Verkehrs- und Straßenlage – werden durch den Kopf schießen: ein- oder auslenken, vorsichtig bremsen, in Ausnahmefällen sogar etwas Gas geben.
***SS** wie Lösungen suchen und sammeln*

Schritt 4: Blitzschnell werden Sie aus diesen Alternativen die bestmögliche auswählen und in die Tat umsetzen.

E wie sich für eine Möglichkeit entscheiden und es erledigen

Schritt 5. Nun werden Sie vielleicht an den Straßenrand fahren, tief durchatmen und die Situation analysieren: Wie konnte es dazu kommen? Könnte man fürs nächste Mal etwas daraus lernen? Können Sie sich selbst für die richtige Reaktion gratulieren? Vermutlich werden Sie später voll Erleichterung, vielleicht sogar voll Stolz darüber erzählen

R wie Rückblick und Resümee

Aus den gleichen fünf BESSER-Schritten besteht wirkungsvolles Gefühlsmanagement:

BESSER-Schritte

Schritt 1:	B	wie bemerken, benennen und bremsen
Schritt 2:	E	wie ehren und erforschen
Schritt 3:	SS	wie suchen und sammeln
Schritt 4:	E	wie entscheiden und erledigen
Schritt 5:	R	wie Rückblick und Resümee

Eine Emotion als innerer Antrieb ist zu stark oder passt ganz einfach nicht zu der derzeitigen Lage. Sie droht außer Kontrolle zu geraten und uns aus der Bahn zu werfen, muss daher zunächst einmal etwas reduziert, gebändigt und auf der Straße gehalten werden. Ein Kind oder ein unerfahrener Mensch kann nur seinen ganz normalen Notfallprogrammen folgen, die im ersten Schreck in den Tiefen des Gehirns anspringen: Voll auf die Bremse steigen oder erstarren.

Solche Reflexe wurden über viele Jahrtausende hinweg programmiert. Sie eignen sich zwar ganz hervorragend für den Kampf mit einem wilden Tier, aber nicht für den Kampf mit einem wild gewordenen Auto. Falls wir also diesen Instinkten folgen und uns von dem Gefühl zur erstbesten Notfallreaktion zwingen lassen, kann das objektiv betrachtet ein Fehler sein. Denn nützlich ist, was in der Fahrschule gelernt wird: weg vom Gas, kuppeln und dann bestmöglich handeln.

Emotionen im Berufsleben können jeden von uns zeitweise ganz schön ins Schleudern bringen, ihr Management wird dann zu einem entscheidenden Erfolgsfaktor. Schließlich dürfen wir die Kundin oder den Mitarbeiter, der oder die unser Selbstwertgefühl bedroht, nicht aus unserem Revier jagen. Der heiße Zorn, der in uns auflodert, drängt dazu, denn er will uns beschützen, will Sicherheit durch Kampf und Sieg wieder herstellen. Lassen wir uns jedoch vom Zorn dazu zwingen, schaden wir uns über kurz oder lang selbst damit.

Erinnern Sie sich an Ihre erste Autofahrt oder an die erste Stunde beim Ski- oder Radfahren? Zu Beginn haben Sie es vielleicht nicht für möglich gehalten, dass so komplexe Verhaltensweisen jemals automatisiert werden können. Doch durch Ausdauer und Übung ist es heute Routine. Zum Training von Gefühlsmanagementroutinen gibt es genug Gelegenheiten, denn problematische Situationen wiederholen sich meist öfter, als uns lieb ist.

Die 5 Schritte der BESSER-Strategie

Im Folgenden wird die BESSER-Strategie bei eigenen Emotionen zunächst allgemein bzw. an Fallbeispielen erläutert. Danach werden einigen typischen Situationen und den dazugehörigen, meist als belastend erlebten Gefühlen eigene Kapitel gewidmet.

Doch selbst angenehme Stimmungen brauchen ein wenig Management: Ungebremste Begeisterung würde zu existenzbedrohlichen Fehlentscheidungen führen, übermäßige Hilfsbereitschaft ebenfalls. Natürlich kann man sie voll auskosten, sie reduzieren sich ohnehin bald, denn bei jedem Gefühl gelten die gleichen Grundprinzipien. Lassen Sie daher Ihre Mitarbeiterin im Erfolg schwelgen und schlagen Sie Purzelbäume vor Freude über den neuen Auftrag. Doch wichtige Beschlüsse sollten nie mitten im Hoch getroffen werden, genauso wenig wie am Tiefpunkt, denn die Wahrnehmung ist verändert. Unterschreiben, entscheiden oder kaufen Sie nichts Wichtiges, geben Sie keine Versprechen oder Kredite. Verschieben Sie das auf später. Falls das gar nicht geht, dann holen Sie sich einen Tipp aus der Bremsliste oder nehmen Sie sich Zeit für ein Telefonat mit einer neutralen Person und hören sich deren Einschätzung aus der Distanz an. *Hoffen Sie auf das Beste* und darauf, dass Ihr tolles Gefühl Ihnen die reine Wahrheit sagt – denn vielleicht tut es das. Es kann sich jedoch irren. Auch im ungünstigsten Fall, selbst wenn alles gar nicht so wäre, wie es sich jetzt anfühlt, soll das nicht den Ruin bedeuten.

Schritt 1:
B wie bemerken, benennen und bremsen

Ziel: *Bemerken, was passiert; das Gefühl benennen und als das eigentliche Problem definieren; es etwas einbremsen; Panikreaktionen wenn notwendig unterbinden*

- Zuerst ist unumgänglich und gleichsam „Spiel entscheidend", überhaupt zu *bemerken*, dass man ein ganz bestimmtes Gefühl hat und es möglichst korrekt zu *benennen*. Das ermöglicht die Entscheidung, ob und wie Gefühlsmanagement zum Einsatz kommen soll.
- Im Stadium der (nahezu) unkontrollierbaren Emotion ist das *Bremsen* entscheidend. Dazu muss die Empfindung selbst als problematisch oder zumindest veränderungswürdig identifiziert und definiert werden:

> Nicht der unfähige Verkehrsteilnehmer ist jetzt das Problem, sondern der eigene, aufbrausende Zorn; nicht das Tempo der Kollegin, sondern die eigene, extreme Aggression; nicht die Arbeitsaufgaben, sondern das eigene Stressgefühl oder die lähmende Langeweile.

NICHT URSACHEN ODER AUSLÖSER SIND DAS PROBLEM, SONDERN DAS AUSSER KONTROLLE GERATENE, EIGENE GEFÜHL.

Manche behaupten, diese Erkenntnis sei der wichtigste und schwierigste Abschnitt, danach würde es leichter. Vielleicht ist der erste Schritt also bereits der halbe Weg, wie Aristoteles gemeint haben soll, vielleicht bringt er allein noch nicht weit. Sicher ist: Keine Reise kann ohne ihn beginnen.
Nur um kein Missverständnis aufkommen zu lassen: Später (bzw. in Ausnahmefällen auch sofort) kann es natürlich unumgänglich sein, die Kollegin, den Verkehrsteilnehmer oder die Arbeitsmenge kritisch zu durchleuchten und dort Probleme zu lösen. Doch jetzt, angesichts eines (drohenden)

Kontrollverlusts, geht es zunächst einmal nur um das Bremsen der Emotion.
Bei anderen Menschen ist es meist leicht, einen (drohenden) Kontrollverlust zu bemerken. Ihn jedoch bei sich selbst zu erkennen und darauf angemessen zu reagieren, ist keine geringe Herausforderung. Je intensiver die Emotion, umso leiser wird die warnende Stimme im Kopf: „Was passiert da mit mir? Ich sollte aufhören."

Ein innerer Dialog könnte so klingen: *„Ich habe einen solchen Zorn, ich könnte Herrn B in der Luft zerreißen. Dieser Vollidiot, was bildet er sich eigentlich ein. Aber Schluss jetzt! Tief durchatmen. Ich will nicht die Kontrolle verlieren, ich will diesen extremen Zorn jetzt nicht mehr haben. Um Herrn B kümmere ich mich später. Ich höre ihm jetzt mal eine Weile gar nicht mehr zu, lasse ihn einfach reden. Auf mich selber achten, einbremsen, durchatmen, Abstand gewinnen. Am besten, ich stehe kurz auf und hole mir ein Glas Wasser."*

Das „Glas Wasser" steht hier und im Folgetext stellvertretend für eine Vielzahl von Möglichkeiten. Es gibt ein aserbaidschanisches Sprichwort, das übersetzt so viel wie „Trink Wasser!" heißt. Während wir im Deutschen mit einem „Reg' dich ab!" Gefühlsmanagement nur einfordern, gibt der Spruch *„Trink Wasser!"* klugerweise bereits eine erste Hilfestellung! Weitere Vorschläge, wie Sie ein Gefühl bei sich selbst oder anderen sofort reduzieren können, finden Sie gleich zu Beginn der Toolbox, die Sie zur individuellen Notfallliste erweitern können. Sie sollte schließlich möglichst viele möglichst gesunde Werkzeuge enthalten, also nicht (nur) die „Beruhigungszigarette". Apropos: Aus Amerika kommt die 4-D-Antirauchstrategie: drink water – deep breathing – delay – do something different. Die Parallelität zu den hier vorgestellten Bremsstrategien ist verblüffend. Es müssen eben immer einfachste Dinge sein, denn zu mehr ist unter Druck niemand fähig.

BEI GEFÜHLSMANAGEMENT HAT SELBSTANKLAGE KEINEN DAUERPLATZ:

Möglicherweise sind Sie nach einem emotionalen Kontrollverlust zornig auf sich selbst, denn Sie hätten nie gedacht, dass Ihnen so etwas passieren kann, mit all Ihrer Lebenserfahrung und Reife. Doch freuen Sie sich: Sie sind fühlbar lebendig und gerade dabei, einen neuen und spannenden Teil in sich selbst kennen zu lernen. Es gibt da etwas zu entdecken, eine unbekannte Tür oder ein neuer Raum wurde geöffnet. Doch um das zu erforschen, ist es günstig, das starke Gefühl jetzt zu bremsen.

ES NÜTZT NICHTS UND NIEMANDEM, IM EXTREM SITZEN ZU BLEIBEN.

Manchmal kennen wir bereits zur Genüge das Muster, das anspringt, und wissen sogar, wie es üblicherweise endet.

„Es ist immer dasselbe: Etwas funktioniert nicht, ich bemühe mich, es klappt nicht. Ich komme in Rage, schimpfe, alle sind beleidigt und am nächsten Tag tut's mir sehr leid. Ich kann einfach nicht anders. Andererseits: Das gibt's doch nicht, dass es immer so ablaufen muss! Andere Leute schaffen es doch auch, ruhig zu bleiben. Wieso sollte mir das also nicht ebenfalls gelingen?"

Ab heute wollen Sie nicht mehr auf die alte Weise reagieren müssen? Es reicht? Wer will schon extrem unangenehme oder Energie raubende Gefühle haben oder eskalieren lassen.

BEMERKEN, BENENNEN UND EINBREMSEN BILDEN GEMEINSAM DEN ERSTEN SCHRITT ZU MEHR GELASSENHEIT UND AUSGEGLICHENHEIT.

Mit solchen oder ähnlichen Botschaften können Sie sich selbst oder Personen und Arbeitsteams, wo etwas immer wieder oder unvermutet neu „hochkocht", abholen und zum zweiten Schritt einladen.

Schritt 2:
E wie ehren und erforschen

Ziel: *Ehren und Anerkennen; Erforschen, worum es wirklich geht; Ursache und Ziele der Emotion verstehen; die Gesetzmäßigkeiten der Gefühle dazu nutzen*

In diesem Schritt muss die Gefühlsqualität selbst zunächst „geehrt", also in ihrem Dasein anerkannt und in ihrem guten Ziel gewürdigt werden. Dazu bzw. daneben braucht es eine genaue Analyse, welche Emotion die tragende Rolle hat und ob sie tatsächlich aus der eigenen Innenwelt kommt:

„Ist es wirklich Zorn – oder ist der Zorn bereits eine Reaktion auf Angst oder Hilflosigkeit? Verbirgt sich hinter einer Angst in Wahrheit Scham? Erlebe ich gerade live eine Ansteckung oder ist es tatsächlich etwas Eigenes, was sich da in der Innenwelt abspielt?"
Danach kann man das gute Ziel suchen und sich weiter fragen:
„Was sind die Ursachen und Ziele der Emotion? Wenn das Gefühl sprechen könnte, was wäre denn seine Botschaft? Ist es schon weit genug gedämpft? Ist die Kontrolle über Denken und Handeln da oder braucht es noch weitere Beruhigung?"

(⇨ Mehr dazu finden Sie bei den einzelnen Emotionskapiteln.)

Der bei Schritt 1 im Beispiel begonnene innere Dialog könnte nun wie folgt weitergehen:

„... Ok, nun zurück zu meinem Zorn. Natürlich ist er gerechtfertigt, diese Aussage von Herrn B war wirklich eine Frechheit sondergleichen. Ich weiß jetzt nicht, ob dieser Zorn einfach will, dass ich diesen Menschen in seine Schranken weise. Oder war es von ihm nicht so gemeint? Jedenfalls ist B über meine Grenze gegangen und das kann ich nicht dulden. Andererseits kann ich auch nicht dulden, dass B mich und meine Emotionen kontrolliert ... Vielleicht geht es ja darum, vielleicht soll ich vor aller Augen die Nerven verlieren. Was könnte überhaupt Ursache und Ziel von B sein, warum hat B ein solches Verhalten nötig? Vielleicht hat er Zahnweh, so verbissen wie er schaut. Lasse ich mich vielleicht nur anstecken? ... Mein Zorn ist immer noch sehr groß – interessant eigentlich, wo mich doch sonst wenig aus der Ruhe bringt. Ich nehme jetzt noch einen Schluck Wasser und frage ihn, ob er ebenfalls etwas trinken möchte."

In der Sekunde, wo der eigene Zorn gedämpft ist, kann sich das Denken wieder zuschalten, es werden

- ❍ *U-W-Z-Analysen* (⇨ Tool S.138),
- ❍ *Schutzschildfragen* (⇨ Pkt. 17, S. 135)
- ❍ und schließlich die nächsten Schritte möglich.

Nachdem nun ein erstes Verständnis da ist, hat sich vielleicht die Emotion bereits auf ein gut tragbares Maß reduziert. Manchmal verschwindet sie sogar schlagartig, weil ihre Botschaft gehört und verstanden wurde. Falls also kein weiteres Management notwendig ist, haben Sie eine Abkürzung möglich gemacht, aus BESSER wird ein BER, gehen Sie direkt zu Schritt 5.

Schritt 3:
SS wie suchen und sammeln

Ziel: Verschiedene Lösungsideen suchen und sammeln: einerseits für die weitere Reduktion des Gefühls selbst, andererseits für Ursachen, Ziele oder alternative Wege; einen Handlungsplan erstellen.

Oft ist die Belastung trotz Schritt 1 und 2 noch viel zu stark, als dass Sie sich uneingeschränkt gut und arbeitsfähig fühlen. Bei Schritt 3 gibt es nun zwei mögliche Schwerpunktsetzungen, wobei die erste absolute Priorität hat. Wenn Sie sich konsequent mit folgenden Fragen konfrontieren, lenken und zentrieren Sie in hohem Maß Ihr Denken und Ihre Wahrnehmung auf eine Lösung:

1. *Wie kann ich das Gefühl selbst noch weiter reduzieren oder verlassen, ganz ungeachtet seiner Ursachen und Ziele?*
Gehen Sie ruhig davon aus, dass Sie prinzipiell aus jeder Emotion zumindest für einige Zeit aussteigen können.

- ❍ Wann/Wie/Unter welchen Umständen ist es mir bereits früher einmal gelungen, dieses Gefühl zu beeinflussen?
- ❍ Was genau ist damals passiert, was habe ich getan oder gedacht?
- ❍ Was hilft mir beim Umgang mit anderen Emotionen, wie gelingt es mir normalerweise wieder in einen guten Zustand zu kommen?
- ❍ Was tun andere Menschen in so einem Fall, was konnte ich beobachten?
- ❍ Was werde ich darüber in einem Monat denken, in einem Jahr oder wenn ich in den Ruhestand gehe? Wenn ich mir selbst aus dieser Zukunft eine Botschaft schicken könnte, was würde ich mir raten?
- ❍ Welche Zusatzinformation müsste ich jetzt haben, damit sich das Gefühl verändert? Was wäre, wenn ich mir jetzt einfach vorstelle, dass ich genau diese Information habe? Es liegt in meiner Macht, was ich denke!
  (⇨ Im Beispiel von *Empfehlungen bei Zorn* S. 117 bei Schritt 5 wird deutlich, wie eine Zusatzinformation oder eine selbst bestimmbare Ursachen- bzw. Zielzuschreibung, sogar wenn sie vollkommen fiktiv ist, ein Gefühl reduzieren kann.)

2. *Wie löse ich das Problem, auf das mich die Emotion aufmerksam gemacht hat?*
Hat man als Hypothese eine Hauptursache bzw. ein Hauptziel der Emotion gefunden, dann kann man Alternativen suchen, die ein ähnlich gutes oder besseres Ergebnis bringen. Wieder einige Vorschläge, in welche Richtungen Ihre Überlegungen laufen können:

- ❍ Über welche anderen Wege kann ich dieser Ursache entsprechen und/oder dieses Ziel erreichen? (Wenn als Ursache des Zorns eine Grenzverletzung und als ein Ziel der Schutz des Selbstwerts geortet wurde, können Sie alternativ zum Zorn z. B. mit Humor, Rückzug oder Analyse reagieren.)
- ❍ Liegt die Ursache eines Gefühls wirklich in der aktuellen Realität? Oder erinnert mich etwas an der gegenwärtigen Situation an eine frühere Erfahrung und aktiviert eine alte (Körper-)Erinnerung samt Begleitemotion? Wenn ja, bin ich diesbezüglich besonders sensibel und *erkenne* etwas daher besser als andere? Oder *verkennt* und verwechselt etwas in mir die aktuelle Lage mit der Vergangenheit?

Ein Beispiel: Der typische Geruch des Kopierers kann die Erinnerung an den schrecklichen ersten Bürojob aktivieren und ein ungutes Angstgefühl bewirken. Die kritische Analyse ergibt jedoch, dass es außer diesem Geruch keine Gemeinsamkeiten gibt. Die Angst verliert ihre Ursache.

- ❍ Sollte ich das Ziel der Emotion kritisch in Frage stellen? Kann jetzt wirklich etwas so Gefährliches passieren, wodurch ein Ziel der Vernichtung angemessen und den Preis wert ist? Will ich auf Hilflosigkeit tatsächlich mit hektischen Bemühungen reagieren, die auf mehr Kontrolle hinzielen – oder kann ich mir als neues Ziel setzen, diese Hilflosigkeit auszuhalten und Vertrauen zu entwickeln?

Schritt 4:
E wie entscheiden und erledigen

***Ziel:** Sich für eine Vorgangsweise bewusst entscheiden und konsequent in entsprechenden Handlungen umsetzen.*

In diesem Schritt wird entschieden, welche der in Schritt 3 gesammelten Alternativen ausgewählt werden, um die Emotion endgültig zu minimieren bzw. zu verlassen oder das Problem zu lösen.
Was ist Plan A und welche Verhaltensweisen bilden Plan B und C, falls der erste Anlauf nicht den erwünschten Erfolg bringt?

Erstellen Sie für sich nun solch einen inneren Plan und setzen Sie ihn in die Tat um. Beachten Sie: Wahrscheinlich geht es noch immer in erster Linie darum, ein konstruktives, emotionales Level zu erreichen.

Einen Ärger wie im Beispiel mit Herrn B kann man verlassen, ganz egal, ob er gerechtfertigt ist oder nicht, ob jemand Schuld trifft oder nicht, ob später noch eine andere Aktion notwendig ist oder nicht.

Streichen Sie aus Ihrem inneren Dialog Sätze wie „Ich bin halt so. Da muss man sich ja ärgern. Herr B müsste dies und jenes tun, damit ich mich beruhige." Sie selbst können entscheiden, was B in Ihnen auslösen darf, Sie brauchen sich weder von ihm noch von sich selbst alles gefallen lassen.
Sie können Ihre Stimmungen verändern, zumindest für die nächsten 10 Minuten.

Schritt 5:
R als Rückblick

***Ziel:** Erfolge festhalten, die eigene Leistung anerkennen; daraus lernen, um in Zukunft Gefahrensignale erkennen und den roten Bereich vermeiden zu können*

EIN AUSSTIEG AUS DEM EXTREMGEFÜHL VERDIENT EHRLICHE ANERKENNUNG.

Gefühlsmanagement ist schwierig, besonders für jemanden mit einer lebendigen und intensiven Gefühlswelt. **Aber:** Erfolgreiche Strategien und Erlebnisse sollten unbedingt bewusst registriert und gesammelt werden. Sie sind nämlich wie Perlen: Eine alleine geht im Alltagskram bald wieder verloren, zu einer Kette aufgereiht, kann jede einzelne ihren Glanz zeigen.

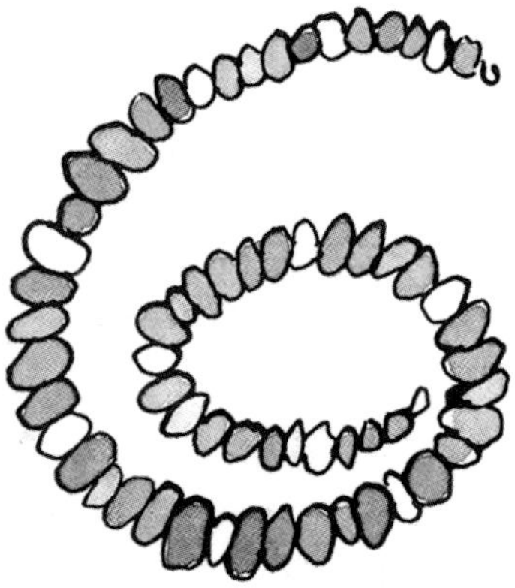

Kleine und große Erfolge müssen auch aneinandergereiht werden, damit sie zur Geltung kommen. Vielleicht beginnen Sie ein „Erfolgstagebuch"?
Als Vorbereitung auf eine neuerliche emotionale Herausforderung können Ausstiegsstrategien gezielt geplant und trainiert werden, indem man sie vorher möglichst realitätsnah oder auf der Vorstellungsebene mehrmals durchspielt.
Mitten im Extremgefühl hat *niemand* die mentale Kapazität, etwas gänzlich Neues zu versuchen. Doch es hilft dem Gehirn bereits, wenn es *fiktive* innere Bilder dazu gibt.

Vergessen Sie beim Gefühlsmanagement den alten Spruch: „Dumm ist nicht, wer einen Fehler macht. Dumm ist der, wer ihn zweimal macht." Es geht hier um einen komplexen Lernprozess, der in der Regel eine Veränderung von tief eingegrabenen inneren Programmabläufen braucht.

ETWAS DAUERHAFT NEUES BILDET SICH NICHT DURCH EINMALIGES TUN.

Unter Druck fallen wir alle – unter Umständen auch noch nach Jahren – in frühere Muster zurück und machen die alten Fehler wieder. Denn die gewohnten Reaktionen sind die Autobahnen im Gehirn. Nur über mühsam geschaffene Abfahrten, die man gut beschildert hat, um sie beim nächsten Mal rechtzeitig anbremsen zu können, erreicht man neue Wege. Eine frische Verhaltensweise ist zu Beginn wie ein Trampelpfad, der wieder zuwächst und unbefahrbar wird, falls man ihn nicht weiter benutzt.
Abfahrten und neue Wege können Sie festigen und ausbauen, indem Sie diese so oft wie möglich nutzen und besonders zu Beginn jedem einzelnen Erfolg gebührende Aufmerksamkeit widmen: ihn feiern, dafür ein Symbol gut sichtbar vor Augen haben und beharrlich trainieren.
Das Bild der Autobahn entspricht übrigens ungefähr dem tatsächlichen Aufbau neuronaler Netzwerke im Gehirn und versinnbildlicht gut die Dichte und Beständigkeit neuer bzw. gewohnter Nervenbahnen[1].

1 Spitzer u. Bertram 2007

JEDES STARKE GEFÜHL, SELBST WENN ES NOCH SO UNANGENEHM IST, ZEIGT: ICH HABE EINEN GUT FUNKTIONIERENDEN KÖRPER UND EINE LEBENDIGE, FACETTENREICHE INNENWELT.

Gefühlsmanagement tut ganz nebenbei der Gesundheit Gutes: Viele Studien zeigen, dass permanent belastende Gefühle, vor allem Hilflosigkeit, Opfergefühle oder Angst, unsere Abwehrkräfte verringern und Entzündungswerte erhöhen, während positive Emotionen einen gegenteiligen Effekt haben. Natürlich ist es wie bei allen gesundheitsfördernden Maßnahmen: Sie werden nichts herbei- oder wegzaubern, doch man kann Wahrscheinlichkeiten erhöhen. Nicht mehr, aber auch nicht weniger.

Begleiterinnen in Zeiten des Wandels: Trauer und Angst

Jegliche Veränderung ist durch Abschied und Neubeginn gekennzeichnet. Zu den belastenden Emotionen, die hier entstehen können, gehören Trauer, die den Verlust heilen will, und Angst, die vollste Aufmerksamkeit für zukünftige Herausforderungen und Gefahren gewährleistet. In Extremform allerdings blockieren die beiden Veränderungsprozesse.

Vom Umgang mit Trauer

Ursache	Weg	Ziel
Verlust, Verletzung	Trauer	Heilung

Gefühle von Trauer tauchen auf, wenn man etwas verloren hat, einen Menschen, eine Sache, Chance oder Hoffnung, eine Arbeitsstelle oder eine Wahlmöglichkeit. Enttäuschung als Verlust von Täuschung gehört ebenso dazu wie die Trauer nach falschen Entscheidungen. Selbst gute und positive Ereignisse können unerwartet traurig machen, denn jeder gewählte Weg bedeutet, dass man sich von anderen Alternativen verabschieden muss:

> Der neue Job bedeutet den Verlust von Routine, die endlich übertragene Teamleitungsfunktion den Verlust kollegialer Nähe. Physische oder psychische Grenzüberschreitungen oder Verletzungen bewirken zunächst Schmerz, Zorn oder Angst. Was zusätzlich bzw. danach traurig machen kann, ist der Verlust an Vertrauen und Beziehung. Als Opfer eines Betruges oder einer Katastrophe wird man ebenfalls nach einer Phase der Angst und des Zorns auch noch betrauern müssen, was man durch dieses Ereignis verloren hat.

JEDE VERÄNDERUNG BEINHALTET ***IMMER*** *AUCH EINEN VERLUST!*

Falls Sie sich also „merkwürdigerweise" traurig fühlen, können Sie auf die Suche nach dem gehen, was Sie verloren haben, und diesem Teil seinen Platz und ein Stück Trauer zubilligen.

B Schritt I: wie bemerken, benennen und bremsen

Traurigkeit wird als Schwäche und/oder Schmerz beschrieben, als Leere im Inneren, als seelische Verletzung. Zu ihr gehören Emotionen wie Kontrollverlust und Hoffnungslosigkeit.

- Manche spüren eher die körperlichen Anzeichen: Erschöpfung, Hoffnungs-, Freud- und Energielosigkeit, Schwere, Schmerzen oder Taubheit, Tränen, manchmal innere Unruhe und Schlaflosigkeit.
- Andere leiden mehr darunter, dass die Gedanken ständig um das Verlorene kreisen und die Welt wie durch eine schwarz getönte Brille gesehen wird: dunkel, schärfere Kontraste, gnadenlose Klarheit. Es ist so, wie es ist. Kein Platz mehr für Selbsttäuschung oder vielleicht falsche Hoffnung. Niemals mehr wird das Verlorene zurückkehren.

Trauernde haben zusätzlich den Eindruck, durch diese Brille von den „hellen Stellen", von schönen Dingen, guten Emotionen, von der Lebendigkeit in sich selbst und von anderen Menschen getrennt zu sein. Der reale Rückzug des sozialen Umfeldes (aus Selbstschutz, Hilflosigkeit, Respekt ...) verstärkt diese Isolation. Von Trauernden selbst kann aus Energiemangel nur schwer der Wunsch nach Kontakt kommen, gleichgültig, ob das nun tatsächlich ihr Bedürfnis wäre oder nicht. Sie wirken auf andere manchmal ausgesprochen distanziert, stark verändert, sogar unfreundlich, ohne es zu beabsichtigen. Das muss man wissen, um unverdrossen von Zeit zu Zeit Beziehungsangebote zu schicken.

Nicht selten haben Betroffene wegen dieser Distanz ein Schuldgefühl: Sie wollen unbedingt an den alltäglichen Freuden teilnehmen, in Kontakt kommen und das Verlorene vergessen, wollen ja auf Aufmunterungsversuche freundlich reagieren, doch es gelingt nicht und sie merken die Enttäuschung der anderen.

DER UMGANG MIT TRAUER IST UM VIELES SCHWERER, WENN SIE MIT SCHULD VERBUNDEN IST, GLEICHGÜLTIG OB DIESE RATIONAL BEGRÜNDBAR IST ODER NICHT.

In diesem Fall ist es vorher notwendig, das Schuldgefühl loszuwerden, um danach den Trauerprozess ablaufen lassen zu können (⇨ *Adäquates Handling von Schuld- und Opfergefühlen* S. 82). Die Mischung mit Zorn oder Angst ergibt die später beschriebene *Verzweiflung* (⇨ S. 61). Jemand in reiner Trauer ist hoffnungslos, zurückgezogen, sitzt leise in der Ecke oder kann nicht zur Arbeit erscheinen. Dadurch tarnt sich Trauer manchmal als Faulheit oder wird mit ihr verwechselt – sogar vom traurigen Menschen selbst. Doch während echte Faulheit als übersteigerter Genuss für Betroffene durchaus angenehm ist (zumindest im Moment des Faul-Seins; Schuld und Ärger kommen danach), leiden Traurige unsäglich unter dieser Kraftlosigkeit und der Unfähigkeit, den Alltag zu schaffen.

Abgewehrte und verleugnete Trauer kann sich hinter jeder Form von Ablenkung, hektischer Aktivität, übertriebener Fröhlichkeit oder Suchtverhalten verstecken und es bedarf einer sehr genauen Beobachtung und eines hohen Maßes an Empathie, um sie zu erkennen und zu benennen. Wichtig ist zu wissen, dass Trauer, die ihrem normalen Verlauf folgt und sich dabei nirgends „festhakt", kommt und geht. Sie bildet Wellen mit unterschiedlicher Intensität. Manchmal ist sie also ganz einfach wirklich nicht da, kann im nächsten Moment jedoch mit voller Wucht die Innenwelt überfluten (⇨ Abb. S. 44).

TRAUER HAT EIN BESONDERES ZIEL UND MUSS DAZU IN DER NOTWENDIGEN INTENSITÄT GEFÜHLT WERDEN DÜRFEN.

Sich zu *bremsen* ist nur im äußersten Notfall (Gefahrenzone!) notwendig. Wichtig ist, dass Sie dieses Gefühl bei sich selbst korrekt *benennen* und ihm seinen Raum lassen.

Schritt 2:
E wie ehren und erforschen

TRAURIGKEIT MACHT SO KRAFTLOS, WEIL SIE UNGLAUBLICH VIEL ENERGIE VERBRAUCHT.

Im Extremfall bleibt kaum genug zum Leben übrig. Sozialer Rückzug wird unter diesem Aspekt verständlich, denn jeder Kontakt wird zunächst als Anstrengung erlebt. Entscheidungen und Veränderungen werden oft vermieden, auch sie benötigen psychische Energie. Außerdem müsste man sich danach wieder neu orientieren und das beinhaltet möglicherweise Risiken für weitere Verluste.

Die Frage stellt sich, wohin die ganze Kraft eines trauernden Menschen geht, wenn ähnlich wie in der Physik Energie nicht verloren gehen kann, sondern sich lediglich umwandelt? Unserer Beobachtung nach wird sie gut investiert, denn:

DAS ZIEL DER TRAUER IST DIE HEILUNG.

Nur so können sich seelische Wunden nach Verlusten und Verletzungen schließen. Auch für die Trauer gilt das Grundprinzip der fallenden Intensität, doch braucht sie am längsten von allen Emotionen, um kleiner und weniger schmerzhaft zu werden. Immer verläuft sie in Wellen: Phasen starker Trauer lösen sich ab mit Zeiten, wo es vermehrt möglich ist, Energie zu tanken.

Gelungenes Management kann man be Trauer vereinfacht als Förderung dieser Wellenbewegung verstehen. Nicht umsonst ist von Trauerarbeit die Rede: Es ist tatsächlich eine schwere Last, die „abgearbeitet" werden muss, indem man den Schmerz zulässt. Das gelingt nur, wenn in dazwischen liegenden „Energiezonen" aufgetankt werden kann. Diese Ausnahmen von der Traurigkeit sind wichtig und kostbar, denn ohne sie hätte kein Mensch auf Dauer genug Kraft, um mit dem Verlust irgendwann fertig zu werden.

Phasen der Trauer

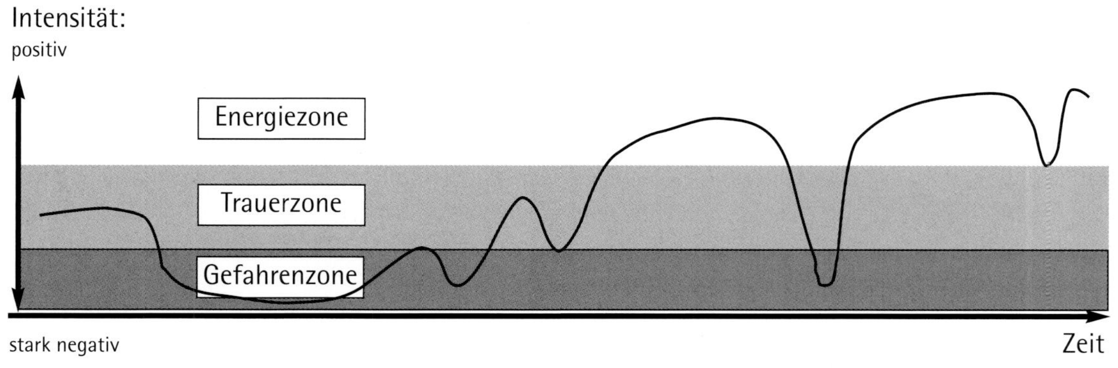

Schritt 3:
SS wie suchen und sammeln

Sofortige Ausstiegsmöglichkeiten braucht es nur im Notfall zur Vermeidung der Gefahrenzone. Wichtiger ist es, zwischen den Trauerphasen genug Energiequellen zu finden, damit man die Trauerarbeit leisten kann. Alle traurigen Menschen haben es schwer, diese „Tankstellen" zu sehen, zu nützen und manchmal auch, sie sich zu erlauben. Gutgemeinte Vorschläge passen nicht immer, denn was für den einen eine Kraftquelle ist, stellt für den anderen eine unerträgliche Zusatzbelastung dar. Das obige Modell für Trauer verdeutlicht, dass trauerfreie Phasen nicht Verrat am Verlust bedeuten, sondern dass sie für gute Trauerarbeit unabdingbar sind. Wer wirklich tief traurig ist, muss solche Inseln haben dürfen, weil er sonst im Meer von Trauer und Schmerz versinkt.

Erlauben Sie sich, *mit* den Wellen zu schwimmen. Nur wenn man sich der Gefahrenzone nähert oder allzu lange in der Trauerzone bleibt, braucht es eine klassische Bremsstrategie.

Möglichkeiten und (eigene/fremde) Erfahrungen können Sie unter Berücksichtigung möglichst vieler Details durch folgende Fragen sammeln:

- *Zur Trauerzone:*
  Wie halte ich die Traurigkeit am besten aus? Wie/Wann/Wo kann ich gut und ungestört traurig sein und fühle mich dabei relativ gesehen am wohlsten? Was kann ich, ein Kollege/eine Kollegin oder ein anderer Mensch, vielleicht auch ein Tier oder ein Gegenstand, dabei für mich tun? Was machen meines Wissens nach andere Menschen, wenn sie traurig sind?
- *Zur Energiezone:*
  Wie konnte ich mir davor/bei früheren Trauerfällen Energie holen? Wann/Wo/Wie ist die Trauer weniger oder nicht da? Wie kann ich mich von Zeit zu Zeit in solche Energiezonen begeben? Ist die Arbeitsstelle für mich eine solche Kraftquelle, oder saugt das eher Energie ab? Was ist für andere Menschen eine Energiequelle?
- *Zur Gefahrenzone:*
  Was darf ich nicht tun/denken, weil es mir sonst für lange Zeit extrem schlecht geht? Wann wird die Trauer übermächtig? Wann/Wo habe ich nicht genug Kraft für gute Trauerarbeit und würde in die Gefahrenzone abrutschen? Woran kann ich das zeitgerecht merken? Wie werde ich in diesem Moment aussteigen, wer oder was kann mich dabei unterstützen? Unter welchen Umständen will ich zu einem vorübergehenden Ausstieg aus der Trauer gezwungen werden und wem gebe ich dafür welches Zeichen?

Die durch solche Fragen entwickelten Ideen muss jeder/jede Traurige zuerst für sich selbst praktisch erproben: *Was davon möchte ich eine Stunde oder einen Tag lang versuchen?*
Erst danach ist ihm/ihr die Beurteilung möglich, ob etwas nützlich oder doch Energie raubend ist.

Schritt 4:
E wie entscheiden und erledigen

Also bitte keine Angst vor der Traurigkeit, weder bei sich noch bei anderen Menschen. (⇨ *Begleitung bei Trauerarbeit* S. 92) Sie ist zu Beginn unter Umständen unfassbar schmerzhaft, aber sogar die tiefste Trauer vergeht ganz von selbst. Das braucht allerdings seine Zeit und gewisse günstige Rahmenbedingungen. Doch niemand sollte ihre natürliche Wellenbewegung durch panische Verdrängung, durch zwanghaftes Suchen nach Ursache oder Sinn, durch unpassend positives Denken, durch Schuldgefühle, Zweifel, sinnlose Racheaktionen oder vorschnelles Trösten aufhalten wollen.

DAS ZIEL ***ERLEDIGEN*** *BRAUCHT MAN*
BEI TRAUER NICHT ANZUSTREBEN,
DENN SIE ERLEDIGT SICH VON SELBST,
WENN DIE RICHTIGE ZEIT DAFÜR GEKOMMEN IST.

Um wirklich einschneidende persönliche Verluste trauert man vielleicht noch nach Jahren, kann jedoch bewusst ein- und wieder aussteigen und sein Leben gut weiterführen. In einzelnen Fällen macht es Menschen ein Schuldgefühl, wenn die Trauer ganz vergeht, so als ob das ein Beweis dafür wäre, dass sie etwas gar nicht wirklich geschätzt hätten. Doch Trauer ist nun einmal ein natürlicher, einprogrammierter Mechanismus mit dem Ziel der Heilung von seelischen Verletzungen nach Verlusten.

Hinweis: Stagniert die Wellenbewegung über einen längeren Zeitraum, spricht man von chronifizierter Trauer. Sie macht Menschen krank.
Haben Sie den Eindruck, während Ihrer Trauer entsteht keine Wellenbewegung, sondern ein „Im-Kreis-Laufen" oder „Auf-der-Stelle-Treten", dann suchen Sie professionelle Unterstützung und organisieren Sie sich eine Spezialistin/einen Spezialisten!

R Schritt 5: als Rückblick

Langsam wird die Trauer weniger: Die Wellentäler sind seltener und weniger tief, Sie können Trauerzonen bewusst betreten und verlassen.
Was folgt sind Tag für Tag mehr positive Emotionen: Sie haben mehr Zeiten, wo Sie „vergessen" – und vielleicht registrieren Sie bewusst und mit Erleichterung, wie sich die Welt wieder heller und lebendiger anfühlt.
Bei sehr einschneidenden Verlusten kann eine gewisse Wehmut manchmal für immer bestehen bleiben.

Keine Angst vor der Angst

Ursache	Weg	Ziel
Gefahr, drohender Verlust, als Gefahr bewerteter Mangel	Angst	Schutz und Sicherheit durch Flucht, Kampf, Erstarrung oder Problemlösung

Angst (Furcht, Panik, Sorge ...) ist Extremaktivierung von Körper und Gehirn. Sie tritt immer als Reaktion auf irgendeine Form von Gefahr auf. Die Bedrohung kann real oder vollkommen irreal sein und kann die körperliche, die finanzielle, die psychische, die soziale Existenz etc. betreffen.
Angst taucht auch auf, wenn man etwas Wichtiges verliert oder das befürchtet, bzw. wenn ein gefährliches Defizit wahrgenommen wird.

Veränderungen mit all ihren zukünftigen Unkontrollierbarkeiten lösen daher in den meisten Menschen Angst aus, machen sie wachsam und bereit, Unterstützung zu suchen, anzunehmen und sich anzustrengen. Für die unkontrollierbare Angst jedoch wird jede Veränderung zur Todfeindin, denn sie zwingt, sich in unbekanntes Terrain zu wagen.

Schritt I: B wie bemerken, benennen und bremsen

Als besonders stark „körperbetonte" Emotion ist Angst in jedem Fall begleitet von starkem Herzklopfen, Ruhe- und Schlaflosigkeit, die Gedanken rasen oder sind blockiert, Zittern, Übelkeit, Bauch- oder andere Schmerzen etc.
Sie kann verschiedene **Ausdrucksformen** haben, je nachdem, welche neuronalen Bahnen aktiviert sind:

- **Angst, die Isolation anzeigt**, wird sichtbar als Kraftlosigkeit, Beklemmung, weinerliche Stimme, Hilfe suchender Blick, verzweifeltes Jammern und Rufen nach Kontakt etc.
- **Angst bei großer Gefahr** bringt die Vorbereitung auf Kampf oder Flucht: eine Aktivierung auf allen Ebenen, hohe Muskelspannung, rasend schnelles Denken und Handeln, die Haut ist extrem gut durchblutet (Kampf) oder blass (Flucht), die Wahrnehmung ist auf die für Angriff oder Flucht wichtigen Elemente konzentriert u.v.m.
- **Bei traumatisierenden Situationen** (⇨ *Was Menschen motiviert: ein Koordinatensystem der Grundbedürfnisse*, S. 30) kann sich Angst zu einem Schockzustand ausweiten, vergleichbar mit der Schreckstarre von Tieren. Das Gehirn ist als Ganzes oder in Teilen „leergefegt" (Dissoziation). Es gibt nur mehr unvollständige Empfindungen oder Wahrnehmungen, automatisierte oder absurde Reaktionen, Euphorie, Gedächtnislücken und vielleicht sogar Reduktion der vitalen Funktionen bis hin zur Bewusstlosigkeit.
- Manche Menschen haben keine genaue Wahrnehmung für diese Emotion, sie fühlen sich lediglich „irgendwie unbehaglich". Eine Angst ist für sie selbst und auch für die Umgebung nur an ihrem Benehmen und an unübersehbaren körperlichen Anzeichen erkennbar: Schmerzen und andere körperliche Beschwerden, Schlaflosigkeit, Unruhe, Aggression, übertriebenes Nähe-Suchen, ausgeprägtes Vermeidungsverhalten oder Kontrollzwänge. Hier stellt die korrekte Benennung einen besonders wichtigen Schritt zu ihrem Management dar.

Tools zum Bremsen (⇨ S. 131) sind wichtig, um Angst im gut kontrollierbaren Bereich zu halten, sonst behindert sie relativ rasch und umfassend die Fähigkeit zum logischen Denken und zur realistischen Wahrnehmung. Die bereits beschriebene Entscheidung ist wichtig:

- Wollen Sie gegen die Ursachen vorgehen und diese vermeiden oder bekämpfen, sich unterwerfen, das Problem lösen oder Hilfe suchen?
- Oder wollen Sie zunächst das Gefühl selbst zur Gegnerin erklären?

Angst suggeriert stark das Erstere und dabei vor allem die „einfachen" Vermeidungslösungen: Einfach Veränderungen, Misserfolge, Flugzeuge oder schwierige Gespräche vermeiden (oder besser gleich abschaffen), schon wäre man die Angst los. Selbstverständlich kann es manchmal sehr nützlich sein, diesem Impuls rasch oder mit Bedacht zu folgen und zu kämpfen, stillzuhalten oder zu flüchten.

KONTROLLIERBARE ANGST KANN WUNDERBAR ZUR VERHALTENSÄNDERUNG UND PROBLEMLÖSUNG MOTIVIEREN UND ENTSPRECHEND GENUTZT WERDEN.

Übermäßige Angst sollten Sie jedoch getrost zur Feindin erklären und Ihre ganze Aufmerksamkeit darauf richten, sie zu beherrschen. Selbstverständlich wird sie trotz allem im Extremfall manchmal die Oberhand gewinnen und das logische Denken abschalten. Vielleicht ist es dann auch gut so.

Schritt 2: E wie ehren und erforschen

Angst hat wie jede Emotion eine Botschaft, die klugerweise angehört und verstanden werden sollte. Im Allgemeinen ist ihr gutes Ziel einfach und klar:

ANGST WILL UNS SCHÜTZEN.

Was ist konkret und im Detail ihre Ursache, ihr Auslöser und ihr Ziel? Vor welcher Gefahr will sie warnen? Sie sollten das wissen, unabhängig davon, wie Sie danach aus logischen oder langfristigen Überlegungen her handeln.

Kommt ein Angstgefühl in einer „unpassenden" Situation oder hat es auf den ersten Blick keine Ursache, können Sie besonders neugierig erforschen, was genau da jetzt los ist:

Haben Sie feinsinnig eine unterschwellige Botschaft aufgefangen?
Hilft Ihnen die Angst einen bislang unbekannten weißen Fleck in Ihrer Innenwelt zu finden und zu verstehen?
Erinnert Sie etwas an der aktuellen Umwelt an eine alte Geschichte? Und ist diese Botschaft im Hier und Jetzt nützlich oder irrt sich die Angst, weil die frühere Erfahrung heute keine Gültigkeit mehr hat?
Vielleicht sind es einfach nur Verdauungsbeschwerden und Sie haben diese Körperempfindung falsch interpretiert?

Für viele Menschen ist das Gefühl selbst entsetzlich unangenehm und bedrohlich. Die logische Folge ist *Angst vor der Angst*, Betroffene reagieren schon bei den kleinsten Anzeichen beginnender Furcht mit der Vermeidung des Auslösers. Die darauf folgende Erleichterung hat einen starken Belohnungseffekt und jedes Verhalten, das unmittelbar angenehme Konsequenzen bringt, wird mit hoher Wahrscheinlichkeit häufiger verwendet: Noch mehr Situationen werden vermieden, immer rascher versucht man zu flüchten. Das verkleinert allerdings drastisch die persönliche Zone, wo man sich sicher fühlt. Und je beschränkter diese Sicherheitszone, umso größer die Wahrscheinlichkeit, neuerlich mit etwas konfrontiert zu werden, das Angst macht.

VERMEIDUNGSVERHALTEN
„FÜTTERT" LANGFRISTIG DIE ANGST,
ES MACHT SIE GROSS,
ZUM SELBSTLÄUFER UND SCHNELLDREHER.

Je rascher man die Angst wegschiebt, umso schneller ist die nächste da. Vermeidungsverhalten sollte daher nur dann gewählt werden, wenn es tatsächlich günstig oder unumgänglich ist.

Einige Menschen pendeln sich so stabil auf einem krankheitswertigen, chronischen Level von Ängstlichkeit ein, dass sie sich nirgends mehr sicher fühlen. Ein Angstzustand kann sich zu einer echten Todesangst aufschaukeln, denn die körperlichen Zeichen werden im Extremfall als Herzproblematik gedeutet. Tatsächlich löst ein Herzinfarkt ja ähnliche Symptome wie ein ganz normaler Angstanfall aus: Herzrasen, Atemnot, Schmerzen, Schwächegefühle etc. Panikattacken sind die Spitze der Eskalationsspirale:

ANGST VOR DER ANGST
VERSTÄRKT DIE ANGST.

Wichtig ist, die 9 Grundprinzipien in Emotionen (⇨ S. 18) gut zu kennen und zu beachten: Angst kann extrem ansteckend sein und ein ganzes Team oder Leben unterwandern. Sie hat die Tendenz, thematisch angrenzende Zeiten, Situationen und Bereiche zu „befallen". Ein Gehirn in Angst fürchtet in ähnlichen Situationen wieder eine Gefahr und sucht daher voll Wachsamkeit die leisesten Anzeichen davon. Es kann sich an Angst regelrecht gewöhnen. Diese wird ziemlich hartnäckig und setzt sich zur Wehr, wenn man versucht, sie loszuwerden: Die zur dauerhaften Reduktion wirklich sinnvollen Konfrontations-Strategien verstärken kurzfristig die Angst.

Schritt 3:
SS wie suchen und sammeln

Das Wissen um die 9 Grundprinzipien ist glücklicherweise auch das, was Angst beherrschbar macht: Vertrauen Sie auf das Prinzip der mit der Zeit automatisch abnehmenden Intensität, kein Angstanfall dauert länger als eine Stunde, der Körper will diesen Zustand höchster Anspannung nicht ewig aufrecht erhalten. Angst verändert Denken und Wahrnehmung, doch sie kann dadurch ihrerseits ebenfalls kontrolliert werden – und immerhin können Sie selbst entscheiden (lernen), worauf Sie sich konzentrieren.

ANGST KOPPELT SICH AN SIGNALE ODER SITUATIONEN.

Eine solche Verankerung lässt sich nun ganz bewusst zu einem Sicherheitsgefühl herstellen. (⇨ Tool: *Der innere Glücksbringer*, S. 133).

Ein Beispiel: „In schwierigen Verhandlungsrunden trage ich immer einen bestimmten Ring. Er ist etwas kantig, daher ist mir sehr bewusst, dass er da ist. Ich habe ihn am Tag meines bislang größten Erfolges gekauft. Er erinnert mich spürbar an das damalige Gefühl von Stärke und Glück. Damit habe ich eine Gegenkraft zur Anspannung."

ANGST HAT STARKE AUSWIRKUNGEN AUF DEN KÖRPER, DOCH SIE BRAUCHT IHN DABEI UNBEDINGT ALS BÜHNE.

Stellt man der Angst keinen „Schauplatz" zur Verfügung, kann man sie außerordentlich gut kontrollieren:
Niemand kann auf Dauer Angst behalten, wenn er tanzt oder laut singt.
Langsames, gleichmäßiges Atmen oder genussvolles Essen sind unvereinbar mit einem Angstgefühl. So bekämpft der Körper selbst diese Emotion. Diese „Physiologischen Bremsen" sind in der Regel außerordentlich effektiv,

- wobei einem Angst-Schwächegefühl prinzipiell die Körperempfindung von Kraft und Bewegung entgegengestellt werden soll,
- während die ängstliche Übererregung natürlich eher Maßnahmen braucht, die langfristig in Richtung Ruhe zielen.

Angstvermeidung ist die mit Abstand häufigste Strategie. In der Regel flüchten Betroffene dabei vor dem Auslöser und werden von der Angst zu Sicherheitsmaßnahmen motiviert. Das macht nicht nur entwicklungsgeschichtlich durchaus Sinn (Angst vor wilden Tieren ließ sich durch Vermeidung und den Bau einer schützenden Behausung verringern), sondern gilt selbstverständlich noch immer für viele Situationen im 21. Jahrhundert: Falls schnelles Autofahren Angst macht, unterlässt man es. Und wer Angst vor Fehlern in seiner Arbeit hat, wird sie tunlichst verhindern.

DIE VERMEIDUNG POTENZIELL GEFÄHRLICHER SITUATIONEN IST BESONDERS DANN KLUG, WENN DAS NICHT NUR RÜCKZUG UND FLUCHT BEINHALTET, SONDERN AUCH ***AKTIVE MASSNAHMEN ZUR URSACHENBEKÄMPFUNG*** *ODER* ***HERSTELLUNG VON SICHERHEIT****.*

Wegen der bereits besprochenen Nachteile sollte die Vermeidung immer kritisch auf ihre objektive und langfristige Nützlichkeit überprüft werden. Doch wenn diese gegeben ist, scheuen Sie sich nicht, zu flüchten: „Besser einmal feig als immer tot!"

Konfrontation mit der Angst ist eine prinzipiell empfehlenswerte Methode, alle Wirksamkeitsstudien der Verhaltenspsychotherapie beweisen das eindrücklich. Durch bewusstes Aufsuchen der angstauslösenden Situation beweist man sich, dass die Angst nicht Recht hat und man in Sicherheit ist, gleich ob sie vor einem Hund, einem Flug oder der Rede warnen will. Wichtig ist, sich lange genug einer Situation auszusetzen und mit Bremstechniken die unkontrollierbare Überflutung zu vermeiden. So hat der Körper Zeit, sich zu beruhigen:

*DER KÖRPER SELBST MUSS ERLEBEN,
DASS ALLES IN ORDNUNG IST.*

Auf diese Art kann man Angst durch simple Gewohnheitsbildung, ähnlich wie Scham (⇨ Scham: Jetzt wird's peinlich, S. 52), in ihre Schranken weisen. Allerdings ist Konfrontation nicht immer möglich. Es braucht Mut und gut eingeübte Strategien, um den Kontrollverlust zu vermeiden.

Durchdenken bis zum Ende ist eine Spielart der Konfrontation. Dabei wird die Situation bis an ihr Ende visualisiert, ganz detailliert und langsam. Üblicherweise stockt die Vorstellung nämlich im Moment höchster Angst („Oh Gott, dann bin ich im Lift eingesperrt!" „... dann stehe ich dort und mir fällt kein Wort mehr ein!") Es hilft, sich zu fragen: „Und dann, was kann oder wird dann passieren?... Und danach? ... Und später?", und sich diesen Ablauf vorzustellen.

Bei ***Strenge, im Extremfall bis zur gnadenlosen (Selbst-)Entwertung*** wird nicht die Angst zur Feindin erklärt, sondern die „schwache" Person selbst. Vor allem beruflich sehr erfolgreiche Erwachsene können (irreale) Angst regelrecht hassen, sie passt nicht in ihr Selbstbild. Sie beschimpfen sich selbst gedanklich und manchmal auch laut, sie verachten oder bestrafen sich dafür. **Keine empfehlenswerte Strategie!**

Zur ***Musterunterbrechung*** ist es manchmal nützlich, rigoros einzuschreiten und sich die eigenen Gedankenmuster oder Katastrophenbildergeschichten zu verbieten und sich selbst in einem inneren Dialog energisch einen Tritt zu verpassen:

> *„Jetzt ist aber Schluss! Tu was! Was ist da wirklich, schau genau hin! Setz dich sofort hin! Durchatmen! Das hast du 100mal geübt, erinnere dich!"*

Doch danach verdienen Sie sofort wieder Wertschätzung und Selbstberuhigung.

Alles, was ***Sicherheit*** vermittelt, ist nützlich. Es funktioniert allerdings nur, wenn nicht (allein) der Gedanke, sondern eine entsprechend gute Empfindung entsteht. Mitten in großer Angst erreichen logische Sicherheitsargumente ihr Ziel nicht, denn der Verstand ist offline oder wie getrennt vom Körper, wo die Angst regiert – deshalb tauchen Emotionen ihrer Natur entsprechend ja nicht (nur) dort auf, wo es vernünftig ist. Es ist dann selbstverständlich ziemlich unangenehm, wenn zum Beispiel eine Redeangst trotz besseren Wissens hartnäckig unkontrollierbar groß bleibt. Doch diese Unabhängigkeit der Emotion von der Logik hat auch gravierende Vorteile, denn dadurch können auch wirklich gute Gefühle entstehen, obwohl es objektiv gesehen keinen Grund dafür gibt. Der Ring als „Glücksbringer" (⇨ Bsp. S. 49) beruhigt, ohne selbst ein reales Argument für mehr Sicherheit zu bieten. Nutzen Sie das und setzen Sie im Gefühlsmanagement ruhig auch magische oder kindliche Hilfsmittel ein, ganz besonders bei „unlogischen" Emotionen! Irreale Ängste brauchen vielleicht irrationale Schutzmaßnahmen.
Realistische und vernünftige Angst hingegen erfordert möglichst greifbare Sicherheit, damit sie kein lähmendes Ausmaß zu erreicht.

> Die in manchen Branchen leider sehr begründete Furcht vor Überfällen muss ernster als die Dogmen der Werbepsychologie (z. B. offene Eingangsbereiche) genommen werden. Organisieren Sie sich also Sicherheitstüren und gute Schulungen gegen gefährliche Situationen, Notfallpläne bei riskanten Investitionen, Netzwerke und Ausbildung gegen gefährdete Arbeitsplätze etc.

Gegen die Angst vor emotionalem Kontrollverlust liefert jede neue, positive Erfahrung mit Gefühlsmanagement ein Stück mehr Selbstsicherheit („Ich kann selber etwas tun.") oder Vertrauen („Ich kann nichts tun, aber die Angst wird wieder vorbeigehen. Cool bleiben und abwarten!").

Man kann die ***Botschaft der Angst bezüglich Ursache und Ziel*** direkt übersetzen. Sie wird damit als wertvolle Informations- und Energiequelle *für* Veränderung genutzt, denn *auf einem mittleren Niveau* eignet sie sich hervorragend als Motivatorin:

Angst vor einem unumgänglichen Konfrontationsgespräch führt zu genauerer Vorbereitung, Angst vor einer Fehlentscheidung zu Vorsicht.

Kluge Menschen nutzen das ganz gezielt, um sich besser kennenzulernen, sich selbst zu aktivieren bzw. sogar, um vorhersehbare Phasen geringer Energie zu überbrücken:

Die Angst vor einer möglichen Blamage hilft ungemein, die notwendige Kraft zur Fertigstellung eines Projekts aufzubringen.

In jedem Fall gilt: Um Angst einigermaßen gut nutzen zu können, muss sie unbedingt im kontrollierbaren Bereich bleiben. Ist sie das (noch) nicht, dann braucht es weitere Bremsstrategien. Suchen und sammeln Sie alle Techniken, mit denen Sie in der Vergangenheit und/oder bei anderen Gefühlszuständen gute Erfahrung gemacht haben.

E Schritt 4: wie entscheiden und erledigen

Menschen in Angst sind sehr stark motiviert, sie loszuwerden. Am liebsten wäre ihnen natürlich, sie würde sich von alleine auflösen oder jemand würde als Retterin oder Zauberer kommen. Doch in der Regel muss man ihr selbst energisch entgegentreten. Es braucht Mut, fallweise in Kombination mit einer gesunden Portion Trotz (⇨ S. 81), die Belagerung durch Angst tapfer auszuhalten, bis sie vergeht.

Ein Schlüsselsatz bei Angst in Veränderungsprozessen kann sein:

„Ich habe Angst. Und ich mache es trotzdem, ich lass mir doch meinen Freiraum nicht nehmen!"

Das löst zwar kurzfristig mehr Angst aus, bringt dafür jedoch enormen und dauerhaften Gewinn an Sicherheit, Selbstvertrauen und Einflussgefühl.

Die Grundregel bei der Wahl für eine bestimmte Anti-Angst-Strategie ist die gleiche wie bei jeder anderen Emotion auch:

DER ERHALT ODER DAS HERSTELLEN VON KONTROLLE ÜBER DIE ANGST HAT VORRANG.

Um Ursache oder Ziel des Gefühls muss man sich vielleicht später noch kümmern, doch erst, wenn man wieder „HerrscherIn auf dem eigenen Planeten" ist. Die Bedeutung dieser Entscheidung kann nicht oft genug betont werden. Angst stellt selbst für erfahrene GefühlsmanagerInnen immer wieder eine Herausforderung dar, sowohl im Umgang mit sich selbst als auch bei der Unterstützung anderer Menschen.

R Schritt 5: als Rückblick

Wer sich aus dem Sumpf oder Sog der Angst erfolgreich befreit hat, sollte sich unbedingt Zeit für den Blick zurück nehmen, um die Erfolge und Fehler zu registrieren und zu nützen. Angst ist so eine mächtige Gegnerin, jeder Teilsieg verdient Anerkennung:

„Heute war die Angst weit weniger intensiv, weil ich sofort aufgestanden und zum Flipchart gegangen bin. Ich habe im Stehen weiter gesprochen, habe mir über Bewegung Kraft und Sicherheit geholt. Das war echt gut von mir. Früher habe ich die Angst so groß werden lassen, bis ich mich vor lauter Erstarrung nicht mehr rühren und kaum mehr reden konnte."

Bedenken Sie: Angst kann niemand einfach aus dem Fenster werfen. Man muss sie die Stiegen hinunter drängen, Stufe für Stufe.[1] Jeder Schritt, jede erfolgreich bewältigte Veränderung gibt Sicherheit, auch die nächste Hürde gut zu schaffen.

1 Kernstock-Redl 2007

Motivatorinnen beim Fehlermanagement: Angst, Schuld und Scham

Haben Sie große Angst, einen Fehler zu machen? Wird Ihnen heiß und kalt, wenn es darum geht, einen Fehler zugeben zu müssen oder nachgewiesen zu bekommen? Geht es da um die Vermeidung von Schuldgefühlen, um die befürchteten Nachteile für sich selbst oder darum, vielleicht Schaden verursacht zu haben? Wichtig ist es, die beteiligten Empfindungen zunächst genau zu sortieren und jede von ihnen nach ihrer Herkunft und ihrem Ziel zu analysieren.

Der Umgang mit Angst wurde bereits beschrieben, zur Schuld findet sich später ein eigenes Kapitel (⇨ *Adäquates Handling von Schuld- und Opfergefühlen*, S. 82). Ein weiteres, unangenehmes Gefühl, das bei Fehlern oder nach Kritik unkontrollierbar groß werden kann, ist die Scham.

Scham: Jetzt wird's peinlich!

Ursache	Weg	Ziel
Unkontrollierbarkeit, Grenzüberschreitung einer schamgeschützten Zone, „Dieser Teil von mir ist nicht in Ordnung" und/oder „Diesen Teil darf meine Umgebung nicht sehen"	Scham	sich auflösen oder im Erdboden versinken, Beachtung sozialer Spielregeln Abstand und Zusammenhalt

Vermutlich löst schon alleine das Wort „Scham" auch bei Ihnen unangenehme Assoziation aus. Lange haben wir als Autorinnen daher überlegt, ob wir es in diese Liste hereinnehmen sollen: Niemand will sich mit Scham beschäftigen oder gar spüren. Und wer betroffen ist, will es keinesfalls zugeben:

IMMER SCHÄMT MAN SICH (AUCH) DAFÜR,
DASS MAN SICH SCHÄMT.

Doch Scham ist in jeder Menschengruppe Thema, ganz besonders dann, wenn es um „guten Eindruck", um Leistung und damit um den Umgang mit Misserfolg und Fehlern geht. Und das ist gut so, denn:

KONTROLLIERBARE SCHAM
IST ÄHNLICH WIE ANGST
EINE AUSGEZEICHNETE MOTIVATORIN
FÜR SICH SELBST!

Doch wird die Scham, bzw. die Angst vor ihr übermächtig, „muss" jede/r Betroffene oder ein ganzer Betrieb mit allen Mitteln versuchen, Fehler zu vertuschen und zu verleugnen. Auch in Konflikten dienen aggressive Schuldvorwürfe manchmal nur dazu, die Scham über die eigenen Fehler zu verdecken und von ihnen abzulenken.

Schritt 1: B wie bemerken, benennen und bremsen

Die **Auswirkungen** von Scham sind sehr typisch: Der Körper fühlt sich heiß (roter Kopf!), eingeengt und schwach an, Schweiß bricht aus, man will im Boden versinken, „unter den Teppich gehen" oder sich auflösen.
Flucht wäre theoretisch eine Option, doch das Gefühl zwingt förmlich zur Passivität, man ist wie erstarrt, kann sich kaum bewegen oder reden.
Während ein Schuldgefühl Energie zur Verfügung stellt, sich zu verteidigen, etwas wiedergutmachen oder irgendwie handeln zu wollen, gibt die Scham keinerlei Kraft. Erst später ist Flucht oder Kampf wieder möglich. Nur die Angst vor der Scham kann aktivieren und unter Umständen zu ausgeprägtem Vermeidungsverhalten führen.

In der akuten Phase erlaubt Scham lediglich „Verlegenheitsgesten" als halbherzige Versuche, abzulenken oder den unfreiwillig veröffentlichten Teil zu verdecken. Auf diesen Bereich richtet sich zwanghaft die eigene Aufmerksamkeit, er wird typischerweise einseitig und kritisch „durch die Augen der anderen" gesehen, das Gefühl der Peinlichkeit verstärkt sich dadurch noch weiter. Die Scham schafft sich so ihre eigene Ursache und Rechtfertigung, denn im Extremgefühl verändern sich Wahrnehmung und Denken bis hin zu vollkommen unrealistischen Umdeutungen: Von anderen Menschen können nur mehr jene Verhaltensweisen gesehen werden, welche die Scham bestätigen, z. B. wird jegliches Lachen oder Flüstern kritisch auf sich bezogen.

Jeder Teil des Verhaltens, Benehmens oder Innenlebens, alle Gedanken, Gefühle, die Beziehungen zu anderen Menschen, Eigenschaften, Präsentationen oder Produkte können in einer schamgeschützten Zone liegen. Es ist deshalb nicht möglich, alle potenziellen Auslöser von Scham auch nur annähernd zum Verschwinden zu bringen. Hier gibt es keine Wahl: Man muss sich dem Gefühl selbst stellen und es zum Gegner erklären.

Im beruflichen Kontext wird Scham häufig umschrieben mit „das Gesicht verlieren": Der Teil, den man gut und gern herzeigen kann, ist weg, unfreiwillig veröffentlicht wird etwas darunter Liegendes. In einem Konflikt wird gezielt versucht, die gegnerische Partei zu beschämen bzw. aufzuzeigen, welche schlechten oder fehlerhaften Anteile sie hat. „Gegen Ende der vierten Eskalationsstufe erlebten die Parteien, dass sie mit einem *offenen Gesichtsangriff* den Konflikt auf ein wesentlich anderes Gewaltniveau treiben würden. Darum hüten sie sich, vorzeitig eine derart dramatische und folgenreiche Wendung im Konflikt herbeizuführen."[1]. Ist jedoch Stufe 5, der Gesichtsverlust, erst einmal erreicht, dann wird gezielt die „Entlarvung" als Versuch der Beschämung vorangetrieben.

Außerhalb von Konflikteskalationen wird jedem halbwegs mitfühlenden Menschen die Scham eines anderen sehr unangenehm sein. Wer Unkontrollierbarkeit und Hilflosigkeit schlecht aushalten kann, dem ist Scham wegen dieses Anteils vielleicht regelrecht verhasst – er wird darauf aggressiv reagieren oder sie verbieten wollen, manchmal paradoxerweise sogar durch eine Beschämung: *„Sie werden sich doch wohl bei so etwas nicht schämen, das ist doch lächerlich!"*

Die emotionale Kompetenz und der moralische Wert einer Person sind recht gut daran zu erkennen, wie sie auf Scham bei anderen reagiert:
Bemerkt sie die Scham? Beschämt sie gerne andere? Weidet sie sich am „Fehler", lacht aus und vergrößert das Unbehagen noch? Benutzt sie die nun offensichtlich gewordene Schwachstelle auch in

1 Glasl 2004, S. 277

Zukunft? Oder bemüht sie sich dem/der Betroffenen dabei zu helfen, die Emotion loszuwerden? Verwendet sie dazu wirklich nützliche Mittel oder vermehrt sie die Scham durch ungeschickte Bemühungen? (Unbewusste) Aggression erkennt man manchmal daran, dass jemand einen anderen beschämt, um danach Schutz und Hilfe anzubieten.

Um Scham wirkungsvoll bei sich selbst zu **bremsen**, kann man erste Notfallmaßnahmen aus der Bremsliste (⇨ Tool, S. 133) auswählen. Gezielte und überaus nützliche Strategien, die direkt an ihren Entstehungsbedingungen ansetzen, werden unter Schritt 3 beschrieben.

E Schritt 2: wie erforschen

Scham entsteht nur dann, wenn etwas Eigenes in einem unpassenden Umfeld unfreiwillig offen gelegt wird. Die dadurch entstehende Annäherung oder etwas an diesem Eigenen wird als falsch bewertet.
Sie braucht also folgende Faktoren:

- Unkontrollierbarkeit der Situation
- unpassende große Nähe
- negative Bewertung.

> Wer eine private E-Mail – und sei an ihr auch nichts Schlechtes – am Schwarzen Brett der Firma wiederfindet oder „an alle" weitergeleitet sieht, wird sich vielleicht schämen, weil dadurch unangemessen viel Nähe zu nicht befugten Menschen hergestellt wird.
> Der Gedanke „Wenn dieser Fehler bekannt geworden wäre ..." kann Scham allein über die Vorstellungsebene auslösen, weil wir alle in uns einen inneren Beurteiler und „die Augen der anderen" mit herumtragen.

Zwar möchte sich Scham im beruflichen Alltag immer hinter Gleichgültigkeit oder Zorn verstecken, doch in der Innenwelt ist sie trotzdem da und macht das Leben schwer, falls sie unkontrollierbar groß ist oder man sie voll Angst unbedingt vermeiden will.
Dabei ist sie in jeder menschlichen Kultur zu finden, immer gibt es Dinge, die nur bestimmte Menschen sehen dürfen oder die absolut tabu sind. Weil Scham ein sehr unangenehmes Gefühl ist, erzwingt der Wunsch nach ihrer Vermeidung die Beachtung sozialer Regeln und Grenzen, selbst wenn weder Strafe noch Angst- oder Schuldgefühle zu befürchten sind. Scham ist also eine hochkomplexe, geniale Einrichtung der Natur, denn sie fördert einerseits die Befolgung von Spielregeln und somit den sozialen **Zusammenhalt** einer Gesellschaft und bringt andererseits **Abstand** bzw. beschützt die Grenzen zwischen einzelnen Mitgliedern und Subsystemen.

Die schamgeschützten Zonen werden von vorgeschriebenen oder verinnerlichten Wertvorstellungen bestimmt. Es gibt in Systemen, Gruppen oder Einzelpersonen subtile Unterschiede und individuelle, komplizierte Regelwerke. Spätestens seit dem Jugendalter sind wir dafür sensibilisiert:

> In der einen Gruppe war es peinlich billige Kleidung zu tragen, Marken-Outfit steigerte soziales Ansehen und Wert. Bei anderen Freunden machte man sich mit einem teuren Kauf absolut lächerlich, cool war, wer keinen Wert auf das Äußere legte. Wenn Sie Ihren jetzigen Freundeskreis betrachten, werden Sie vielleicht bemerken, dass es noch immer solche Spielregeln gibt und Sie sich (unbewusst) daran halten: Wo dürfen Sie stolz über Ihr Jahreseinkommen berichten und wann tun Sie gut daran, es zu verschweigen?

In jedem einzelnen Betrieb entstehen ganz eigene Kulturen und informelle Vorschriften, wofür man sich schämen muss und wofür man sich nicht schämen darf.

Ein Beispiel: In einer Abteilung haben alle Mitarbeiter/innen den Eindruck, dass niemand Überforderung herzeigen dürfe, sonst würde er/sie subtil verächtlich behandelt, als nicht belastbar genug oder inkonsequent in der Abgrenzung. Überforderte Menschen schämen sich und halten ihren „Fehler" geheim.
In einer zweiten Abteilung kann es durchaus umgekehrt sein. Hier muss jeder stöhnen und jammern, durch Beschämung wird sanktioniert, wer sagt, er käme gut zurecht. Faulheit, Oberflächlichkeit oder geringe Solidarität wird ihm unterstellt.

Trotz allem bleibt höchst individuell, wofür sich jemand wirklich schämt, denn letztendlich hängt das von der persönlichen Bewertung ab: Was für den einen witzig oder höchstens ärgerlich ist, bringt den anderen in tiefste Verlegenheit. Daher ist es relativ schwierig dieses Gefühl vorherzusagen. Auch bei sich selbst kann man nicht immer wissen, ob bzw. welche „Veröffentlichung" peinlich sein wird oder nicht.

Die schamgeschützten Zonen und somit die Auslöser können sich relativ rasch verändern, sowohl auf der gesellschaftlichen Ebene (wofür man sich gestern noch geschämt hat, ist heute modern, weil es ein öffentliches Vorbild als „in Ordnung" präsentiert) als auch auf der persönlichen (ein medialer Auftritt ist beim ersten Mal peinlich, bei der Wiederholung schon nicht mehr so).

Schritt 3: SS wie suchen und sammeln

Im Rückblick auf Ihre bisherigen Erfahrungen mit Schamgefühlen werden Sie auf eine Menge mehr oder weniger nützlicher Bewältigungsstrategien stoßen. Hier eine Auflistung der gängigsten und günstigsten Möglichkeiten, die großteils an den Entstehungsbedingungen dieser Emotion ansetzen:

Strategien für den Umgang mit Scham

Man kann die ***Unkontrollierbarkeit verringern***.

- Lenken Sie die eigene Konzentration auf einen *selbst beeinflussbaren oder positiv bewerteten Bereich.*
- *Verleugnen der Scham oder einer Entstehungsbedingung* ist ein weiterer Versuch, nachträglich die Kontrolle wiederherzustellen.

  Unter SchauspielerInnen ist es angeblich üblich, einen Fehler auf der Bühne (ein Stolpern, einen Versprecher) wenn möglich gleich zu wiederholen. „Es war Absicht, alles unter Kontrolle!" ist die Botschaft, die geschickt werden soll.
- Manche Beschämte gehen mit Hilfe des Zorns sogar in die „freiwillige", selbstbestimmte Veröffentlichung und holen sich so die Kontrolle zurück:

  „Sie lachen, weil ich den Reißverschluss offen hatte? Bitte, wenn Sie das amüsiert, Sie können gern meine ganze Unterwäsche sehen!
- *Ablenkungsstrategien* erhöhen ebenfalls das Einflussgefühl, denn sie steuern die Aufmerksamkeit der Zuseher/innen und lenken sie auf einen anderen Bereich.

Durch Ablenkung wird zusätzlich die ***unfreiwillige Nähe reduziert***. Sie können einen Schritt zurücktreten, sich wegdrehen, den Fehler übersehen, die Scham übergehen - oder all das einfordern. Auch die Aufmerksamkeit durch Worte ist eine Form von Nähe, daher lenken Sie diese von sich ab oder wechseln das Thema.

Finden Sie eine ***neue positive Bewertung!*** Ein Fehler ist Zeichen von hohem Stress und nicht von Dummheit, die fehlende Erinnerung an einen wichtigen Namen vielleicht Zeichen vollster Konzentration auf die Aufgabe. Solche Umdeutungen kann man gezielt vorbereiten, denn mitten in der Scham ist kreatives Nachdenken unmöglich, zu sehr ist man im negativen Denken gefangen. Falls Ihnen selbst dazu in der akuten Situation nichts einfällt, hilft es, offensiv und freundlich das Gegenüber nach einer Bewertung zu fragen:

„Was denken Sie jetzt über mich, nachdem mir drei Rechtschreibfehler auf dieser Seite passiert sind?"

Solche Fragen durchbrechen die durch Scham verursachte Einengung und machen sie umgehend kleiner oder lassen sie sogar ganz vergehen. Wagen Sie es!

Normalisieren der Scham ist eine Unterform der Neubewertung. Dazu gehört, Scham als *„normale Reaktion normaler Menschen" zu sehen und vorherzusagen:*

„Es ist für mich nicht das erste Mal und trotzdem ist es mir noch immer ein wenig peinlich/erstaunlich stressig."

Riskiert man, die ***Scham bei sich selbst offen zuzugeben,*** zu benennen oder vorherzusagen, bannt man zum Teil seine lähmende Wirkung. Jene Energie, die sonst in das Verstecken der Scham fließt, steht nun zur Verfügung. Ihre Entschuldigung gewinnt dadurch an Glaubwürdigkeit, man sieht Ihnen an, wie sehr Sie leiden und schon sind etwaige Rachegelüste gemildert.

„...dieser Fehler tut mir wirklich leid. Am liebsten würde ich in den Erdboden versinken, so unangenehm ist mir das."

Gleichzeitig können dadurch für jeden nachvollziehbar klare Forderungen gestellt werden:

„Ich sagen Ihnen gleich, das wird jetzt ziemlich unangenehm (peinlich, stressig o.Ä.) für mich, also ersuche ich um..." „Mir ist das jetzt peinlich, ich möchte es nochmals überarbeiten." „Das ist etwas unangenehm für mich, ich möchte daher, dass alle nicht direkt Beteiligten hinausgehen."

Sich daran gewöhnen gelingt erstaunlicherweise relativ einfach, indem man etwas bewusst wiederholt:

Peinliche Fehler oder Fotos verlieren ihren Schrecken, wenn sie als Bildschirmschoner dienen, vielleicht mit einem humoristischen Satz: *„In Wahrheit bin ich schöner. Darüber werde ich in der Pension lachen."*
Falls Sie Scham bei Fehlern in Ihrer Präsentation fürchten, bauen Sie absichtlich einen solchen ein, bereiten seine Korrektur vor und loben Sie das Publikum, falls er auffällt. Wenn nicht, können Sie immer noch selbst darauf aufmerksam machen. Fällt Ihnen häufig der Stift aus der Hand oder geraten Ihre Unterlagen durcheinander? Ab sofort machen Sie es mindestens einmal voll Absicht (um zum Beispiel von einer schwierigen Stelle Ihrer Arbeit abzulenken) und bereiten einen passenden Scherz vor.

Bei entsprechender Konsequenz ist es vielleicht einer dieser „peinlichen Fehler", der schließlich zu einem gut bezahlten Markenzeichen avanciert, was sonst nur Fußballspielern oder Society-Damen gelingt.

Die ***Selbstaufmerksamkeit bekämpfen*** bedeutet, sich zu zwingen, die *eigene* Konzentration von dem schambesetzten Thema abzuwenden und die anderen Menschen zu beobachten!

Lacht jemand im Publikum? Gezielt hinsehen und eventuell freundlich fragen, ob man den Witz wissen darf! Hat der Gesprächspartner einen kritischen Gesichtsausdruck? Wertschätzend erkundigen, was los ist!

Sie dürfen sich niemals in eigene Fantasien über mögliche Gedanken anderer Menschen fallen lassen, sobald in Ihnen eskalierte Scham da ist. Ihre Wahrnehmung ist durch diese Emotion getrübt und Sie können Ihrer Einschätzung keinesfalls mehr trauen.

Den Spieß umdrehen! Haben Sie den Eindruck, ein Mensch freut sich wirklich über Ihren Fehler oder macht sich über Sie lustig, können Sie die Situation von Grund auf neu bewerten:

> *„Ich finde es eine Ungeheuerlichkeit, dass Sie es wagen, mich deshalb auszulachen. So also gehen Sie mit Fehlern um! Wieso hat ein Mensch wie Sie so ein kindisches Verhalten nötig?"*

Wer einen Menschen bewusst in die Scham treibt, diese in Kauf nimmt oder sich sogar daran belustigt, handelt moralisch falsch oder zumindest fragwürdig. Zorn über diese Grenzverletzung ist angemessen und kann durchaus zum Ausdruck gebracht werden!

Wahrscheinlicher als vorsätzliche Beschämung ist jedoch mangelnde Empathie: Menschen bedenken oder wissen einfach nicht, was ihr Verhalten auslöst. Jeder geht fälschlicherweise davon aus, dass für andere genau das Gleiche peinlich ist wie für einen selbst. Ihr Gegenüber findet Ihren Versprecher vielleicht wirklich witzig und glaubt, Sie würden mitlachen können.
Manche vergrößern trotz bester Absicht die Scham noch durch ungeschickte Interventionen (*„Das braucht Ihnen doch nicht peinlich sein."*) oder machen das Gegenteil: Aus Mitgefühl, eigener Scham oder aus Angst vor der peinlichen Situation werden Sie nicht auf einen Fehler hingewiesen und laufen weiter mit Zahnpasta im Gesicht herum. Machen Sie darauf freundlich und bestimmt aufmerksam:

> *„Ich bin sicher, Ihnen war gestern nicht klar, wie peinlich das für mich war. Für ein nächstes Mal würde ich mir wünschen, dass Sie ...*

Sie geben damit Ihrer Umgebung eine wichtige Lernchance und signalisieren klar, was man in einer solchen Situation braucht.

E Schritt 4: wie entscheiden und erledigen

Je komplizierter eine Sache ist, umso mehr Bedingungen braucht sie, um funktionieren zu können, und umso leichter ist es deshalb, sie zu sabotieren. Auf Scham trifft das glücklicherweise zu. Oft genügt es, einen einzigen Faktor wie z. B. die Bewertung zu verändern. Wie immer ist wichtig, dass Sie möglichst schon Gegenmaßnahmen ergreifen, bevor Sie ganz „im Boden versinken". Den Wunsch nach Schamvermeidung kann man als guten Antrieb zur Verbesserung nutzen, doch es braucht eingeübte Strategien gegen das Stadium der Unkontrollierbarkeit, falls Ihnen tatsächlich ein peinlicher Fehler passiert.

R Schritt 5: als Rückblick

Nutzen Sie den Rückblick, um die erfolgreich erprobte Strategie zu verankern. Eine neuartige Alternative sollten Sie wie immer bereits *vor* einer nächsten schwierigen Situation detailliert in Ihrer Vorstellung trainieren. Scham ist nur ein unangenehmes Gefühl, nicht mehr und nicht weniger, nur keinen zu großen Respekt davor!

Helferinnen bei Hindernissen: Zweifel, Verzweiflung und Hoffnungslosigkeit

Im (beruflichen) Alltag setzt man sich in der Regel Ziele, die jedoch nicht immer (leicht) zu erreichen sind. Auf dem Weg zum Erfolg werden die oben genannten Emotionen oft als Hindernisse gesehen – und werden auch zu solchen, falls sie eskalieren.
Gut gemanagt stellen sie jedoch wertvolle Energie- und Informationsquellen dar, die helfen, die Ziele selbst und die Wege dorthin zu optimieren.

Der Zwiespalt des Zweifels

Ursache	Weg	Ziel
Unklarheit, mehrere gleichwertige Alternativen	Zweifel	Optimierung, bestmögliche Entscheidung

Zweifel kann als ein Konflikt in der Innenwelt gesehen werden. So wie Differenzen in einem Team zur Optimierung der Arbeit führen können, spornen Zweifel Menschen zu Höchstleistung an. Es ist wieder nur das Übermaß, das handlungsunfähig macht, Entscheidungen verhindert oder Selbstwertgefühl und Sicherheit zerstört.

Extremer Zweifel behindert das Erreichen oder die Durchsetzung wichtiger Ziele, weil der/die Betroffene zögerlich wird und mehr oder weniger offen einlädt, mitzuzweifeln oder Widerstand zu leisten.

B Schritt I: wie bemerken, benennen und bremsen

Zweifel wird meist als unangenehme innere Spannung oder Druck gefühlt, begleitet von ständigem Grübeln und Abwägen der Alternativen. Besonders belastend ist Zweifel an den eigenen Kompetenzen und an wichtigen Menschen oder Entscheidungen. Er tritt häufig in Kombination mit Schuld, Hoffnungslosigkeit, Scham oder Angst auf. Zweifel richtig zu benennen und seine prinzipielle Sinnhaftigkeit wertzuschätzen, bringt manchmal sofortige Erleichterung.

Schritt 2:
E wie ehren und erforschen

Das gute Ziel des Zweifels ist das Finden der besten, wahrsten oder gerechtesten Lösung, Bewertung oder Handlung. Vor schwierigen Entscheidungen, wo es um mehrere, annähernd gleichwertige Alternativen geht, zeigt diese Emotion einen inneren Konflikt an.

- Ein Zweifel ***an vergangenen Entscheidungen*** wird deshalb als besonders „unlogisch" erlebt. Vielleicht will er helfen, etwas für die Zukunft zu lernen, oder er ist ein Hinweis, dass die nicht gewählte Alternative (unbewusst) ein enormes Gewicht hatte oder etwas Wichtiges übersehen wurde. Oder er folgt bzw. bestätigt lediglich eine Selbstüberzeugung („Ich mache nie etwas richtig.") oder das bekannte Muster der Reaktanz: Was man nicht (mehr) haben kann, wird besonders begehrenswert. Möglicherweise will er einfach vor der schmerzhaften Erkenntnis, dass man richtig, falsch oder schuldhaft gehandelt hat, und vor den damit verbundenen Emotionen bzw. Anforderungen schützen: *Wer noch zweifelt, ist sich nicht sicher* und kann den nächsten Schritt (z. B. Schuld wegen einer falschen Wahl, Trauer um die genutzte Alternative, Neuorientierung etc.) hinauszögern.
- Bei Zweifel bezüglich einer Situation oder Entscheidung ***in der Zukunft*** kommt als Schwierigkeit hinzu, dass diese ja nur bedingt vorhersehbar ist. Die Betroffenen streben eine Entscheidungssicherheit an, die unmöglich hergestellt werden kann, weil zukünftige Entwicklungen immer offen sind.
- Zweifel bei Fragestellungen der ***Gegenwart*** schärft alle Sinne, bringt Energie und sammelt so viele Informationen wie möglich.

Diese Emotion kann ziemlich „unvernünftig" sein, falls sie trotz scheinbarer Eindeutigkeit nicht vergehen will. Ein solcher Zweifel weist eventuell auf eine nur unbewusst wahrgenommene Information oder auf bislang unbeachtete Bereiche der Innen- oder Außenwelt hin. Es spielen vielleicht Perfektionsansprüche eine Rolle, Panik vor Fehlentscheidung, schlimme Erfahrungen mit Verantwortungsübernahme, Angst vor zu viel/zu wenig Erfolg u.v.m.

Eine U-W-Z-Analyse, am besten mit Hilfe von KollegInnen oder FreundInnen, kann Ihnen helfen, sich den wirklichen Ursachen und Zielen anzunähern.

In jedem Fall beweist Zweifel, dass Sie sich hier außerordentlich *engagiert um die besten Lösungen bemühen.* Diese Wertschätzung dieses guten Ziels sollten Sie niemals aus den Augen verlieren.

Schritt 3:
SS wie suchen und sammeln

Wenn Zweifel mit Schuld, Trauer oder Angst gemischt ist oder ihrer Vermeidung dient, braucht es das dort beschriebene Management. Bei reinem Zweifel kann man Lösungsmöglichkeiten in verschiedenen Bereichen suchen.

Strategien zum Umgang mit Zweifel

Akzeptanz der Ist-Situation: Hilfreich ist, alle Pro- und Kontra-Argumente detailliert zu sammeln und zu gewichten. Nach der Erstellung einer entsprechenden Liste können Sie zwar in der Regel eine Entscheidung kein bisschen leichter fällen, doch das persönliche Dilemma wird offensichtlich und man sollte es als gegeben akzeptieren. „Es ist so, wie es ist. Es gibt tatsächlich viele Vor- und Nachteile." Bei Selbstzweifel braucht es zur Erstellung einer solchen Auflistung eine neutrale Außensicht, die dabei unterstützt, neben den eigenen Fehlern auch die Fähigkeiten und Stärken zu sehen und sich selbst „in Summe" anzunehmen. Manche Menschen zerbrechen beim Versuch, den Zweifel zu besiegen, indem sie von sich nur optimale Lösungen, fehlerfreie Arbeiten oder Entscheidungen, die über jeden Zweifel erhaben sind, akzeptieren. Besser ist, Sie geben einen solchen Kampf rechtzeitig auf und bejahen sowohl mögliche Fehler als auch den Zweifel selbst als unvermeidbar. Selbst Gott hatte laut Bibel Phasen von nicht unerheblichem Zweifel. Wer ihn über weite

Stecken gar nicht kennt, ist bestenfalls begeistert, zu hundert Prozent seiner Sache sicher und strahlt Präsenz und Glaube an den Erfolg aus. Schlimmstenfalls jedoch sind solche Personen unkritisch oder fanatisch, sie handeln blind, voll Härte oder Arroganz. Menschen, die ihn nicht zu kennen scheinen, können deshalb von geübten ZweiflerInnen als selbstgefällig verachtet und gleichzeitig bewundert werden, weil sie zielorientiert und ohne Zögern handeln. Doch vermutlich erleben alle wirklich großen und erfolgreichen Persönlichkeiten Phasen von Zweifel bis hin zur Verzweiflung. Die meisten lassen sich das nur nicht anmerken.

Möglich ist, dem Ziel des Zweifels innerhalb eines von Ihnen festgelegten Zeitraum zu folgen und eine ***Entscheidung/Bewertung*** zu ***optimieren***, indem man noch mehr Informationen sammelt, einen Kompromiss findet, eine der Möglichkeiten verbessert (z. B. die eigene Kompetenz erhöht, um daran nicht mehr zweifeln zu müssen) u. Ä. Der Zweifel hat vielleicht recht, irgendetwas stimmt noch nicht oder fehlt. Sollte sich eine Entscheidung extrem falsch „anfühlen", suchen Sie weiter nach neuen und anderen Möglichkeiten. Es gibt immer mehr als zwei Alternativen und viele Wege führen nach Rom. Nutzen Sie dazu die Sichtweisen anderer Menschen und kreative Methoden der Entscheidungsfindung[1].

Eine obere Instanz kann ein Urteil abgeben oder die bereits gewählte Alternative bestätigen. Eine ExpertInnenmeinung beruhigt den Zweifel, indem sie eine Entscheidung bestätigt oder eindeutig bewertet. Doch nicht immer verschwindet dadurch seine wahre Ursache, er hält für kurze Zeit still, um danach umso quälender präsent zu sein. Deshalb wird dann ein anderer Spezialist oder die nächste Fachfrau konsultiert. Bevor Sie endlos viele Runden drehen, überlegen Sie, wieso es so schwer fällt, sich zu entscheiden bzw. den Zweifel zu begraben, vielleicht mit Hilfe eines Coaches.

Die am wenigsten schlechte Alternative zu ***suchen*** und zu ***akzeptieren***, kann ebenfalls heraushelfen. Das Leben lässt uns manchmal keine gute Wahl, es geht vielleicht in einer aktuellen Situation nicht darum, „das Beste" zu finden, sondern „das Bestmögliche", vielleicht manchmal sogar „das am wenigsten Schlechte". Der optimale Weg ist versperrt, man kann nur eine halbwegs gangbare Alternative finden.

E Schritt 4: wie entscheiden und erledigen

Treffen Sie nun die bewusste Entscheidung, Ihren Zweifel endgültig zu verabschieden, doch nicht ohne eine Dankesrede für ihn zu halten:

> *„Danke, dass du mir geholfen hast, meine Entscheidung so gut zu überlegen und bestmöglich zu treffen. Jetzt ist es getan, der innere Konflikt wird damit beendet. Es wird nicht nachverhandelt. Gegen eine mögliche Fehlentscheidung habe ich mich abgesichert. Erst die Zukunft kann zeigen, wie das weitergeht. Dann werde ich daraus lernen."*

Besiegeln Sie das mit einem Ritual und inszenieren Sie es umso pathetischer, je irrationaler die Emotion ist. Falls Sie diesem konkreten Zweifel ein Symbol zugeordnet haben (⇨ Tool: *Symbolisierung* S. 137), können Sie es nun feierlich begraben.

R Schritt 5: als Rückblick

Ihre prinzipielle Fähigkeit zu zweifeln sollten Sie weiter kultivieren, den inneren Zweifler ganz bewusst zu einem Helfer machen und befragen – und ihn danach wieder in den Hintergrund stellen.[2]

1 z. B. das „Tetralemma", Varga von Kibéd/Sparrer 2005

2 Schulz von Thun u.a. 2004

Verzweiflung und ihre Lösung

Ursache	Weg	Ziel
Mangel an Sicherheit und Einfluss	Verzweiflung = Trauer + Aggression oder Angst	Mobilisiert alle Reserven. Zeigt auf, dass etwas unbedingt erreicht werden muss. Bereitet darauf vor, etwas als verloren zu akzeptieren.

Verzweiflung wird hier als Mischung von Trauer (gibt auf und akzeptiert einen Verlust oder eine Verletzung) und Aggression oder Angst (will kämpfen oder flüchten) definiert. Diese Kombination stellt jene unbändige Kraft zur Verfügung, die gebraucht wird, um einen als aussichtslos bewerteten Kampf trotzdem weiterzuführen: Man beweint (innerlich) bereits den Verlust und versucht trotzdem noch, mit aller Kraft etwas zu behalten, das Hindernis zu beseitigen oder das Ziel zu erreichen.

B Schritt I: wie bemerken, benennen und bremsen

Die Verzweiflungsmischung hat entsprechend widersprüchliche Zeichen:
Als Betroffene/r sind Sie schwach, weinerlich, hoffnungslos und verfügen trotzdem über extreme Kraft und Ausdauer.
Der Zorn steht einem ins Gesicht geschrieben, man schreit laut, schlägt wild um sich ..., aber die Tränen und der innere Schmerz sind auch da.
Falls die Maske der Emotionslosigkeit nicht mehr aufrechterhalten werden kann, möchte sich diese Empfindung immer gerne als reine, starke Aggression tarnen. Doch die Trauer und ihre Schwäche erschweren die Demonstration von Kampfkraft. Wegen der Gegensätzlichkeit dieser Emotionen wird sie häufig von einer unangenehmen Lähmung oder Verwirrung begleitet.

Die letzten drei Stufen des Glasl'schen Eskalationsmodells (⇨ S. 121) werden unter anderem von diesem Gefühl getragen, wobei der Traueranteil meist leider mit aller Kraft vor der feindlichen Partei verborgen wird, um nach außen möglichst entschlossen zu erscheinen. Das erschwert natürlich die Deeskalation. In anderen Situationen spielt die Verzweiflung zwar in der Innenwelt ihr ganzes Repertoire aus, doch nur die Trauer wird gezeigt. Eine Person würde gern weinen *und* schimpfen, doch sie zeigt nur die Tränen und richtet alle aggressiven Bestrebungen gegen sich selbst. Menschen im Umfeld spüren über Ansteckung bzw. Empathie manchmal in sich selbst einen schwer definierbaren Zorn. (⇨ Beispiel in Kap. *Verzweiflung kanalisieren helfen* Schritt 1, S. 105)

Falls die Emotion richtig erkannt wird, lösen verzweifelte Menschen zunächst Mitgefühl und Hilfsbereitschaft aus. Doch hält die Verzweiflung an, wird daraus recht rasch Hilflosigkeit, die mit Ärger und Schuldvorwürfen bekämpft wird. Wundern Sie sich also nicht, wenn Ihre Umgebung diese Empfindung in Ihnen nicht richtig erkennt oder darauf vielleicht sogar „bestrafend" reagiert.

Die typische Verzweiflungsmischung braucht meist eine Weile, bis sie unkontrollierbar wird. Daher kann man sie oft rechtzeitig bemerken, sobald sie sich im eigenen Inneren aufbaut, und sie benennen, damit man danach entsprechende Maßnahmen ergreifen kann. Also: Durchatmen oder eine andere Bremse ziehen, damit Sie die nächsten Schritte gehen können.

Schritt 2:
E wie erforschen

Verzweiflung zeigt Betroffenen ganz klar, dass ein konkretes Ziel *wirklich sehr dringend und wichtig* ist, obwohl man es schon verloren gibt.
Sie mobilisiert dafür die allerletzten Kraftreserven. Kein anderes Gefühl kann das in so hohem Maße wie diese Gleichzeitigkeit von vielen, unangenehmen Emotionen. In ihr vereint sich die Kraft von Aggression oder Angst mit der gnadenlos realistischen Sicht der Trauer – und auch mit ihrer Heilkraft. Bei genauer Analyse der auslösenden Situation wird in der Regel sichtbar, dass alle Anteile gerechtfertigt bzw. nachvollziehbar sind. Um die Ursachen für die beteiligten Gefühle erforschen zu können, kann für jede einzelne Komponente das U-W-Z-Tool (⇨ S. 138) zum Einsatz kommen.

Schritt 3:
SS wie suchen und sammeln

Selbstverständlich ist diese Emotion trotz ihrer Intensität und Ambivalenz beeinflussbar. Halten Sie sich nicht allzu lange bei ihrer Widersprüchlichkeit auf. Die Anteile sind einfach da und zeigen in ihrer Unterschiedlichkeit, was die gegenwärtige Situation im Einzelnen und in Summe bedeutet. Sie können jede beteiligte Emotion eigens analysieren und reduzieren. (⇨ Vorschläge finden sich bei den Kapiteln zu den beteiligten Gefühlen.)

Natürlich ist es günstig herauszufinden, welcher Anteil objektiv gesehen „eher Recht hat":

> Je nach möglichst realistischer Einschätzung, wenn möglich mithilfe einer Außenmeinung,
> ❍ können Sie in sich *den Traueranteil stärken*, ohne sich den Zorn oder die Angst „ausreden" zu wollen: Was vorbei ist, ist vorbei und kann nicht mehr rückgängig gemacht werden. Der Kampf ist verloren, die Hoffnung war vergebens. Die Trauer zulassen zu können bedeutet, den ersten Schritt zur Bewältigung zu gehen.
>
> ❍ Oder Sie können sich selbst *zum Kampf, zur Flucht oder zur Problemlösung ermutigen* und entsprechende konkrete Vorschläge ausarbeiten. Sie spüren zwar die Trauer, doch Sie hören – vielleicht für einen mit sich selbst verabredeten Zeitraum – nicht auf ihre Botschaft.

Häufig ist es im typischen Verzweiflungscocktail nicht entscheidbar, welches Gefühl die Ausgangslage realistischer abbildet. Erarbeiten Sie sich in diesem Fall *Pläne und Strategien für jeden möglichen Ausgang.*

> Angenommen, der Kampf wäre sinnvoll, was könnte ich noch tun? (Plan A)
> Und falls es besser wäre aufzugeben und der Trauer zu folgen, welche Möglichkeiten bestünden dann? (Plan B)
> Nun müssen Sie sich nur mehr entscheiden, welchem Plan Sie zuerst folgen.

Schritt 4:
E wie entscheiden und erledigen

Wichtig ist es, die innere Lähmung rasch zu überwinden und zu handeln. (⇨ Ein Beispiel dazu finden Sie in Kap. *Verzweiflung kanalisieren helfen*, S. 104)

Schritt 5:
R als Rückblick

Ist es gelungen, dem Treibsand dieses Gefühls Verzweiflung zu entkommen, empfiehlt sich wie immer ein kritisches Resümee:

> Was genau hat mir am effizientesten geholfen?
> Woran hätte ich bereits früher merken können, worauf ich da zusteuere?
> Was waren die leisen Anfänge, die ich übersehen habe?
> Was genau hätte ich da tun oder sagen können?

Emotionsmanagement bei Kontrollverlust

Ursache	Weg	Ziel
Einflusslosigkeit, Kontrollverlust	Hilflosigkeit Hoffnungslosigkeit Resignation	Schutz vor Energieverschwendung, Kontakt herstellen, Handlungsaufforderungssignal in Richtung Trauer oder Aktivität

Diese Gruppe von Emotionen, im Folgenden unter „Hilflosigkeit" subsumiert, entsteht durch Kontrollverlust, also durch die Erfahrung oder den Glauben, selbst keinerlei Einfluss auf einen Bereich des Lebens zu haben und nichts tun zu können. Solange sie im kontrollierbaren Bereich gehalten werden können, sind sie eine wertvolle Informationsquelle und helfen unter anderem, Ziele zu korrigieren, Energie zu sparen oder Misserfolge zu akzeptieren.

EINFLUSSLOSIGKEIT HAT DURCHAUS ANGENEHME FACETTEN.

Ist sie gepaart mit dem Gefühl von Sicherheit, macht das die wundervolle Mischung namens Vertrauen. Die zusätzliche Kombination mit Nähe erzeugt ein Gefühl von „sich jemandem anvertrauen" können.

Unkontrollierbarkeit ist unvermeidlich, daher muss jeder Mensch früher oder später lernen, sie auszuhalten. So mancher verknüpft damit automatisch eine Gefahr, doch meistens können wir auf einen guten Ausgang vertrauen. Dafür gibt es ganz realistisch gesehen außerordentlich viele Beweise, in Form von Bereichen, die wir selber nichts beeinflussen können, sondern von einer Abhängigkeit in die nächste fallen: Sei es nun bei einer hoffentlich ordnungsgemäß reparierten Gasheizung, beim Essen im Restaurant oder im Straßenverkehr, ständig liefern wir uns eigentlich auf Gedeih und Verderb Zufällen und Menschen aus, im Vertrauen, dass alle ihre Arbeit halbwegs korrekt erledigen.

Ein **Beispiel** eines Beraters: „... wenn dann die Konfliktparteien aneinander krachen und ich ihre Wut abbekomme, damit kann ich irgendwie gut umgehen. Ich bleibe voll handlungsfähig, manchmal laufe ich sogar zu Höchstform auf. Gestern aber hat mein krankes Kind im Bett gejammert. Ich konnte das nicht ertragen. Sofort musste ich einen Arzt anrufen, Umschläge machen und alle möglichen sinnlosen Aktionen starten. Ich habe ihn kritisiert wegen seiner Krankheit und war zornig auf meine Frau, weil sie nicht da war. Ich hasse das Gefühl, nichts gegen ein Problem tun zu können. Umgang mit Hilflosigkeit ist ein echter Schwachpunkt."

B Schritt I: wie bemerken, benennen und bremsen

Die ausgeprägte und chronische Form dieser Empfindung zeigt sich als eine alles durchdringende Schwäche und durch typische Gedanken:

„Es hat keinen Sinn. Ich werde das nie schaffen. Was ich auch versuche, am Ende geht es daneben. Ich kann nichts tun."

VOLLKOMMEN HILFLOSE MENSCHEN KÄMPFEN UND GLAUBEN NICHT MEHR.

Wer sich noch Unterstützung organisiert, ist nicht ganz hilflos, ein letzter Rest eines Gefühls der Beeinflussbarkeit anderer Menschen oder Hoffnung auf Hilfe ist noch da.

Zum **Bremsen** sind Kontakt- und Sicherheitsmaßnahmen möglich, vor allem geht es jedoch um ein *Wiedergewinnen von (minimalem) Kontrollgefühl*. Jede Entscheidung, jeder Plan, jedes Quäntchen von eigener Einflussmöglichkeit sollte erkannt und genutzt werden. Hören Sie in der akuten Phase auf einen wohlwollenden Menschen und keinesfalls auf die Botschaft der Hilflosigkeit, denn sie zentriert sämtliche Sinne auf den Kontrollverlust und auf das Problem.

Ein **Beispiel**: „... und da habe ich mich gefühlt wie eine Maus, die sich von einer Schlange hypnotisieren lässt. Ich war so auf die Gefahr und auf die Ausweglosigkeit fixiert, ich dachte wirklich, es gibt keinen Ausweg mehr. Glücklicherweise hat mich zufällig ein alter Freund angerufen und erst dieses Telefonat hat mich die Dinge wieder klarer sehen lassen. Es gibt ja immer mehr als zwei Möglichkeiten."

Schritt 2:
E wie ehren und erforschen

Hilflosigkeit hat so wie jede Emotion gute Ziele und Effekte:

- Sie will *davor schützen, Energie zu verschwenden* und neue Enttäuschungen zu erleben. Wenn etwas wirklich unbeeinflussbar ist, wäre es unsinnig, damit seine Zeit und Kraft zu vertun. Daher eröffnet sich über die Hilflosigkeit der *Weg zur Trauer* um einen Einflussbereich, der unzweifelhaft verloren ist. So kann man ein unerfreuliches Kapitel des Lebens früher oder später als unveränderbar abschließen.
- Sie ist dermaßen unangenehm, dass sie als Handlungsaufforderungssignal Menschen motivieren kann, sie abzuschütteln: „So kann es nicht weitergehen!" Dadurch zwingt diese Emotion indirekt, *einen nächsten Schritt* zu tun: die Einflusslosigkeit zu akzeptieren und in die heilkräftige Trauer zu kommen, oder über Kontakt, Kampf, Flucht oder Problemlösung doch wieder Kontrolle zu gewinnen.
- Einen weiteren positiven Nebeneffekt hat diese Emotion, weil sie mitfühlende Personen *berührt und herbeiruft*, die dann instinktiv zu helfen versuchen.

Allerdings ist ihre hartnäckige und extreme Ausprägung hoch ansteckend:

- Menschen im Umfeld neigen dazu, sich relativ bald ebenfalls hilflos zu fühlen und darüber nicht sehr glücklich zu sein.
- Im Extremfall kann sie alle Energie aus Gehirn und Körper jagen, Einzelpersonen, Teams und Firmen lähmen, alle Lebensbereiche befallen und so Kraft für jegliche Aktivität (auch jenseits des tatsächlich unkontrollierbaren Bereiches) rauben.

  Bereits der Prototyp der Feldforschung, die Marienthal-Studie zur Arbeitslosigkeit, zeigte vor über 70 Jahren, wie verheerend sich die Erfahrung von Kontrollverlust auswirken kann: Man hörte dort bei unbeeinflussbarer Arbeitslosigkeit sogar auf, Bücher aus der Öffentlichen Bibliothek zu entlehnen.
- Selbst den Blick in die Zukunft kann sie anstecken, es entsteht chronische „Gelernte Hilflosigkeit".[1]

  Für Betroffene ist es schwierig und gleichzeitig enorm wichtig, dieses Gefühl möglichst bald als den wahren Gegner zu erkennen, damit es sich nicht ins Uferlose ausweitet.

1 Seligmann, zit. nach Fischer 2003

Schritt 3:
SS wie suchen und sammeln

Strategien zum Umgang mit Hilflosigkeit

Wenn es gelingt, sich **auf einen *kleinen kontrollierbaren Teilbereich* zu *konzentrieren***, kann das bereits etwas entlasten. „Irgendetwas tun" ist wichtig: Buchstäblich alles, jede auch noch so winzige Eigenaktivität, ist besser als nichts.
Dazu sollten Sie Ihre Aufmerksamkeit auf das richten, was Sie in der Hand haben. Machen Sie eine Liste von Innenwelt- und Umgebungsfaktoren, die beeinflussbar sind. Und wenn Sie schon die Außenwelt tatsächlich überhaupt nicht steuern können, fokussieren Sie auf ein Ziel in Ihrer Innenwelt (Viktor Frankl!). Spielentscheidend ist es wie immer, sich nicht (vorrangig oder ausschließlich) auf die Ursachen der Hilflosigkeit zu konzentrieren, sondern die Emotion selbst zur Gegnerin zu erklären!

In manchen Fällen kann man selbstverständlich ***die Ursache analysieren und auf Lösungen hin untersuchen***. Das ist jedoch nur sinnvoll, wenn die Emotion bereits im kontrollierbaren Bereich ist, sonst macht sie blind für die Realität.
Wenn Sie nicht sicher sind, holen Sie sich einen neutralen Menschen, der Sie dabei unterstützt, Ziele, Wege und Ressourcen zu analysieren und gegebenenfalls einen Faktor zu verändern.

Über die Erinnerungen an frühere Lösungsstrategien kann ein ***Kontakt mit guten Gefühlen der Vergangenheit*** hergestellt werden. Alte Erfolge, große Siege, erfüllte Hoffnungen und schwierige, bewältigte Herausforderungen können ihre Energien zur Verfügung stellen und so die Erstarrung und Lähmung verringern.

Nutzen Sie ***Glaubenssysteme***, ja sogar ***Kontrollillusionen*** als zutiefst menschliches Mittel, denn jede Gesundheitsstatistik zeigt, wie nützlich sie sind. Wenn man schon selbst ohne Einfluss ist, dann gibt es vielleicht eine „obere Instanz", die einen Plan hat und sich sorgt. Klopfen Sie auf Holz, falls Sie so die Zukunft für kontrollierbar halten. Nutzen Sie die Kraft eines Glücksbringers, selbst wenn Sie nicht „wirklich" daran glauben. Er gibt Ihnen zumindest das zurück, was Sie ihm zuschreiben (⇨ *Tools zum Bremsen*, S. 131).
Schwierig wird es jedoch, wenn Sie sich von solchen Symbolen zwingen lassen und sich von einem Horoskop oder Talisman abhängig machen. Jede Form von Glaubenssystem soll unterstützen, Hilflosigkeit auszuhalten oder Kontroll- und Einflussgefühle zu vergrößern. Falls man sich dadurch ausgeliefert und gezwungen fühlt – also noch hilfloser als zuvor – haben sie ihren Sinn verfehlt!

Möglich ist es, in der schweren Zeit ***guten Kontakt* zu suchen**. Das kann in der Not Vertrauen oder sogar Geborgenheit vermitteln. Allerdings sind das keine Gefühle, die in beruflichem Kontext auf Dauer passen. Denn der Preis dafür ist eine gewisse Abhängigkeit und diese löst meist früher oder später Aggression aus. Doch kurzfristig ist es erholsam und entlastend denken zu können:

„Ich kann gar nichts tun, aber ich muss auch nicht. Ich werde einfach so geschätzt und geschützt."

Dem physiologischen Hochstress durch Unkontrollierbarkeitsgefühl gepaart mit Gefahr kann man durch ***Sicherheitsmaßnahmen*** etwas vom Schrecken nehmen und den 2. Quadranten, das Vertrauen, erreichen:

„Ok, ich werde meinen Arbeitsplatz verlieren. Aber zumindest finanziell bin ich abgesichert."

Reale Sicherheitsmaßnahmen können mit symbolischen kombiniert werden, Erinnerungen an gut überstandene Gefahr kann man über entsprechende Symbole wach halten.

Jeder Plan ist eine perfekte Waffe gegen die Hilflosigkeit, denn er vermittelt per se bereits Hoffnung auf oder Illusion von Kontrollierbarkeit der Zukunft. Entwickeln Sie also Ziele, Maßnahmen und Zwischenlösungen und machen Sie sofort den ersten Schritt.

Schließlich bleibt noch die Möglichkeit der ***bewussten Akzeptanz:***

„Ok, ich kann also an diesem Punkt wirklich nichts mehr tun. Ich entscheide mich jetzt, darauf zu vertrauen, dass es gut gehen wird. Mir wird am entscheidenden Punkt schon etwas einfallen, im richtigen Moment werde ich die passende Person ansprechen oder ein Faktor wird neu bewertet."

Menschen, Dinge und Umstände verändern sich, das ist ein Naturgesetz, darauf kann man zählen. Öfter als Sie jetzt vielleicht glauben, genügt es, einfach ruhig abzuwarten und den Kontrollverlust auszuhalten, während man sich auf jene Teilbereiche konzentriert, die man in der Hand hat.

Schritt 4: E wie entscheiden und erledigen

Falls Ihnen eine Entscheidung und ein konkreter Verhaltensschritt noch nicht möglich sind, dann ist die Emotion immer noch übermächtig. Gehen Sie zurück zu Schritt 1 – bremsen und kontrollierbare Bereiche suchen!

Eskalierte Hilflosigkeit belügt Sie nicht absichtlich, doch sie kann sich sehr leicht irren, will Sie vielleicht in Schutzhaft nehmen. Sie dürfen ihrer „Es-hat-sowieso-alles-keinen-Sinn"-Botschaft deshalb auf keinen Fall trauen.

- Entwickeln Sie einen Plan und schreiben Sie sich gleichzeitig selbst eine Nachricht mit der Vorhersage, dass Ihnen Ihr Konzept vielleicht schon am Tag danach vollkommen unsinnig vorkommen wird.
- Bewerten Sie Ihre Ideen nicht selbst, sondern lassen Sie deren Erfolgswahrscheinlichkeit von einem/einer kompetenten und konstruktiven Außenstehenden beurteilen.
- Werden Sie aktiv, bringen Sie sich in Zugzwang, schließen Sie Wetten mit sich selbst ab, trotzen Sie dem Gefühl, treffen Sie bindende soziale Vereinbarungen, belohnen Sie sich für Teilschritte ... oder begraben Sie die alte Hoffnung und das frühere Ziel und konzentrieren Sie sich auf etwas Neues.

Fast jedes Mittel ist gegen eine so mächtige Gegnerin erlaubt.

Hat man jegliche Unkontrollierbarkeit fix mit Gefahr verknüpft und flüchtet sich deshalb z. B. in Überaktivität oder Kontrollzwänge, dann braucht es eine Reise in die Innenwelt, um diese ungesunde Koppelung zu lösen.

Schritt 5: R als Rückblick

Jede minimale Eigenaktivität ist ein Erfolg auf dem Weg zu mehr Einflussgefühl und verdient eigentlich eine kleine Feier.
Die Schritte müssen von vornherein kleinräumig geplant und überschaubar sein, denn bei einem Misserfolg droht der Absturz in das alte: „Hat ja eh' alles keinen Sinn."
Auch das ist vorhersagbar!

Rückschritte sind unbedingt sportlich zu betrachten: Kein Weltmeister hat jeden einzelnen Wettkampf gewonnen, kaum ein Team hat die „perfect season" und Olympiasiegerin wird, wer in einem entscheidenden Moment voll da ist.

Eine trotz aller Bemühungen unbesiegbare Hilf- und Hoffnungslosigkeit kann Zeichen von *Depression* oder *Burn-out* sein: Organisieren Sie sich psychologische, therapeutische und/oder medizinische Unterstützung.

Der Turbo für Höchstleistungen: Stress

Ursache	Weg	Ziel
Erwartungen, hohe Ansprüche	Stress	Aktivierung

Über arbeitsbezogenes Stressmanagement und die damit in Zusammenhang stehenden Bereiche wie Zeitoptimierung, Burn-out-Prävention oder Work-Life-Balance gibt es eine Vielzahl guter Fachliteratur. Dieser Faktor ist bei der sonst herrschenden Tabuisierung von Emotionen in der Arbeitswelt durchaus bemerkenswert und legt die Vermutung nahe:

WENN ES EIN GEFÜHL GIBT,
DAS MAN IM JOB „HABEN DARF“,
DANN IST ES STRESS.

In früherer Zeit galt es noch als eher unschicklich, zugeben zu müssen, an der Grenze der Belastbarkeit oder darüber zu sein. Immerhin hätte jemand auf die Idee kommen können, dem/der Gestressten mangelnde Kompetenz oder Selbstorganisation zu unterstellen. Mittlerweile gehört es in einzelnen Betrieben zum guten Ton, seinen Stress offen vor sich her zu tragen. Er dient als Beweis der eigenen Bedeutung und als Schutzschild: vor neuen Arbeitsaufträgen, vor Zweifel an der eigenen Wichtigkeit, manchmal auch vor Kommunikation und Selbstbesinnung.

Schritt 1:
B wie bemerken, benennen und bremsen

Das berüchtigte Stressgefühl ist eine Empfindung wie jede andere auch und folgt den gleichen Grundprinzipien.

- Aus Sicht des Körpers ist Stress lediglich eine Aktivierung – in diesem Sinn wird der Stressbegriff in diesem Buch in der Regel verwendet.
- In psychologischer Sicht bezeichnet der positive Eustress eine physiologische und mentale Aktivierung bei gleichzeitiger Kontroll-Empfindung

  „Ich habe wahnsinnig viel zu tun, aber irgendwie werde ich's schaffen."

- Zum belastenden Disstress wird die extreme Aktivierung in Verbindung mit einem anfänglich kaum merkbaren Gefühl von Kontrollverlust.

  „Ich schaffe das nicht mehr. Jeden Tag wird der Berg höher. Ich bin so ausgebrannt. Ich habe schon so lange keine Zeit mehr für meine Energiequellen. Und wenn doch, kann ich sie gar nicht mehr genießen."

Bei psychologischem Hochstress gesellen sich also zum inneren Angetrieben-Sein die unangenehmen und lähmenden Empfindungen von Hilflosigkeit, Energieverlust und Überforderung. Die Erwartungen, die man nicht mehr erfüllen kann, führen zu einer endlosen Kette von Schuldgefühlen und Enttäuschungen. Das belastet zusätzlich und kann in Summe schlussendlich alle positiven Regungen aus dem Gefühlsleben verdrängen. Es kommt zum „Burnout", einem krankheitswertigen Zustand, bei dem es Hilfe von SpezialistInnen für seelische Gesundheit braucht, um ihn wieder zu überwinden.

Es ist ungemein wichtig, frühzeitig zu reagieren und die Mischung von Daueraktivierung und Hilflosigkeit als Alarmsignale des Körpers und der Psyche zu sehen, zu benennen und zu bremsen. Das ist nicht immer einfach, denn Stress neigt dazu, sich in winzigen Dosissteigerungen ins Leben zu schleichen:

Jeden Tag ein Telefongespräch mehr als am Vortag führen zu müssen, wird niemandem sonderlich auffallen. Selbstverständlich übernimmt man diese Erwartung. Doch irgendwann, spätestens nach einem Jahr, wird klar: Es sind bereits 365 Anrufe pro Tag!

Dauerstress verändert unmerklich, jedoch grundlegend Gehirn und Körper. Es braucht viel Zeit und Geduld mit sich selbst, um aus seinem Hamsterrad wieder auszusteigen.

Schritt 2:
E wie erforschen

Das Stressgefühl soll aktivieren und zu Höchstleistungen befähigen, das ist sein gutes Ziel. Stress ist – wie jede Emotion – nur dann gefährlich, sobald er unkontrollierbar groß oder chronisch wird.

Bei der Analyse von Ursachen und Ausstiegsmöglichkeiten sei angesichts der umfangreichen Literatur im Rahmen dieses Buches nur ein einziger Aspekt hervorgehoben: Stress entsteht niemals außerhalb eines Menschen, nicht durch die Arbeit selbst, nicht durch zu geringe Kompetenz oder Mittel, nicht durch zu wenig Zeit oder durch widersprüchliche Aufträge.

*STRESS ENTSTEHT WIE JEDES GEFÜHL IM **EIGENEN** KOPF UND KÖRPER.*

Arbeit kann nur dann Auslöser von Stress werden, wenn man die *Erwartung hat bzw. übernimmt*, sie auch erledigen zu wollen bzw. zu müssen.

Ein **Beispiel**: Sie betreten das Büro eines Kollegen. Das Posteingangsfach quillt über, Stöße von Akten stapeln sich. In Ihnen entsteht vielleicht Mitleid, aber kein Stress. Ganz unerwartet verkündet nun die Abteilungsleiterin, dass diese Arbeit ab morgen die Ihre ist, weil der Kollege ausfällt. Plötzlich trifft Sie der Stress wie ein Keulenschlag, denn nun sind Sie mit der Erwartung konfrontiert, diese Arbeit zu erledigen. An ruhigen Schlaf ist heute nicht zu denken.

Doch dieses Gedankenexperiment geht noch weiter:

Nach drei harten Wochen unterhalten Sie sich mit einer Kollegin und erwähnen das neue Tätigkeitsfeld. Diese sagt leichthin: „Ja ich weiß, ich wurde auch gefragt, ob ich das mache. Aber ich bin doch nicht wahnsinnig und übernehme so einen Chaoshaufen." Wenn Sie nach Ihrem nun vermutlich folgenden Zornausbruch wieder klar denken können, wird Ihnen dämmern, dass offensichtlich ein Nein zur Erwartung der Leitung möglich gewesen wäre, oder dass Sie sich Ihr Ja zumindest teuer erkaufen hätten lassen können.

Bei selbst gewählter Arbeit haben Sie vielleicht auch Stress. Aber wieder nur, sobald Sie von sich erwarten oder Sie die Erwartung aus dem Umfeld übernehmen, etwas in einem bestimmten Zeitraum oder in einer guten Form zu erledigen.
Stresst Sie die Erwartung, eine Arbeit fehlerfrei abliefern zu müssen? Vielleicht ist Ihr Arbeitsplatz bedroht und Sie fühlen sich deshalb gezwungen, diese Erwartung zu übernehmen? Oder ist es vorrangig ein eigener Anspruch? Stress über den Arbeitsberg muss nicht sein: Sie könnten sich einfach freuen, was man Ihnen da zutraut und wie wichtig Sie sind.

ERWARTEN SIE NICHTS VON SICH,
HABEN SIE KEINEN STRESS.

Jede Erwartung können Sie ablehnen. Allerdings wird man versuchen, Sie über verschiedene Sanktionen zu ihrer Erfüllung zu bewegen. In Wahrheit gibt es jedoch immer die Wahl, sich umzudrehen und einen neuen Arbeitsplatz zu suchen.

NICHT IMMER!

Selbst ohne Job würden Sie nicht verhungern, es gibt soziale Unterstützung. Natürlich haben Sie dann vielleicht bald kein Auto und keine so schöne Wohnung mehr. Das sollten Sie nicht erwarten, sonst sind Sie wieder gestresst. Doch wieder ist es allein Ihre Entscheidung, ob Sie diese Erwartungen akzeptieren oder als unerfüllbar, als ungerechtfertigt oder ohne jede Begründung zurückweisen.

Bei sehr gestressten Menschen gibt es in der Regel eine Fülle von eigenen und fremden Erwartungen, die sie übernehmen, während sich ungestresste Menschen gegen viele entscheiden und meist trotzdem Wege finden zufrieden zu leben.
Wie Sie es auch drehen und wenden und sich winden mögen:

ES SIND NUR DIE VON IHNEN ALS GÜLTIG
AKZEPTIERTEN ERWARTUNGEN,
DIE STRESS IN IHNEN VERURSACHEN KÖNNEN!

Schritt 3: SS wie suchen und sammeln

In Extremstress gefangene Menschen haben das Gefühl der Unkontrollierbarkeit und können typischerweise ihre realen Einfluss- und Entscheidungsmöglichkeiten nicht mehr wahrnehmen. Sie fühlen sich den Erwartungen vollkommen ausgeliefert:

„Man muss sich in dieser Firma förmlich zerreißen", seufzt jemand, der die Erwartung (übernommen) hat, überall gleichzeitig zu sein und alles selbst zu entscheiden. *„Jeder will etwas von mir, so viel hängt von mir ab."*

Die Hoffnung besteht, dass Druck und Zug irgendwann einmal nachlassen, möglichst noch vor dem Zusammenbruch. Doch von selbst hören Erwartungen in der Regel nur selten auf, man muss diesbezüglich schon aktiv werden und sie bzw. ihre Übernahme ablehnen.

Erwartungen reduzieren!

Die wirksamste Strategie gegen Stressgefühle ist es deshalb, die damit in Verbindung stehenden *Erwartungen kritisch zu überprüfen und anschließend zu minimieren.*

Dazu können Sie die Antworten auf folgende Fragen aufschreiben, nach der Wichtigkeit ordnen, abhaken oder streichen:

- Welche Erwartungen haben andere Menschen an mich in meinen verschiedenen Rollen und Funktionen?
- Stimmt das auch wirklich oder glaube ich das nur? Welche habe ich davon einfach noch nie überprüft? Wie kann ich das jetzt tun?
- Welche davon sind meiner Ansicht nach gerechtfertigt und welche nicht?
- Welche Erwartungen von andern will ich unbedingt erfüllen? Wieso eigentlich, was sind dafür Ursachen und Ziele, welchen Nutzen hat das für mich?
- Welche Erwartungen habe ich selbst an mich?
- Welche davon will ich beibehalten? Was macht das so wichtig? Woher kommen sie und wozu dienen sie mir? Ist der Nutzen den Preis wirklich wert?
- Welche von allen will ich herunterschrauben oder aufgeben? Was würde – ganz realistisch bzw. mit hoher Wahrscheinlichkeit – passieren, wenn ich diese oder jene nicht mehr erfülle?
- Kann ich die Erfüllung einer Erwartung an eine Bedingung knüpfen? Vielleicht nach dem Motto: *„Heute sage ich bei Projekt X Ja, wenn dafür morgen ein Nein bei Projekt Y akzeptiert wird."*
- Wenn ich eine Erwartung nicht mehr übernehmen will, wie kann ich sie – möglichst schonend für mich – ablehnen?

Durchdenken Sie diese Fragen gleich noch einmal in Begleitung eines/einer guten Gesprächspartners/Gesprächpartnerin.
Haben Sie keine oder nur wenige Erwartungen gefunden, die Sie streichen konnten? Seien Sie ehrlich zu sich selbst:

- Was wäre, wenn Sie krankheitsbedingt einige Monate ganz ausfallen müssten? Das könnte Ihnen bei Burn-out passieren – das Leben würde trotzdem weitergehen und die Firma weiter bestehen.
- Also noch einmal: Was ist wirklich notwendig?

Schritt 3 bei Stressmanagement bedeutet, die Zugseile und Fesseln der Erwartungen zu durchtrennen oder zu lockern. Mancher Ausstieg muss langfristig vorbereitet werden.
Auf dem Weg zu realistischen Erwartungen braucht es die klare Ent-Täuschung, die Absage an überzogene Wünsche und ungerechtfertigte Aufträge. Dazu ist es unumgänglich, „Nein" oder zumindest „Ja, aber ..." zu sagen. Das kann sowohl die Umwelt betreffen als auch die eigene Innenwelt:

„Ab heute sage ich Nein zu meinem Perfektionismus und will jedoch auch bei diesem Nein nicht perfekt sein müssen!"

Einen Teil der Erwartungen sollte man tunlichst behalten, selbst wenn die Phantasie der einsamen Insel ohne jeden Stress hin und wieder ganz fein ist.

Denn Erwartungen halten Menschen zusammen, machen sie füreinander vorhersehbar, geben Sicherheits- und Kontrollgefühl. Ganz ohne sie könnte man in keiner Gemeinschaft eingebunden bleiben, wäre bald ohne Beziehungen. Dadurch wäre man zwar vollkommen frei und selbstbestimmt, doch es ist ein Zustand der Isolation, den kaum ein Mensch auf Dauer gut aushält. Wir Menschen sind nun mal Gemeinschaftswesen, besser vergleichbar mit einer Gruppe wilder Pferde als mit dem einsamen Adler.

Schritt 4: E wie entscheiden und erledigen

Es ist also strategisch günstig, jeden einzelnen Erwartungs-Ausstieg zu planen.
Bei den gerechtfertigten braucht es gute Begründungen oder längere Verhandlungen, damit die Beziehung ungestört weiter besteht. Sollte jemand falsche oder überzogene Erwartungen an Sie haben, ist das nicht Ihr Problem ... – doch dieser lockere Spruch stimmt nicht. Es ist nämlich im Prinzip vollkommen gleichgültig, ob etwas gerechtfertigt oder vollkommen absurd ist. Menschen versuchen immer, den anderen zu „bestrafen" oder unter Druck zu setzen, wenn ihre Erwartungen enttäuscht werden – selbst wenn sie an einer Täuschung ganz alleine schuld sind:

„So eine gute Sachbearbeiterin! Immer hat sie alles prompt und zuverlässig erledigt, sogar, wenn es eigentlich nicht ihr Arbeitsbereich war. Und gestern lehnt sie meine Anfrage einfach ab und legt auf! Ich weiß, ich bin nicht fair, aber ich bin so sauer ...!"

Wer also immer Ja sagt, alle Erwartungen erfüllt und schon bis zum Hals in Arbeit steckt, erwirbt sich dadurch keinesfalls das Recht auf eine Ablehnung. Im Gegenteil, ein Nein wird sogar weniger toleriert als das von chronischen Nein-SagerInnen. Es kann Wut, Abwertung oder die Androhung fürchterlicher Sanktionen auslösen. Das ist zwar ungerecht, jedoch leicht erklärbar: Menschen sind Gewohnheitswesen. Sie gewöhnen sich an ein bestimmtes Verhaltensmuster und reagieren auf Veränderung bestenfalls überrascht, hilflos, ängstlich, meistens jedoch zornig. Gewohnheiten sind stabile Erwartungen und Vorhersagen der Zukunft. Tritt das Erwartete nicht ein, entsteht ein winziges Stück Unkontrollierbarkeit samt ihren unangenehmen emotionalen Begleiterscheinungen.

Nehmen Sie das Ihrer Umgebung nicht übel, Menschen stecken Menschen (sogar sich selbst) gerne in Schubladen, genannt Vorurteil, Sternzeichen oder Persönlichkeitstyp, und wollen partout nicht, dass man den Platz wechselt – besonders dann, wenn dieser bequem für sie ist.
Der Satz: „Wer 100 Mal ‚Ja' sagt, darf doch wohl ohne großen Kampf einmal ‚Nein' sagen", gilt fast nie. Sind Sie über diese Ungerechtigkeit enttäuscht? Das zeigt, Sie selbst hatten eine falsche Erwartung, die eine (Selbst-)Täuschung war. Verändern Sie das, sorgen Sie dafür, dass Ihr Umfeld ein neues Bild von Ihnen bekommt, **kommunizieren Sie Ihre eigenen Erwartungen** und handeln Sie gute Deals aus.

Wenn notwendig können Sie **das Aufräumen der Erwartungen vertagen**, bis Ihr Ärger darüber ein so großes Maß erreicht, dass er Sie bei der Verteidigung Ihrer Grenzen unterstützt. Aber lassen Sie den Zorn nicht übermächtig werden, denn erfahrungsgemäß wird unter großem Druck ein Nein nicht mehr freundlich, entschlossen und hartnäckig vermittelt, sondern impulsiv und verletzend. Außerdem wächst möglicherweise die den Extremstress eskortierende Hilflosigkeit schneller als der Zorn. Dann könnten Ihnen Kraft, Hoffnung und Initiative fehlen, um die notwendigen Schritte zu tun.

Also warten Sie lieber nicht, bis Ihnen vor lauter Ärger und Stress „Kopf und Kragen" platzen, denn dann würden Sie kopflos reagieren und Ihr Verhalten später bereuen.

Planen Sie lieber gleich und sofort ein kurz-, mittel- und langfristiges Ausstiegsszenario. Eine gute Vorbereitung auf die Ablehnung einer Erwartung macht allen Beteiligten die Umstellung leichter:

„Ich weiß, ich habe bisher immer diese Zusatzarbeit erledigt. Heute mache ich das noch. Ab morgen kann und werde ich es nicht mehr tun, weil ich selber vollkommen ausgelastet bin und die Aufgabe ja nicht in meinen zentralen Arbeitsbereich fällt. Bitte stellen Sie sich darauf ein."

Sie müssen damit rechnen, diesen Satz mit steigendem Nachdruck wiederholen zu müssen: Menschen fallen in ihre alten Muster zurück, vor allem, wenn sie selbst gestresst sind, und werden wieder und wieder versuchen, Ihnen Erwartungen umzuhängen.
Selbstverständlich reicht es nicht, nur zu reden und zu hoffen, dass die Arbeitsaufträge sofort nachlassen. Sie müssen ***Ihr Verhalten verändern*** und tatsächlich aufhören, eine bestimmte Erwartung zu erfüllen. Warten Sie nicht, bis sich andere freiwillig für Ihre Arbeit melden oder von sich aus keine Forderungen mehr stellen. Sagen Sie klar, fest und freundlich Nein, auf allen Ihren Ebenen, verbal und nonverbal, im Denken und im Handeln. Sonst wird nie ein anderer Mensch Ihre früheren Aufgaben übernehmen.

Helfen Sie Ihrer Umgebung geduldig, beharrlich und mit stoischer Gelassenheit, realistische Erwartungen zu finden. Bleiben Sie in **Kontakt mit der Umgebung**, bieten Sie notfalls Verhandlungen an („Nein, aber..."), lassen Sie sich hin und wieder zu einem Ja überreden, das eine Kostbarkeit ist und entsprechend teuer kommt. Konflikte sind unvermeidlich, doch es liegt zur Hälfte an Ihnen, ob diese eskalieren. Beachten Sie Grundregeln des guten Streits und der Deeskalation.[1] Mit jedem Tag wird es der Umgebung ein wenig leichter fallen, Ihre neue Grenze zu akzeptieren. Was zu Beginn zähneknirschend hingenommen wird, ist drei Monate später bereits eine alte, ganz normale Gewohnheit.

Die eigenen ***Erwartungen an sich selbst*** sind tief eingegrabene Selbstüberzeugungen, die ihre Wurzeln in der Vergangenheit haben:

„Ich muss perfekt sein. Ich darf niemandem vertrauen. Alle müssen mich mögen. Ich muss Erfolg haben."

Manchmal braucht es eine intensive Auseinandersetzung mit der Innenwelt, vielleicht in Begleitung eines Coaches, um sie verabschieden oder durch die passenden, befreienden Gegen-Sätze zu ergänzen:

„Ich kann mir verzeihen. Ich kann lernen, den richtigen Menschen zu vertrauen. Es ist in Ordnung, Nein zu sagen und ein Ziel nicht zu erreichen."

R — Schritt 5: als Rückblick

Zu Beginn kann Ihnen die Ablehnung einer Erwartung nicht immer gelingen: Die eigenen Gewohnheiten sind stark, darüber hinaus gibt es „MeisterInnen im Überrollen", die es trotz aller Pläne schaffen, dass Sie am Ende Ja sagen. Das macht nichts, ein langsamer Ausstieg gibt der Umgebung Zeit zum langsam Umlernen!
Sie können eine Stunde oder einen Tag später anrufen und sagen: „Ich hab' mir das noch mal überlegt, es geht doch nicht, tut mir leid." Wenn Sie sehr freundlich sein wollen, hängen Sie einen Lösungsvorschlag an: „Vielleicht könnten Sie ..."

Sollten Sie zum Schluss kommen, eine bestimmte Erwartung auch erfüllen zu wollen, dann wird in vielen Fällen Stress unvermeidlich sein. Gut gemanagter Stress aktiviert Geist und Körper und ermöglicht Höchstleistung. Begrüßen Sie ihn daher freudig, aber überwachen Sie ihn sorgfältig, indem Sie von Zeit zu Zeit kontrollieren, ob Sie nach wie vor gut ein- und auch wieder aussteigen können.

1 s. Glasl 2008

Die antreibenden Kräfte in Konflikten: Zorn, Trotz, Schuld- und Opfergefühle

KONFLIKTE ESKALIEREN UNTER ANDEREM DESHALB, WEIL EMOTIONEN ESKALIEREN.

Um konstruktive Lösungen zu erreichen, braucht es vorrangig das Management der beteiligten Gefühle und Interaktionen, erst dann gelingt u. U. die Lösung auf der sachlichen Ebene. In jedem Konflikt ist eine Entscheidung unabdingbar:

„Egal was passiert, ich halte meine Gefühle im Bereich der Kontrollierbarkeit!"

Nur mit klarem Kopf ist es möglich, sich die entscheidenden Fragen zu stellen, mit denen man sich selbst aus dem scheinbar so unentrinnbaren Sog der Extremisierung mit ihren antreibenden Mechanismen herausziehen vermag:[1]

1 Fragen gegen die wachsende Streitpunktlawine

(die eigenen Streitpunkte werden immer differenzierter betrachtet und ausgeweitet; wer mehr Punkte hat, hat mehr Argumente und fühlt sich mehr im Recht) und gegen die zunehmende Simplifizierung (komplexe Sachverhalte der Gegenpartei werden auf wenige Punkte reduziert, verallgemeinert und vereinfacht. Worte wie immer, alle, nie ... bestimmen zunehmend die Diskussion).

Um welche Streitpunkte ging es am Anfang? Was kam wann dazu? Welche früheren sind zu welchem Zeitpunkt weggefallen? Gibt es ein immer komplexer werdendes Verzweigungsmuster? Was davon sind die wirklich wichtigen Punkte? Gibt es die Neigung, die Punkte der Gegenpartei zu reduzieren? Was, glauben Sie, sind aus Sicht der Gegenpartei die wirklich wichtigen Punkte?

1 1-3 nach Glasl 2008, S. 87f.

2 Fragen gegen die Arena-Ausweitung

(immer mehr Personen werden in den Streit gezogen, es kommt zur Durchmischung verschiedenster Interessen) und *gegen die zunehmende Personifizierung* (als Ursache werden zunehmend einzelne Menschen bzw. unveränderbare Persönlichkeitsanteile in ihnen gesehen).

„Wer wurde wie wann von wem informiert und miteinbezogen? Welche Rollen haben diese Personen übernommen? Haben sie neue Streitpunkte und Interessen ins Spiel gebracht? Wer von allen Beteiligten neigt am stärksten dazu, das negative Urteil ‚von der Tat auf den Täter' zu verschieben? Wer könnten aus Sicht der Gegenpartei die ‚Bösen' in meiner Partei bzw. was könnten die ‚schlechten Eigenschaften' bei mir sein? Wie kann dieses Bild wieder realistischer gemacht werden? Was brauche ich dazu von der anderen Partei? Was könnte diese von mir brauchen?"

3 Fragen gegen die pessimistische Antizipation

(man rechnet mit der schlechtesten aller Möglichkeiten und handelt entsprechend) und gegen die selbsterfüllenden Vorhersagen (weil jemand mit einer vorgefassten Meinung an eine Situation herangeht, erzeugt er die zu dieser Meinung passende Reaktion).

„Welche Vorannahmen habe ich selbst und welche könnte die Gegenpartei haben? Wie kann ich von nun an aufs Beste hoffen und so handeln – und trotzdem aufs Schlimmste ebenfalls vorbereitet sein? Welche Handlungsalternativen gäbe es, falls der andere nicht (gleich) so konstruktiv wie angenommen reagiert?"

4 Fragen gegen die Angriff-Gegenangriff-Spirale

(jedes Verhalten und auch jede Untätigkeit wird als Angriff gewertet und mit aggressivem Gegenschlag beantwortet) und gegen die Konzentration auf die Gerechtigkeit (verbissen versucht jede Seite, die größere Opferrolle zu bekommen und ja kein bisschen Schuld selbst zu übernehmen).

„Welche guten Ursachen und Ziele könnten hinter den Aktionen der Gegenpartei stecken? Welche (meiner) Aktionen könnten als Bedrohung missverstanden worden sein oder werden es auch jetzt? Wie kann ich das richtig stellen? Wie kann eine saubere Trennung zwischen den Sachfragen und den Schuldfragen vollzogen werden? Welcher Seite sollte man sich zuerst widmen – wäre zumindest darüber ein Konsens mit der Gegenpartei herstellbar? Welche anderen Möglichkeiten außer dem Schuldausgleich gibt es, um die Schuldfrage zu verabschieden? Für welchen Anteil will ich mich selbst entschuldigen, wo wünsche ich das von der Gegenseite?"

Zu den häufigsten Emotionen, die eskalieren und so diesen Selbstreflexionsprozess verhindern können, zählen Zorn, Trotz, Schuld- bzw. Opfergefühle und schließlich Trauer, Angst und Verzweiflung, deren Management bereits beschrieben wurde.

Vom Nutzen des Zorns

Ursache	Weg	Ziel
Grenzverletzung; Widerstand gegen ein dringendes Bedürfnis; Gefahr; Hochstress durch eine andere Emotion (Hilflosigkeit, Überforderung, Isolation etc.)	Zorn	Kontrolle oder Vernichtung von Gefahren, Hindernissen oder Gegner/innen; Wiederherstellung von Sicherheit, Sicherung der Grenzen; Erreichung eines Ziels; Stressreduktion bzw. Abreaktion; Kontakt

Zorn, Aggression, Wut, Ärger, Hass, Groll ... wie immer man die Spielarten und Intensitäten dieser Kategorie im Einzelnen differenzieren und definieren mag, Ursachen und Ziele haben sie gemeinsam. Sie machen den Körper kampfbereit und aktiv, mobilisieren und zentrieren alle Kräfte auf ein Ziel. Ursache ist immer eine als Gefahr bewertete Situation, eine Grenzverletzung oder die Behinderung auf dem Weg zu einem wichtigen Ziel.

Schritt I:
B wie bemerken, benennen und bremsen

Offener und großer Zorn ist ohne Schwierigkeiten erkennbar, sowohl bei sich selbst als auch bei anderen Personen, denn der Körper rüstet sich auf physiologischer Ebene zum Kampf: Die Durchblutung ist verstärkt, der Kopf ist rot, Muskeln sind angespannt und einsatzbereit, grimmiger Gesichtsausdruck und laute Stimme vermitteln Stärke, das Schmerzempfinden ist vermindert, der Herzschlag erhöht, die Wahrnehmung konzentriert sich auf das feindliche Objekt bzw. Hindernis, was bedeutet, dass z. B. auch Gehör, Gesichtsfeld und Denken drastisch eingeengt sind.
Zorn stellt physiologisch und mental alles zur Verfügung, was man zu einem guten Kampf unter Einsatz des Körpers braucht und stellt alles ab, was diesem Ziel hinderlich erscheint.

Unkontrollierter Zorn ist schrecklich und wirklich gefährlich. Er ist neben der Angst das schnellste aller Gefühle – innerhalb von Sekunden kann man „auf 180" sein – jedoch braucht der Körper ungeheuer viel Kraft dafür. Daher kann extremer Zorn nur relativ kurz aufrechterhalten werden: Ein „Wutanfall" dauert nicht lange. Die wirklich unkontrollierbare Phase ist nach wenigen Minuten vorbei und mündet manchmal noch in Verzweiflung (⇨ dortiges Gefühlsmanagement, S. 61). Dieses hohe Tempo ist eine wichtige Besonderheit des Zorns, obwohl natürlich jede Emotion mit der Zeit weniger wird. Falls es also für das Bremsen zu spät ist, muss man sich selbst nur einige Minuten soweit schützen, dass der Zorn keinen bleibenden Schaden anrichtet. Rückzug ist im Notfall die Bremsmethode der Wahl. Nach wenigen Minuten wird der ärgste Gefühlssturm vorüber sein.

Zorn kann sich bekanntermaßen nicht nur gegen andere Menschen oder sich selbst wenden, sondern auch gegen Umfeld, Energiequellen, sozialen Status, Eigentum, Hoffnungen, Beziehungen, Selbstwert u.v.m. Er kann sich verstecken und indirekt ausgelebt werden, man wird einander dann mit lächelndem Gesicht und scheinbar entspannt bekriegen. Die Mittel sind hier meistens Doppelbotschaften, Mimik, (subtile) Entwertungen, (vorenthaltene) Informationen oder Ähnliches. Dahinter steckt in der Regel kein unkontrollierbarer, sondern ein gezielt gesteuerter Zorn.

Es will zwar niemand als aggressiv oder wütend bezeichnet werden, doch das Gefühl selbst wird deutlich weniger belastend oder quälend empfunden als z. B. Trauer oder Angst – es macht stark und aktiv. Das Wort Aggression stammt vom lateinischen Begriff für „auf etwas zugehen". Das kommt dem menschlichen Grundbedürfnis nach Einfluss und Kontrolle eher entgegen als Gefühle, die mit Hilflosigkeit oder Passivität verbunden sind. Zorn ist außerdem ein in Gruppen (leider) relativ erfolgreiches Gefühl: Eine offen oder verdeckt aggressive und somit kraftvoll wirkende Person erreicht in vielen (Unternehmens-)Kulturen leichter ihr Ziel, weil sie Entschlossenheit und Sicherheit ausstrahlt und dadurch andere einschüchtert oder beeindruckt. Hingegen bewirkt Schwäche nicht immer Mitgefühl, sondern kann Gewalt in vielen, verschiedenen Variationen von jenen auslösen, die sich einen leichten Sieg erhoffen.

Daher ist es nicht erstaunlich, wie viele Menschen auf unterschiedlichste Situationen der Außen- und Innenwelt zornig und kampfbereit reagieren, obwohl das gar nicht dem ursprünglichen Gefühl entspricht. Es lohnt deshalb, im Umgang mit eigener und fremder Aggression immer energisch zu fragen:

> „Ist das jetzt wirklich Zorn?
> Was war denn kurz davor da, vielleicht nur eine Sekunde lang?"

Gelingt es, das eigentliche oder ursprüngliche Gefühl zu benennen, dann kann man beim **Bremsen** gegen diesen wahren Gegner vorgehen und braucht seine Energien nicht im Kampf mit dem „Ablenkungsmanöver Aggression" verschwenden. Manche Wütenden brauchen zum Beispiel in Wahrheit ein Anti-Angst-Management oder Strategien gegen Hilflosigkeit.

Am Ende des ersten Schrittes sollte von Ihnen eine ganz klare Entscheidung getroffen werden können:

„Es ist in Ordnung, dass ich zornig bin. Ich will jetzt allerdings in erster Linie dafür sorgen, dass der Zorn nicht extrem wird. Ganz egal, wie gerechtfertigt er ist. Er schadet mir, wenn ich ihm erlaube, mich zu beherrschen. Daher werde ich Zornmanagement zu meinem vorrangigen Ziel machen."

Schritt 2:
E wie ehren und erforschen

Bereits die korrekte Benennung des wahren Gefühls braucht einiges an Forschungsarbeit. Eine weitere Verständnisebene eröffnet man – wie immer – durch die wertschätzenden und interessierten Fragen:

„Was genau macht mich jetzt eigentlich zornig? Wieso genau regt mich das so auf? Welches Ziel hat der Zorn oder welche Gefahr sieht er?"

Die Ursachen sind fast immer nachvollziehbar, denn es ist ok, unerträglich gestresst zu sein oder sich bedroht zu fühlen. Sehr oft zeigt Ärger die Verletzung einer psychischen, räumlichen o. ä. Grenze an und stellt die Energie zu ihrer Verteidigung zur Verfügung: „Bis hierher und nicht weiter!" Durch extreme Wut ist ein Grenzschutz selbst dann möglich, wenn man innerlich oder äußerlich schwerst verletzt ist, denn Schmerzen und Erschöpfung sind in diesem Zustand gedämpft oder überhaupt nicht spürbar.

Um mit Zorn adäquat umgehen zu können, ist es günstig, sein Hauptziel zu identifizieren:

- Das wird meistens Sicherheit im weitesten Sinn sein (kämpfende Verteidigung oder Herstellung einer Grenze, Erprobung und Training der eigenen Kraft, Vernichtung oder zumindest Einschüchterung eines Gegners/einer Gegnerin).
- Es kann auch die Erhöhung des Einfluss-Gefühls anstreben (Erreichung eines bestimmten Ziels, Abwehr von Hindernissen)
- oder vielleicht sogar mehr Kontakt oder Beziehung (Verbesserung der sozialen Rangordnung, erzwungene Nähe).
- Oft ist es einfach Abreaktion (Stress und Energie abladen, sich beruhigen).

Wie so oft sind das im Prinzip gute und wichtige Ziele.

Nicht akzeptabel sind Ziele der Vernichtung, Erniedrigung, des Lustgewinns oder die vorsätzliche bzw. leichtfertige Schädigung eines Menschen – in diesem Fall müssen andere Möglichkeiten gefunden werden.
Nur falls es tatsächlich um Leben oder Tod geht, ist wahrhaft unkontrollierbarer Zorn angemessen und nützlich. In extremer oder chronischer Ausprägung schädigt oder zerstört dieses Gefühl mit der Zeit nicht nur die Umwelt bzw. die Beziehungen, sondern auch den von ihr besetzten Menschen selbst.

Schritt 3:
SS wie suchen und sammeln

Strategien für den Umgang mit Zorn

Im akuten Zorn kann man die ***Methoden der Bremsliste*** (⇨ S. 133) nutzen und einsetzen. Es ist günstig, sich außerhalb des akuten Zornzustandes auf die Suche nach geeigneten Tools zu begeben, damit im Ernstfall bereits eine Reihe von Methoden rasch abrufbar zur Verfügung stehen.

Formulieren Sie bereits im Vorhinein das klare Ziel, erst gar nicht in den Zorn kommen zu wollen. Niemand muss sich ärgern lassen. Gegner ist der Zorn und weder sein aktueller Auslöser noch Sie als der Mensch, der ihn hat.

Zorn *bereits vor seiner Entstehung* zu **verhindern** ist eine besonders elegante und energiesparende Kunst. Dazu kann man der auslösenden Person oder Tatsache ganz *bewusst konstruktive Ursachen und Ziele unterstellen*. Falls Sie Zweifel an dieser Strategie haben: Sie können sich die Bestätigung ihrer Wirksamkeit an einem alltäglichen Beispiel, nämlich bei AutofahrerInnen, holen. Diese bilden ein Kontinuum zwischen den Jähzornigen, die beim kleinsten Anlass wütend werden und schimpfen und den personifizierten Ruhepolen, die wirklich gar nichts aufregt.

Was ist nun der Unterschied zwischen den beiden Extrempositionen?

- **Die Zornigen** scheinen ein äußerst enges Bild vom „richtigen" Autofahren zu haben. In der Regel müssen die anderen genau so fahren wie sie selbst, dann finden sie's ok. Die Zornigen suchen die „Fehler" der anderen und finden aufgrund ihrer strengen Vorgaben auch ständig welche. Als Ursache dafür unterstellen sie üblicherweise Dummheit, Überheblichkeit oder Aggression, die vermuteten Ziele sind Machtdemonstration oder Angriff. Hören Sie einfach solchen Kraftfahrern/innen (oder sich selbst?) eine Zeit lang genau zu:

  „Wie kann man nur so dumm sein! Der hat das sicher absichtlich gemacht – na warte, das kann ich auch. Die glaubt wohl, die Straße gehört ihr. Da vorne trödelt jemand, ich hupe lieber gleich an, soll gefälligst daheim bleiben und nicht Leute behindern ... "

  Aufgrund solcher Überlegungen sehen sie überall Anlass zu Verteidigung oder Gegenangriff und verstärken permanent ihre eigene Wut. Manche haben als Ursprungsemotion eigentlich ein hohes Angstpotenzial, sie fühlen sich deshalb durch die „Fehler" der anderen besonders gestresst und in Gefahr. Gelingt es ihnen, das eigentliche Gefühl der Angst hinter dem Zorn zu erkennen, dann können sie vorsichtig statt aggressiv fahren, ihre Grenzen sind weniger bedroht und sie sind entspannter.

- AutofahrerInnen am anderen Ende des Kontinuums hingegen haben in der Regel eine große Toleranz, was eine „gute" Fahrweise anbelangt. Daher bemerken sie vieles nicht einmal bzw. bewerten es nicht als Fehler oder Angriff, wovon sich der andere Typ bereits zur Raserei bringen lässt. Typischerweise sehen sie vollkommen andere Motive und Ziele hinter Fehlverhalten und haben mit Unfähigkeit eher Mitleid:

  „So ein Glück, dass ich besser einparken kann, früher hätte ich auch so lange gebraucht. Wenn die Frau so rast, muss sie es wohl wirklich eilig haben. Puh, das war knapp, vermutlich hat er mich nicht gesehen."

  Der extreme Typ geht sogar so weit, dass selbst tatsächliche Provokation und Fehler entschuldigt oder erlaubt werden, was ebenfalls nicht immer nützlich und gut ist. Diese Menschen vermeiden bei Angst gefährliche Situationen oder vertrauen in die Fähigkeiten von sich und den anderen.

Finden Sie sich in der Nähe des ersten Extrems wieder? Sie haben damit das ideale Übungsfeld für das Thema dieses Kapitels! Und wenn Sie jetzt behaupten, Sie könnten nicht anders als wütend werden: Was wäre, wenn bei der nächsten Autofahrt eine wichtige Persönlichkeit neben Ihnen sitzen würde? Wetten, Sie könnten eventuelle Anflüge von (doch nicht so unkontrollierbarem) Zorn einfach vorbeiziehen lassen? Eine dauerhafte Lösung bringt die bewusste Entscheidung, *den anderen Verkehrsteilnehmern bewusst konstruktive Ziele oder bemitleidenswerte Ursachen zu unterstellen!* Man muss ja dabei nicht gleich ins andere Extrem fallen.

Die simple **Abreaktion** ist eine weitere Strategie bei Zorn. Mit der Faust auf den Tisch schlagen, Schreien oder die Tür zuknallen bietet sich deshalb an, weil der Körper kampfbereit ist und er mit dieser Energie etwas tun will.

DER ERSTE VERHALTENSIMPULS IM ZORN DIENT DER DIREKTEN ABREAKTION DER INNEREN SPANNUNG.

Früher wurde manchmal geraten, den Zorn bei einem Symbol, das den Auslöser (Person, Verhalten, Sache) repräsentiert, abzuladen. Die Tipps waren zum Beispiel, gegen ein Polster als den feindlichen Kopf zu schlagen oder ein entsprechendes Foto mit Pfeilen zu beschießen. Doch sollten solche Methoden nur dann eingesetzt werden, wenn sie die einzige Alternative zur realen Zerstörung sind. Sie haben nämlich einen *gewalt*igen Nachteil: Auf einer sehr körpernahen Ebene lehrt man sich selbst, Gewaltanwendung gegen eine Person oder Sache mit der Erreichung eines Entspannungszustandes gleichzusetzen. Beim nächsten Anlass ist der Schritt von der Phantasie in die Praxis kleiner, wenn destruktives Verhalten vorher bereits in der Vorstellung erfolgreich „geprobt" wurde. Das unumstritten wirksame Mentaltraining im Sport nutzt ja genau diesen Zusammenhang. In Ausnahmefällen kann man solche Visualisierungen bei einer symbolischen Form von Rache gezielt nutzen, sollte sich dabei jedoch unbedingt einen konstruktiven Ausgang imaginieren: Nicht der Moment der Strafe darf das Ende einer entsprechenden Phantasie sein, sondern die Verhaltensänderung des/der Schuldigen und eine Versöhnung.

Nützlich ist jedoch, die ***Energie des Zorns in Aktivität umzusetzen***, denn die Körperkraft ist durch Ausschüttung entsprechender Hormone tatsächlich hoch:

> Laufen Sie! Steigen Sie Stiegen bis zur Erschöpfung, schlagen Sie gegen Polster, Sandsäcke oder schießen Sie Pfeile – allerdings ohne die Phantasie, damit zu verletzen oder zu bestrafen.

Durch die Analyse der Ziele des Gegners/der Gegnerin kann man sich auf Ärger, der angesichts *von eindeutiger **Provokation*** entsteht, exzellent vorbereiten. In nahezu jeder Schulklasse hat es eine/n gegeben, der/die immer wieder trotz schrecklicher Strafen die LehrerInnen „zur Weißglut" gebracht hat. Manche Erwachsene tun das noch immer und provozieren Wut- und andere Ausbrüche beim Gegenüber. Dahinter kann soziale Ungeschicklichkeit stecken (Ein Verbesserungsvorschlag wird dann dankbar aufgegriffen werden), oder das Bedürfnis nach Einfluss: Wer weiß, wie er eine Person zum emotionalen Kontrollverlust bringen kann, hat ungeheure Macht über sie. Er kann ihre Stimmung steuern! Ein besonders intensives Gefühl von Stärke und Kontrolle hat ein solcher Provokateur/eine solche Provokateurin, falls das ausgewählte Opfer eigentlich mächtiger ist als er/sie selber ist. Dieser Kick, einen besonders kompetenten Kollegen oder eine Vorgesetzte in Rage zu bringen, ist jede Konsequenz wert, vor allem dann, wenn es Publikum gibt! Einflussbedürfnisse können durch solche Erlebnisse zumindest kurzfristig gestillt werden. Hat nun ein solcherart provozierter Mensch das Ziel des Angriffes durchschaut, kann er ihm vorhersagen und sich dagegen wappnen. Hier ist sogar ein gewisses Trotzgefühl nützlich:

> *„Ab jetzt wird es Frau A nie wieder gelingen, mich zu provozieren und dadurch mich und meine Gefühle zu steuern!"*

Zornkontrolle sportlich zu betrachten ist eine weitere Quelle der Inspiration für Ausstiegsmöglichkeiten. In jedem Mannschaftssport gibt es ausgefeilte Bremsregeln für unkontrollierbar gewordenen Zorn und Strafmaßnahmen für seine Folgen. Meist ist es das Verlassen des Feldes, der Ausschluss. Die rote Karte durch jemand in der Rolle „SchiedsrichterIn" (⇨ *Mögliche Funktionen und ihre Wahl je nach Konfliktstufe*, S. 123) im Fußball dient als bekanntestes Symbol dafür. Vermutlich kennt jeder Sportler/jede Sportlerin den extremen Zorn und weiß, dass man in diesem Zustand keinesfalls gute Leistungen erbringen kann, während gemäßigte Aggression durchaus nützlich für Erfolge sein mag. Nehmen Sie diesbezügliche Erfahrungen aus eigener sportlicher Aktivität oder von FreundInnen in Ihre persönliche Toolbox auf.

*Der **Kampf** gegen* die Ursachen oder *für* die Ziele ist selbstverständlich ein Weg, der bei niedriger oder mittlerer Aggression sinnvoll sein kann. Die entsprechende Energie kann man sogar bewusst auf Ziele richten, die mit der eigentlichen Ursache nichts zu tun haben:

> Wenn Sie schon immer einmal jemandem die Meinung sagen oder eine Erwartung ablehnen wollten, warten Sie auf den nächstbesten Ärger, egal woher er kommt, und nutzen sie ihn dafür!

E Schritt 4: wie entscheiden und erledigen

Priorität hat das Ziel der Kontrollierbarkeit. Bei dieser starken Emotion ist es ganz wichtig, das nie aus den Augen zu verlieren.

Zuerst herunter von der Palme, weg von Tempo 100, nicht mehr rasend sein oder rotsehen. Falls das noch nicht geht, zurück an den Start zu Schritt 1.

Die Handlungsalternativen für die konkreten Ursachen oder Ziele der Emotion werden – wenn überhaupt – erst danach angepeilt.

R Schritt 5: als Rückblick

Zorn ist ein starkes und mächtiges Gefühl.

Nehmen Sie auch kleine Erfolge sowie Teilsiege bewusst wahr und feiern Sie diese gebührend.

Wenn Sie ein einziges Mal wenigstens äußerlich ruhig geblieben sind, wenn Sie rascher als sonst zur Tagesordnung übergehen konnten, wenn Sie trotz Zorn so frei im Denken waren, dass Sie auch die guten Seiten eines Vorschlages würdigen konnten ... ist das eine große Leistung, die zumindest von Ihnen selbst Anerkennung verdient.

Als Abschluss noch ein **Beispiel** für gelungenes Zornmanagement:
„Mit einem bestimmten, mir hierarchisch untergeordneten Mitarbeiter A habe ich so meine Schwierigkeiten. Er kann mich in Null-Komma-Nichts auf die Palme bringen. Die Umstehenden sind ganz erstaunt über mein Verhalten, weil er immer nur nett und freundlich ist, ich ihn aber regelmäßig anschnauze. Ich habe mir dann irgendwann einmal eine Stunde dafür in meinem Terminkalender freigehalten, mir diesen Zorn näher angeschaut und nach Ursachen und Zielen gefragt. Was genau ist es, was den Zorn herauslockt? Was genau will mein Zorn erreichen? Ich habe erkannt: Ich fühle mich von As Freundlichkeit außerordentlich stark provoziert. So etwas habe ich bei mir vorher noch nie erlebt. Dabei wirkt A wie ein Heiliger, voll der Gnade, immer freundlich. Er ist fehlerlos, ich nicht. Der Zorn entsteht aus dem Gefühl heraus, dass A mich abwertet. Der Zorn will mich beschützen, will bei A einen Fehler finden. Doch durch das Extremgefühl passiert genau das, was ich vermeiden will: Ich mache mich irgendwie lächerlich und ihn zum Märtyrer. Wäre es ein bewusstes Spiel von ihm, könnte man sagen, ich gehe prompt in die Falle.
Seit ich das weiß, kann ich innerlich den Zorn begrüßen. Er bewacht mich, so wie ein scharfer Hund ein Haus schützt. Wenn es in mir knurrt, weiß ich: aufpassen, Vorsicht Falle. Sobald im Gespräch mit A der Ärger kommt, erhöhe ich die Distanz: Manchmal nur innerlich, manchmal auch wirklich, indem ich mich zurücklehne, meinen Sessel nach hinten schiebe oder das Fenster aufmache. Ich bleibe vollkommen auf der freundlichen, aber sachlich-distanzierten Ebene und beobachte, was A tut und was sich in mir tut. Im Moment weiß ich noch nicht: Erinnert etwas an Herrn A mich an eine frühere Erfahrung? Oder entwertet A mich, vielleicht auch andere Menschen, bewusst oder unbewusst? Jetzt warte ich immer richtig neugierig auf das nächste Treffen, ich beobachte und sammle Informationen. Irgendwie bin ich dem Zorn dankbar. Er hat mich ein wichtiges Stück weitergebracht, obwohl ich die Antworten auf meine Fragen noch gar nicht kenne."

Der Trotz als Zeichen purer Not

Ursache	Weg	Ziel
Verzweiflung + Isolation, ausgeliefert sein	Trotz	Einem übermächtigen Gegner/ einer übermächtigen Gegnerin Widerstand leisten

Trotz kann vor allem in stagnierenden Konflikten eine wichtige Rolle spielen. Er ist eine Spielart der Verzweiflung (⇨ S. 61), daher folgen hier nur einige Zusatzbemerkungen.

Dieses äußerst unangenehme Gefühl werden Sie aus den weniger schönen Tagen Ihrer Kindheit noch kennen. Als Erwachsene glauben wir, immun dagegen zu sein, ist es doch absolut verpönt und „kindisch", trotzig zu reagieren. Doch es kann passieren, denn:

TROTZ IST VERZWEIFLUNG,
DIE SICH AUS MANGEL AN ANDEREN
MÖGLICHKEITEN
„HINTER EINER MAUER VERSCHANZT".

Verzweiflung wurde als eine Kombination aus Zorn bzw. Angst und Trauer, die Hoffnungslosigkeit impliziert, definiert. Kommt noch das Gefühl der Isolation, des Alleingelassen-Seins dazu, dann beschreibt das ungefähr die Mischung im Trotz. Das Wort findet sich dementsprechend in der mittelalterlichen „Trutzburg" und bezeichnet die letzte Zuflucht in einem Kampf,

- ❍ in dem man einerseits keine Chance zum Sieg mehr sieht (Traueranteil!),
- ❍ wo es aber andererseits ungeheuer wichtig ist, sein Gebiet, sein Tätigkeitsfeld, sein Selbstwertgefühl oder ein anderes, kostbares Gut zu schützen (Zorn- bzw. Angstanteil!).

Kontaktabbruch mit dem Gegner/der Gegnerin, eigene Standhaftigkeit und passiver Widerstand sind die einzigen Waffen, die der subjektiven Einschätzung nach noch zur Verfügung stehen.

Wenn man diese Verzweiflungs-Isolations-Mischung einmal bei sich erkannt hat und sie ein gefährdend hohes Maß erreicht hat, dann ist schleunigst Gefühlsmanagement angesagt, denn Trotz bedeutet Isolation und Stillstand.

Warten Sie nicht länger wütend-hilflos-traurig ab, was der andere tut. Handeln Sie selbst und verändern Sie etwas, zumindest mit Ihrem Gefühl. Sogar wenn Sie weiter in Ihrer Burg bleiben: Sie können dort tanzen und singen.

Doch im Ernst:

- ❍ Reduzieren Sie durch Bremstechniken Ihre Emotionen so weit wie möglich.
- ❍ Prüfen Sie die Ursachen und Ziele der einzelnen Anteile.
- ❍ Sorgen Sie für Sicherheit im Falle einer Niederlage (falls die Trauer Recht hat), räumen Sie das Feld oder überlegen Sie neue Strategien für den Kampf.

Und das Allerallerwichtigste ist, verringern Sie das Isolationsgefühl durch Kontakt:

- ❍ Sie können MitstreiterInnen anwerben,
- ❍ einen Schiedsrichter/eine Schiedsrichterin für eine gerechte Konfliktlösung suchen,
- ❍ einen Vermittlungsversuch organisieren
- ❍ oder direkt Verhandlungen zur gegnerischen Partei aufnehmen.

Falls das alles (noch) nicht geht:

Holen Sie sich Nähe und Unterstützung von einem unbeteiligten Menschen in der Rolle *ZuhörerIn* oder *Coach*, damit Sie die emotionale Trutzburg verlassen können, wann immer *Sie* wollen.

Adäquates Handling von Schuld- und Opfergefühlen

Ursache	Weg	Ziel
Ungerechtigkeit, Schuld, erlittener Schaden	Schuldgefühle, Opfergefühle	Gerechtigkeit Beziehung Kontrollgefühl Schuldausgleich

Schuld- und Opfergefühle bilden ein komplexes, eng verwobenes Geflecht nicht nur in Konflikten. Um die Fäden ein wenig zu entwirren, ist es notwendig, zunächst das Phänomen der Schuld genauer zu verstehen. Denn anders als andere Emotionen brauchten diese Emotionen eine Übereinkunft zwischen den Beteiligen, was hier als rational und irrational anerkannt wird.

Begriffesbestimmung: Schuldige/r und Opfer

1 Rationale Schuld(gefühle): Der oder die „wirklich Schuldige"

1.1 *Jemand hat sich für ein unrechtes Verhalten entschieden, obwohl er sich für das rechte Verhalten entscheiden hätte können, zum eigenen Vorteil oder zum Schaden eines anderen.*

Diese philosophische Definition basiert auf der Annahme, dass es die Freiheit der Entscheidung, also Zurechnungsfähigkeit und Wahlmöglichkeit gibt.[1] Nur wenn man etwas anderes tun hätte können, kann man demnach schuldig werden.
Schuld braucht in vielen Kulturen zusätzlich eine Schädigung. Diese kann mit „Vorsatz" passiert sein, der/die Schuldige gilt unter diesen Umständen moralisch als böse. Ihm/Ihr kann jedoch auch „Fahrlässigkeit" vorgeworfen werden, dann gilt er/sie tendenziell eher als unfähig oder nachlässig.

Die Definition klingt einfacher, als sie im Detail ist. So zum Beispiel entsteht Schuld auch bei der Entscheidung für eine Alternative, die zwar in Summe die bestmögliche ist, aber trotzdem Schaden verursacht:

> Wer eine Filiale schließt, um die Firma zu erhalten, der hat dessen ungeachtet die Verantwortung dafür zu tragen. Selbst „das kleinere Übel" bleibt ein Übel.

1.2 *Jemand muss einem anderen etwas aufgrund einer Vereinbarung (zurück)geben.*
Der dahinter stehende „Vertrag" war dem/der Schuldigen vorher bekannt und er/sie hatte dem zugestimmt. Auch das klingt in der Theorie einfach:
❍ Natürlich schuldet man die Kreditrückzahlung und die Einlösung eines geleisteten Versprechens.
❍ Bei Geschenken ist die Sache schon schwieriger, denn im Berufsleben sind damit häufig Erwartungen verknüpft, über die man vorher nicht Bescheid weiß. Erkennt man ein solches „unechtes Geschenk", hat man die Wahl abzulehnen oder anzunehmen – Letzteres

1 vgl. Schmidt/Schischkoff 1982

kann schuldig machen, die damit verknüpfte Erwartung erfüllen zu müssen.

❍ Echte Geschenke gibt es zumindest im beruflichen Umfeld kaum: Selbst ein freundlicher Gruß ist in Wahrheit eine Investition, denn man schuldet selbstverständlich eine Antwort, einen Gegengruß.

1.3 *Jemand übernimmt/bekommt Verantwortung für das Verhalten einer dritten Person, die sich unrechtmäßig verhalten bzw. etwas Rechtmäßiges unterlassen hat* (⇨ Pkt. 1.1), *oder die einer anderen eine Rückgabe bzw. Bezahlung schuldet* (⇨ Pkt. 1.2).

Vorgesetzte haben zum Teil deshalb ein höheres Gehalt, weil sie Verantwortung für die Leistung ihrer MitarbeiterInnen übernehmen müssen, AusbildnerInnen haben Verantwortung für Auszubildende und Teammitglieder füreinander. Das kann vertraglich festgelegt oder in einer Tradition, einer unausgesprochenen Erwartung oder einer informellen Regel begründet sein.

2 Irrationale Schuld(gefühle)

2.1 *Es gibt eine ungerechtfertigte, jedoch durchaus hartnäckige Überlebensschuld, wo die Grundüberzeugung lautet: „Mir darf es nicht gut gehen, wenn es jemand anderem schlecht geht."*

So werden die „Überlebenden" einer Kündigungswelle zwar sehr erleichtert sein, der eine oder die andere wird sich zugleich schuldig fühlen, weil es ihn/sie nicht getroffen hat.

Leider sind es oft die wertvollsten Menschen mit hoher Empathie, die sich diesbezüglich quälen. Sie finden keine Freude im Schaden von anderen, sondern fühlen mit und wollen Leid verringern, oft sogar auf sich nehmen.

2.2 *Schuld kann durch die Übernahme einer Verantwortung für ein Verhalten, einen Zufall oder eine Person entstehen, wo – objektiv betrachtet – keine Verantwortung bzw. Einflussmöglichkeit da ist.*

In diesen Bereich fällt jede Form der Kollektivschuld oder Sippenhaftung (Mitschuld am Verhalten eines anderen, allein durch Zugehörigkeit zur gleichen Berufsgruppe, Firma, Familie, Geschlecht, Kulturkreis etc.). Als Mitglied eines Systems trifft einen manchmal reale Mitverantwortung, doch eben nur dann, wenn man etwas beeinflussen hätte können.

In diese Kategorie fallen Schuldgefühle für echte Geschenke:

❍ Wer von seinem Erbgut her, durch angeborene Fähigkeiten, durch Glück, Zufall oder einen Mentor begünstigt wurde, kann durchaus irrationale Schuldgefühle haben. („Ich habe das doch nicht verdient.")

❍ Hat man ein echtes Geschenk bekommen bzw. angenommen, muss man keine Verantwortung für das Verhalten des Schenkenden übernehmen und ist daher nicht schuldig. Doch wieder sind es manchmal die besonders Verantwortungsbewussten, die sich für etwas schuldig fühlen, obwohl sie dafür in Wahrheit keinerlei Verantwortung tragen.

Diese und andere irrationalen Schuldgefühle entstehen unter anderem aus dem Bedürfnis heraus, eine Wahl- und Einflussmöglichkeit dort zu suchen, wo objektiv gesehen keine ist. Vor solchen Kontrollillusionen ist niemand sicher, zu tief ist die Sehnsucht nach dem Alpha-Quadranten in uns Menschen verankert (⇨ S. 30).

2.3 Schuldge*fühle, die eine zwingende, zeitliche Logik ausblenden.*
Diese Suche nach Kontrollillusionen verursacht vermutlich auch das Schuldgefühl, eine zukünftige Entwicklung oder ein Risiko nicht richtig vorhergesehen zu haben, also kein Hellseher und keine Zauberin zu sein. Doch man kann nur wissen, was man zu diesem Zeitpunkt wissen kann, im Nachhinein ist jeder klüger. Viele Verbrechens- oder Unfallopfer fühlen sich schuldig, zur falschen Zeit am falschen Ort gewesen zu sein oder nicht unmenschlich schnell reagiert zu haben.
Solche Schuldgefühle können sogar nur über die Vorstellungsebene entstehen:

„Durch meine Fehlentscheidung *hätte* etwas passieren können." Wenn die eigene Logik oder gut meinende FreundInnen auch tausendmal versichern, dass nichts passiert *ist*, kann doch allein der Gedanke einer möglich gewesenen Katastrophe zu quälend-irrationalen Schuldgefühlen führen.

3 Rationale Opfergefühle: Das „echte Opfer"

Es braucht zwei Komponenten, um sich „mit Recht" als Opfer fühlen zu können:

- *die eigene Unschuld* (also keine Schuld laut 1.1-1.3)
- *und die Selbst- und/oder Fremdeinschätzung, ein Geschädigter/eine Geschädigte zu sein.*

Ein materieller Schaden, die Verletzung einer Grenze, eines Gesetzes, des Selbstwertes u. Ä. legitimieren ein rationales Opfergefühl.

4 Irrationale Opfergefühle

Hierher gehören Opfergefühle,

- obwohl entweder *objektiv gesehen keine Schädigung besteht*
- *und/oder wo auf beiden Seiten Fehlentscheidungen aus Fahrlässigkeit oder Vorsatz da waren.* Subjektiv können diese für Betroffene selbstverständlich trotzdem intensiv präsent sein.

Irrationale Schuld- und Opfergefühle sind manchmal sogar ganz besonders quälend und hartnäckig, denn es fehlt die Möglichkeit eines rationalen Schuldausgleichs.

In allen Konfliktprozessen sind mehr oder weniger große Schuld- und Opfergefühle aus allen Kategorien beobachtbar.
Der Kampf um die jeweils bessere Rolle und diverse Formen von Rache oder Vergeltung beherrschen auf den tieferen Konflikteskalationsstufen die Dynamik.

B Schritt I: wie bemerken, benennen und bremsen

Schuld- und Opfergefühle haben gemeinsam, dass sie als „nagend" und „quälend" empfunden werden und den Körper belasten. Langfristig scheint der durch sie ausgelöste körperliche Stress krank machen zu können.

Schuld fühlt sich eher beunruhigend und aktivierend an.
Die Schuld will etwas tun, sie treibt Menschen an. In der Kombination mit Scham oder Trauer belastet sie extrem. Sie ist allerdings auch in Reinform so unangenehm, dass man sie unbedingt loswerden möchte, entweder durch Schuldausgleich oder -abwehr. Letztere führen bei Konflikten zur bekannten Spirale:
Schuldvorwurf ⇨ Schuldabwehr + Gegenvorwurf ⇨ Schuldabwehr + Gegenvorwurf ⇨ ...

Opfergefühle hingegen wirken eher lähmend.
Sie beinhalten Gefühle der Hilflosigkeit und des Geschädigt-Seins. Meist fühlen sich Opfer (zumindest von Zeit zu Zeit) zusätzlich zornig, doch nur, wenn sie eine winzige Chance von Einfluss sehen. Dann führen sie einen Kampf um Gerechtigkeit.

Diese Mischung, eine „passive Wut" oder „aggressive Ohnmacht" kann in den Menschen der Umgebung ebenfalls Hilflosigkeit oder Aggression auslösen. (⇨ vgl. Beispiel in Kap. *Verzweiflung kanalisieren helfen*, Schritt 1, S. 105)

Schuld- und Opfergefühle sind interessante und komplexe Emotionen. Manchmal taucht in einem Menschen oder in einer Gruppe nur eine auf, dann wieder gibt es dort beide gleichzeitig. Erstes ***Einbremsen*** kann mit den üblichen Strategien gelingen, letztendlich braucht es jedoch immer die kognitive Forschungsarbeit der nächsten Schritte, um diese Gefühle beherrschbar zu machen.

Schritt 2:
E wie ehren und erforschen

Wozu können diese Emotionen mit ihrer Energie und Stärke dienen, welche gute Absicht verfolgen sie also?

DAS OFFENSICHTLICHE ZIEL IST DAS WIEDERHERSTELLEN EINES ***GERECHTIGKEITSGEFÜHLS,*** *MEIST DURCH SCHULDAUSGLEICH.*

Wenn Ihnen etwas gestohlen wird, reicht es nicht, wenn Ihnen das Gleiche wieder zurückgegeben wird. Eine Grenze wurde verletzt, Unrecht ist dadurch entstanden und zumindest ein „Es tut mir leid" darf rechtmäßig zusätzlich eingefordert werden. Erst damit lösen sich im Idealfall die beteiligten Schuld- und Opfergefühle auf. Nach der Theorie der Familienforscher Boszormenyi-Nagy und Spark[1] werden in einer Familie immer (offen oder verdeckt) Bilanzierungen vorgenommen. Auf der Grundlage von inneren Verdienstkonten wird zwischen Menschen bzw. Generationen ein gerechter Ausgleich zwischen individueller Schuld und individuellem Verdienst angestrebt oder ausgehandelt. Gerechtigkeit zwischen Geben und Nehmen wird als das organisierende Hauptprinzip in Familien bezeichnet. Leistung für andere bewirkt dort Schuld bzw. einen Anspruch auf Ausgleich, enttäuschte Erwartungen und Schuldausgleich sind zentrale Konfliktthemen. Das Gleiche gilt für jede Form von Gruppen, Organisationen bzw. Arbeitsteams.

Es gibt jedoch noch weitere, häufig zu wenig beachtete Ziele:

Schuld- und Opfergefühle verbinden so lange, bis Gerechtigkeit wiederhergestellt ist. Deshalb *schafft, rechtfertigt und erhält die Schuld* ***eine Beziehung*** *zwischen einer oder einem Schuldigen und dem Opfer.* Sie hat damit regulierende und zusammenhaltende Funktion innerhalb gesellschaftlicher Gruppen und gilt als wichtige Triebfeder prosozialen Verhaltens.

Der/die Schuldige leidet unter den Schuldgefühlen, daher können diese *der* ***(Selbst-)Bestrafung*** dienen. Der Schuldausgleich selbst ist ebenfalls unangenehm und beinhaltet idealerweise die Wiedergutmachung für die Opferseite.

Schuld bei sich selbst oder anderen zu finden, bedeutet einen Fehler und damit Beeinflussbarkeit oder Handlungsmöglichkeit anzunehmen. Durch eine richtige Entscheidung hätte eine Schädigung verhindert werden können. Ein Schuldgefühl suggeriert, dass man eine Wahl hatte. Damit verteidigt es die Chance, in Zukunft anders handeln zu können. War etwas jedoch unvermeidbar, Unglück, Pech, Zufall, kann es wieder passieren, ein Stück Unkontrollierbarkeit entsteht. Das Schuldgefühl ist also Zeichen von *realem* ***Einfluss*** *oder von* ***Kontrollillusionen.*** Esoterische Theoriengebäude sind übrigens in der Regel daran erkennbar, dass es keinen Zufall und keine Unbeeinflussbarkeit gibt. („Alles, was dir begegnet, hat mit dir zu tun.") Deren Beliebtheit zeigt, wie sehr der Wunsch nach Kontrolle ein primäres Grundbedürfnis ist.

Dieser Wunsch nach Einfluss hat besonders dramatische Auswirkungen in bzw. nach traumatischen Erlebnissen und führt zu entsprechend heftigen Schuldgefühlen. Fischer u. a.[2] bezeichnen diese Suche nach Einfluss als Trauma-Kompensation. Bereits mitten in einem entsetzlichen Erlebnis springen spontan Fragen nach dem Warum, nach

1 zit. nach Clement, 2002

2 Fischer, G. u. a. 2000, 2003

Ursachen und Einflussmöglichkeiten an. Zum Preis eines quälenden Schuldgefühls gelingt die (auf Fakten oder Illusionen) beruhende Überzeugung:

> *„Weil ich selbst etwas falsch gemacht habe, kann ich daraus lernen, kann es vermeiden oder verhindern. Das wird mir also nicht mehr passieren!"*

Wer gar keine Schuld bei sich findet, dem droht die Passivität der Opferrolle. Denn zu ihr gehört, keinen eigenen Anteil zu haben. Opfer haben zwar dafür das legitime und sozial anerkannte Recht nach Schuldausgleich und Wiedergutmachung, doch dieser Vorteil hat seinen Preis: Opfer sind hilflos, ohne Einfluss, tragen an vergangenen Schädigungen keine Schuld und können daher zukünftige Bedrohungen nicht verhindern – außer sie finden Sicherheit im Schutz einer höheren Instanz oder der/die Schuldige ändert sich.

Eine Gegenüberstellung von Vor- und Nachteilen der beiden Rollen und ihre Rechte und Pflichten finden Sie im Kapitel Tools. (⇨ *Schuld- und Opferposition*, S. 139) Machen Sie für sich selbst oder in Begleitung eines wohlwollenden Menschen eine Kosten-Nutzen-Analyse und entscheiden Sie sich: Wollen Sie die Emotion loswerden oder nicht?

SS Schritt 3: wie suchen und sammeln

Im Folgenden werden einige Wege vorgestellt, um Schuld- oder Opfergefühle zu verabschieden. Doch Ihrer persönlichen Kreativität sei – wie bei allen anderen Emotionen – keine Grenzen gesetzt. Hauptsache ist, Sie können die Emotionen im kontrollierbaren Bereich halten und nutzen oder u. U. ganz verlassen.

Strategien zum Umgang mit Schuld- und Opfergefühlen

Schuldausgleich geben/akzeptieren ist die nächstliegende Methode, um Gerechtigkeit wiederherzustellen. Der oder die Schuldige leistet Wiedergutmachung oder Entschädigung an das Opfer. Schuld- und Opfergefühle erreichen so ihr vorrangiges Ziel und können verschwinden. Wichtig ist zu beachten, dass immer das Opfer die genaue Form des Ausgleichs bestimmt, falls es dazu kein Gesetz o. Ä. gibt. Daher hat es die schwierige Aufgabe, nicht zu wenig zu fordern (sonst bliebe ein Rest Opfergefühl), doch auch nicht zu viel (sonst wird der/die vormals Schuldige zum neuen Opfer). Ist das Opfer unbekannt oder unerreichbar, bleibt dem Schuldigen nur ein indirekter oder symbolischer Weg, um Wiedergutmachung zu leisten (z. B. eine Spende an einen unterstützenden Verein). Bei nicht eruier- bzw. belangbaren Schuldigen kann sich das Opfer ebenfalls symbolisch eine Wiedergutmachung zukommen lassen.

In allen menschlichen Kulturen gibt es Vereinbarungen zu ***Strafe, Rache, Buße oder Sühne***.
Bei dieser Spielart des Schuldausgleichs müssen Schuldige etwas mehr unangenehme Empfindungen erleiden als das Opfer, dann ist Gerechtigkeit wiederhergestellt.
Vielleicht steckt unter anderem die Vorstellung dahinter, dass Opfer ihr schlechtes Gefühl an die Schuldigen weitergeben können und es dadurch nicht mehr haben (⇨ *Gefühle sind ansteckend*, S. 28) oder dass Schuldige durch die implizierte Bestrafung lernen. Warum auch immer, es kann gut funktionieren und beide sind frei.

Gefährlich sind **unangemessen harte Maßnahmen** für die schuldige Partei, denn dadurch entstehen nun auf ihrer Seite neue Opfergefühle – ein Rache-Kreislauf beginnt, der so manche Völker oder berufliche und private Partnerschaften bis zur Selbstvernichtung geführt hat.
Sind der oder die Schuldige oder das Opfer nicht erreichbar, haben entsprechende (Selbst-)Bestrafungsrituale oder -phantasien entlastende Wirkung: Wer in der Vorstellung angemessene Rache übt bzw. symbolisch auf sich nimmt, oder wer diese im Vertrauen an eine obere Instanz, die irgendwann für Gerechtigkeit sorgen wird, delegiert, kann dadurch Schuld- oder Opfergefühle loswerden.

> Das Opfer stellt sich z. B. genüsslich Rache vor, wo am Ende die schuldige Partei ihr Unrecht einsieht und etwas nie wieder tut.
> Als Schuldige/r kann man einer gemeinnützigen Organisation spenden und sich vorstellen, wie das Bußgeld über Umwegen zum Opfer gelangt.

Verzeihen ist eine Möglichkeit, die ein Opfer dem/der Schuldigen auch ohne Schuldausgleich gewähren kann und sowohl sich als auch den anderen damit aus der Rolle entlässt. Das kann ohne Zutun des schuldigen Menschen passieren, doch meistens muss Verzeihung erbeten werden und stellt eine Form von Geschenk oder Gnade für den Schuldigen/die Schuldige dar. Im Fall, dass ein Opfer nicht erreichbar oder nicht gewillt dazu ist, Verzeihung zu gewähren, bleibt die Möglichkeit, bei einer oberen Instanz um Vergebung zu bitten und sie von dort zu bekommen.

Daraus lernen: Manchmal brauchen Schuldige die Überzeugung: „Ich habe einen Fehler gemacht, aber ich habe daraus gelernt", damit ein Ereignis samt einem dazugehörigen Schuldgefühl abgeschlossen werden kann.
Aus dem Beschwerdemanagement ist bekannt, wie für Opfer dieser Aspekt ebenfalls eine Rolle spielt: Sobald Geschädigte den Eindruck haben, dass die Verantwortlichen daraus gelernt haben, verzichten sie manchmal auf weitere Ansprüche.
Was hilft, ist die Gewissheit: Es wird (ihnen selbst oder anderen Menschen) in Zukunft nicht noch einmal passieren. Das Erleben, so für „Gerechtigkeit in der Zukunft" sorgen zu können, bringt ein berechtigtes Einfluss-Gefühl, erhöht das Sicherheitsempfinden und lässt bestenfalls das gesamte Opfergefühl vergehen.
In Konflikten, wo Schuld- und Opferseite weiter zusammenarbeiten müssen, ist dieser Punkt besonders wichtig. Das ehemalige Opfer will und braucht verständlicherweise diese Sicherheit. Sichtbar neue Verhaltensweisen der Schuldigen und/oder die Akzeptanz entsprechender Kontrollmaßnahmen durch eine unbeteiligte Instanz sind daher maßgeblich und müssen in einem Beratungsprozess unbedingt angesprochen und ihre Form ausdrücklich festgelegt werden.

Schuld ablehnen: Stellt sich heraus, dass ein Schuldgefühl unbegründet war, weil eine der Bedingungen nicht erfüllt ist oder die Opferseite ähnlich große Mitschuld trifft, löst es sich natürlich ebenfalls auf.
Der Wunsch danach macht die endlosen Streitigkeiten, wer die (größere) Schuld hat, verständlich und erklärt das Insistieren auf Zufall, Unzurechnungsfähigkeit und eigenen Opferstatus:

> *„Ich konnte doch gar nicht anders. Wenn man so provoziert wird, muss man doch reagieren, oder? Wenn ich so gestresst bin, dann ist das eben so, das ist normal, da kann ich gar nichts dafür."*
> Danach kommt sofort die Beschuldigung der anderen Partei: *„Aber Sie! Sie hätten doch wirklich ganz einfach ..."* und der Kreislauf der Eskalation geht weiter.

Unbegründete Schuldzuweisungen können zu Recht abgelehnt werden, ohne dass man jedoch sofort in die Rolle „AnklägerIn" wechseln muss.

Opferrolle ablehnen: Wer bei sich Mitschuld bzw. keine Schädigung findet, der kann dadurch etwaigen Opfergefühlen die Grundlage entziehen.

Manchmal bleibt nur ***die Akzeptanz der Ungerechtigkeit*** und der Unmöglichkeit, einen vielleicht zu hundert Prozent gerechtfertigten Schuldausgleich zu bekommen oder zu geben. Hier braucht es eine klare Entscheidung:

> *„Ich will dieses Gefühl jetzt nicht mehr haben. Deshalb akzeptiere ich, dass es bei diesem Punkt keine Gerechtigkeit geben wird."*

- Für eine/n Schuldigen führt dann der Weg in der Regel über Hilflosigkeit zur Trauer.

- Ein Opfer wird vielleicht eine Phase von Zorn oder Verzweiflung durchleben, bevor es ebenfalls noch betrauern muss bzw. kann, dass es keinen Schuldausgleich, keine Entschuldigung und keine Rache bekommen wird.

Danach besteht die Hoffnung, diesen unerfreulichen oder schrecklichen Abschnitt des Lebens abschließen zu können.

Schuld aufteilen: Jeder Einzelne entschuldigt sich für seinen Anteil. Wenn das gelingt, ist schon viel gewonnen. Einen eigenen Fehler anzuerkennen gelingt leichter, wenn man sich dadurch nicht in Bausch und Bogen verurteilt fühlt. Fehler in Betrieben haben immer eine Geschichte, selten hat tatsächlich nur eine Person die Schuld, meist hätten mehrere Personen anders handeln können und es mangelt an routinemäßig eingeplanten Kontrollen. Damit ein Lernprozess möglich wird, braucht es die exakte Analyse solcher Verläufe, wo alle Beteiligten die Sicherheit haben, dass sie (nur) ihren Schuldanteil bekommen. Unserer Erfahrung nach wird die diesbezügliche innerbetriebliche Kultur in hohem Maß von der Führungsebene bestimmt – doch nicht durch Regeln und Vorschriften, sondern durch deren lebendes Vorbild: Der Umgang des Chefs oder der Teamleiterin mit einem eigenen oder fremden Fehler kann die MitarbeiterInnen zur Verantwortungsübernahme ermutigen ... oder nachhaltig abschrecken.

Irrationale Gefühle brauchen manchmal auch irrationale Lösungen! Die meisten der obengenannten Möglichkeiten können in der Vorstellung oder auf symbolische Weise vollzogen werden und auf diesen Ebenen zu einem guten Ende führen.

Schritt 4:
E wie entscheiden und erledigen

Sind Sie bereit, auf die Vorteile Ihrer Rolle zu verzichten und diese spezielle Beziehung aufzulösen? Meist ist es richtig, diese quälenden, krank machenden Emotionen loswerden zu wollen, auf welche Art auch immer. Gehen Sie notfalls weg vom idealen Ziel der Gerechtigkeit.

Schritt 5:
R als Rückblick

Bei der Rückschau aus der Distanz lohnt sich ein Blick in die Innenwelt:

„Habe ich eher eine Neigung zu (irrationalen) Schuld- oder zu Opfergefühlen?
Woher kommt das und wozu dient es?
Wie kann ich mich davor in Zukunft schützen?"

Ob ein bestimmtes **Schuldgefühl** endgültig Vergangenheit ist, lässt sich durch folgende Frage überprüfen: „Welcher Gedanke taucht in der Gegenwart auf, wenn Sie an jenes Ereignis denken, das in der Vergangenheit das Schuldgefühl ausgelöst hat?"[1] Im günstigen Fall ist es einer von diesen:

Ich habe meine Schuld beglichen. Ich habe einen Fehler gemacht und kann daraus lernen/habe daraus gelernt. Ich darf mir verzeihen. Ich habe getan, was ich konnte. Ich war frei von Schuld. Ich konnte nichts anderes tun/Ich konnte es nicht wissen. Ich war (auch) Opfer, kann aber jetzt denken: ... (s. unten)

Bei **Opfergefühlen** ist es ähnlich. Hier wird hoffentlich statt dem früheren „Ich bin ausgeliefert und geschädigt" einer der folgenden Sätze möglich sein:

Ich habe Gerechtigkeit erfahren. Ich kann verzeihen. Ich kann Hilflosigkeit aushalten/mir selber helfen/Hilfe finden. Ich kann die Ungerechtigkeit akzeptieren und damit umgehen. Ich war kein Opfer. Ich war (mit)schuldig, kann aber jetzt denken: ... (s. oben)

1 nach Shapiro/Besser 2002

Der unterstützende Umgang mit Emotionen anderer Menschen

Die BESSER-Strategie in der Kommunikation

BESSER-Schritte

Schritt 1:	B	wie bemerken, benennen und bremsen
Schritt 2:	E	wie ehren und erforschen
Schritt 3:	SS	wie suchen und sammeln
Schritt 4:	E	wie entscheiden und erledigen
Schritt 5:	R	wie Rückblick und Resümee

Schritt 1:
B wie bemerken, benennen und bremsen

Bei anderen Menschen bemerken Sie Emotionen natürlich vorwiegend anhand der Zeichen auf deren Oberfläche. Guten BeobachterInnen werden sogar Veränderungen von Puls (z. B. an Hals oder Schläfe sichtbar), Hautfärbung und Atmung auffallen. Selbstverständlich können Sie einfach fragen: „Wie geht es Ihnen damit?" Allerdings hängt die Antwort in hohem Maß von der Beziehung des Gefragten zu Ihnen bzw. zu sich selbst und von der aktuellen Situation ab.
Wenn ein Mensch zunehmend Kontrolle über einen Teil seiner Innenwelt verliert, ist das ab einem gewissen Grad für Außenstehende unschwer zu erkennen. Doch es ist nicht immer leicht, Betroffenen klar zu machen, dass nicht (nur) der Auslöser Aufmerksamkeit verdient, sondern die Stärke der eigenen Emotion. Je größer sie ist, umso wirkungsloser verhallen Appelle an das logische Denken. Zum *Bremsen* gibt es eine Vielzahl von Möglichkeiten, manchmal genügt es, die reflexartigen Notfallhandlungen des/der Betroffenen, also die panischen Kampf-, Flucht- oder Befreiungsversuche aus der Emotion energisch zu stoppen. Erinnern Sie sich an das Bild vom Treibsand! (⇨ S. 24)
Das *Benennen* der Emotion darf niemals mit der pseudopsychologischen Haltung „Ich weiß, was du wirklich fühlst" verknüpft sein. Hier hilft es zu sagen:

„Darf ich versuchen zu formulieren, was jetzt los ist?"

Jede Korrektur Ihrer Vermutung seitens des oder der Betroffenen ist vollkommen zu akzeptieren, eventuell kann man noch auf widersprüchliche Signale hinweisen:

„Sie sagen, es geht Ihnen gut, doch zugleich haben Sie seit einigen Minuten fast aufgehört zu atmen. Das könnte doch auf eine gewisse innere Anspannung hindeuten. Das wäre vollkommen in Ordnung, ich kenne Sie ja als engagierten Menschen. Möchten Sie bei einem Tee/Kaffee weiterreden oder wollen Sie eine Unterbrechung des Gesprächs?"

Eine Stimmung in einem Team aus unterschiedlichsten Menschen korrekt zu definieren, ist noch etwas schwieriger. Eine allgemeine Bezeichnung als „Spannung" oder „unklare Stimmung" kann hier einer breiten Diskussion bezüglich Ursachen und Zielen Raum geben. Ein offener Begriff lädt weiters ein, sich vom eigenen Zustand ein wenig zu distanzieren und über die Spannung in sich und den anderen nachzudenken und sie zu beobachten, ohne sich persönlich angegriffen oder öffentlich analysiert (wird zu Recht als Grenzverletzung erlebt) zu fühlen.

E Schritt 2: wie ehren und erforschen

Sowohl im Mitarbeitergespräch als auch im Team muss Schritt 2 an das jeweilige Maß von Nähe und Vertrauen angepasst sein. In den meisten Arbeitsgruppen ist es weder nützlich noch angenehm, die einzelnen Innenleben der TeilnehmerInnen voreinander offenzulegen. Irgendeine Person ist vielleicht dabei, die diese Ebene nicht genug wertschätzen oder sogar für Verletzungen nutzen würden. Daher ist eine gewisse Angst vor zu viel Nähe in der Regel gerechtfertigt, entsprechende Grenzen müssen respektiert oder eingefordert werden. Als Führungskraft darf man nur so viel Nähe zu sich erlauben, dass man auch weiterhin seine Funktion gut erfüllen kann. (⇨ *Mögliche Funktionen und ihre Wahl je nach Konfliktstufe*, S. 123)

Zur Unterstützung einer Person oder eines Teams bei der Analyse der Emotion können Sie auf Ihr Wissen um die Grundsätze und guten Ziele aus dem vorangegangenen Kapitel zurückgreifen, entsprechende Fragen stellen oder diese in Form von Vorschlägen einbringen.
Die *U-W-Z-Analyse* (⇨ S. 138) ist das Tool der Wahl.

SS Schritt 3: wie suchen und sammeln

Die Fragen, die unter *Die Besser-Strategie, Schritt 3* (⇨ S. 38) zusammengestellt sind, können Sie in ähnlicher Form jedem Menschen stellen, wobei es zwar schwieriger, aber in der Regel lohnender ist, bei folgendem Ziel zu bleiben:

„Wie können Sie das Gefühl selbst noch weiter reduzieren oder verlassen, ganz ungeachtet seiner Ursachen und Ziele?"

Durch Ihre Fragen steuern Sie in hohem Maß Denken und Wahrnehmung Ihres Gegenübers – falls die Emotion weit genug gebremst ist, sodass ein Zuhören und Mitdenken (wieder) möglich ist. Sonst zurück zu Schritt 1!

E Schritt 4: wie entscheiden und erledigen

Die Entscheidung, welcher Weg aus den gesammelten Alternativen nun genommen wird, um die Emotion endgültig zu minimieren bzw. zu verlassen oder das Problem zu lösen, liegt immer bei der betroffenen Person selbst. Sie können zwar einen gewissen Druck ausüben, dass ein Ziel, in diesem Fall die Kontrollierbarkeit des Gefühls, erreicht werden soll und dazu Informationen geben, Vorschläge machen und Argumente vorbringen, doch es braucht in jedem Fall eine eigene Entscheidung des Gegenübers.

Schritt 5:
R als Rückblick

Jedes erfolgreiche Emotionsmanagement verdient Ihre Hochachtung! Ehrlich! Wichtig ist es, kleine Teilerfolge oder individuelle Verbesserungen wahrzunehmen und zu würdigen, selbst wenn das endgültige Ziel noch nicht erreicht ist. Oder besser gesagt: Solche Rückmeldungen braucht es *gerade dann*, wenn der Mitarbeiter/die Mitarbeiterin letztendlich doch gescheitert ist! Denn er bzw. sie befindet sich vermutlich nun in einer Stimmung, wo die Teilerfolge nicht mehr wahrgenommen werden können. Dazu ist Ihre objektive Außensicht notwendig:

„Es stimmt, am Ende der Diskussion waren Sie eindeutig zu laut. Doch man muss schon sagen, die Diskussion vorher haben Sie bravourös geleitet. Wie genau haben Sie das geschafft? .... Genau deshalb hatte vermutlich Herr A diesen unverschämten Angriff nötig. Später können wir noch überlegen, wie Sie sich ein nächstes Mal dagegen wappnen können. Aber jetzt: Gratulation, Sie haben so viel dazugelernt!"

Ziel ist es, die Gefühle nicht unkontrollierbar groß werden zu lassen. Sollte das in der Interaktion gar nicht gelingen, dann können Sie nach der Eskalation in einem Vier-Augen-Gespräch die Situation ansprechen, sie gemeinsam analysieren und Lösungen für ein nächstes Mal erarbeiten.

Das schwierige MitarbeiterInnen- oder Teamgespräch

Manche MitarbeiterInnen- oder Teamgespräche bereiten besonders jenen Führungskräften Unbehagen, die sich Empathie, Interesse, Hilfsbereitschaft und Wertschätzung für Menschen erarbeitet oder bewahrt haben und feinsinnig die Emotionen ihres Gegenübers erkennen können.

Es kann – selbst bei penibler Beachtung der Regeln für konstruktives Feedback oder Motivation – sehr schwierig sein, bestimmte Inhalte ohne emotionale Eskalation zu übermitteln:

- Wie soll man notwendige Veränderungen bei sehr persönlichen Eigenheiten rückmelden, ohne Scham auszulösen?
- Wie kann eine Versetzung, ein Verlust eines Auftrags oder gar eine Kündigung ausgesprochen werden, ohne dass Trauer entsteht?
- Wie schafft man es, eine dringende Forderung erfolgreich durchzusetzen und dabei nicht Zorn oder Verzweiflung heraufzubeschwören?

Vorab sei gesagt: Solche Ziele sind gar nicht erfüllbar. In oben genannten Situationen entstehen unausweichlich starke Emotionen, es sei denn, Sie setzen hochmanipulative Gesprächsführungstechniken ein. Auch dann werden in Ihrer Mitarbeiterin/Ihrem Mitarbeiter belastende Gefühle auftauchen, allerdings erst später, wenn er/sie wieder alleine ist, zum Nachdenken kommt und langsam die Wahrheit hinter die Fassade des „Schön-Redens" oder der raffinierten Ablenkung sickert.

Sie brauchen jedoch starke emotionale Reaktionen nicht fürchten, sondern können sich darauf vorbereiten und Ihr Gegenüber dabei unterstützen, seine Emotionen in kontrollierbarem Ausmaß zu halten. Die folgenden Kapitel verstehen sich als Ergänzung zum vorangegangenen Abschnitt *Das Management eigener Gefühle ...* (⇨ S. 34ff). Die dort beschriebenen Ursachen, Ziele und Strategien gelten im Prinzip auch in der Kommunikation mit anderen.

Gesprächsziel: Die Konfrontation mit Veränderung oder Verlust

Manchmal müssen Sie Ihren MitarbeiterInnen mitteilen, dass eine gravierende Veränderung bevorsteht. Je nach bisherigen Lernerfahrungen werden manche Menschen dann eher auf jenen Teil fokussieren, der neu bzw. gut daran ist (kann Freude, aber auch Angst auslösen) und für andere steht all das im Vordergrund, was sie verlieren (kann traurig machen). Beide Aspekte haben das Recht, gesehen zu werden, und im Normalfall können Sie das Augenmerk der betroffenen Person sogar darauf lenken. Doch manchmal hat die Unterstützung beim Emotionsmanagement Priorität.

Begleitung bei Trauerarbeit

(⇨ vgl. *Vom Umgang mit Trauer*, S. 42)

In jedem Veränderungsprozess werden Ihnen als Führungskraft oder BeraterIn traurige Menschen begegnen. Denn Wandel bedeutet *immer* Verlust, entweder von dem Guten im Alten oder zumindest von gewohnten, vertrauten und vorhersehbaren Dingen (weniger Kontrolle und Einfluss!). Häufig wird das verleugnet oder angesichts der positiven Auswirkungen einer Veränderung übersehen. Natürlich entsteht Traurigkeit auch bei Kündigung, Verlust von Hoffnung, bei Kritik oder Ablehnung eines Projektes u. v. m. Der Umgang mit ihr sollte daher zu Ihrem Repertoire gehören, auch wenn Sie in Ihrer beruflichen Funktion bei privaten Ursachen (z. B. nach dem Verlust eines Menschen oder von Gesundheit) nicht als Beistand gewählt werden können. Es ist günstig, für alle Intensitäten der Trauer gerüstet zu sein und zu wissen, ob hinter Tränen oder Rückzug Trauer steckt oder doch z. B. Angst. Am häufigsten wird das durch Trauer verursachte Verhalten fälschlicherweise als „Widerstand" gegen die Veränderung interpretiert und bekämpft, statt die Trauer anzusprechen, sie zu akzeptieren und sein zu lassen.

Vorab sei noch gesagt: Trauer braucht keine übermäßige Hilfestellung. Es reicht, wenn Sie körperlich, emotional und gedanklich präsent sind und vielleicht die eine oder andere Erklärung, die Sie bereits von der Arbeit mit eigener Trauer kennen, weitergeben. Betroffene sind manchmal wie erschlagen von der Wucht des Schmerzes und können gar nicht glauben, dass sogar dieses Gefühl irgendwann einmal wieder vergehen kann. Als ein Mensch, der diesbezüglich einen Plan oder eine Vorhersage hat – ganz ohne zu drängen oder „aufzumuntern" – werden Sie selbst aus einer beruflichen Distanz heraus als Energiequelle wirksam werden können.

B Schritt I: wie bemerken, benennen und bremsen

Trauer ist eine Emotion, die schwach macht. Daher tarnt sie sich im Berufsleben häufig hinter anderen Verhaltensweisen oder Emotionen. Notfalls verlassen Sie sich auf Ihre Empathie, um die Trauer hinter einer Maske von Zorn oder Härte zu erspüren.

Die Trauer anderer Menschen brauchen Sie nur zu **bremsen**, wenn sie in destruktiver Weise ausgelebt wird oder die Gefahrenzone nicht mehr verlassen werden kann.

Direkt **benennen** können Sie dieses Gefühl nur in entsprechend vertrauensvollen Beziehungen. Bei Verlusten und Veränderungen kann man jedoch die Trauer einfach als gegeben voraussetzen und ihren Verlauf vorhersagen:

„Üblicherweise ist so eine Veränderung für Menschen nicht leicht. So vieles ist verloren gegangen. Ich möchte gerne, dass wir diesem Faktum/der Trauer darüber ein Stück Aufmerksamkeit widmen, auch wenn vollkommen klar ist, hier empfindet nicht jeder von uns gleich."
Vielleicht ist es noch angemessen zu ergänzen: *„Außerdem kommt und geht eine Trauer in Wellen und ich weiß nicht, wo genau Sie da stehen."*

Das Wort Trauer muss nicht unbedingt ausgesprochen werden, man kann sie – übrigens so wie jede Emotion – indirekt über ihre Ziele beschreiben:

„Ich vermute jetzt einmal, Sie reagieren so wie jeder normale Mensch und sind ...
... mitten im Orientierungsprozess nach diesem Verlust
... im Stadium von großer, vielleicht sogar gnadenloser Klarheit und Ehrlichkeit
... bei einer Bestandsaufnahme nach einer einschneidenden Veränderung
... derzeit in der Phase der Verabschiedung ..."

Schritt 2:
E ehren und erforschen
und Schritt 3:
SS suchen und sammeln

Falls es Ihnen gelingt, in der Kommunikation mit einem trauernden Menschen die Wellenbewegung zu verdeutlichen und ihm entsprechende Fragen zu stellen (⇨ *Vom Umgang mit Trauer, Schritt 3,* S. 45), reicht das bereits für ein gutes Management. Mehr können und brauchen Sie nicht zu tun.

Bei von Veränderungen oder von Abschieden betroffenen Teams und Unternehmen hat es sich bewährt, von der Führungsebene her **Raum und Zeit für Trauerarbeit** zur Verfügung zu stellen. Das kann in Form von ein- oder mehrmaligen Treffen geschehen, die unter dem Thema stehen:

„Was wir verloren haben ..." und vielleicht (doch nur, falls es tatsächlich der Realität entspricht!) *„...und was wir gewinnen können."*

Wichtig ist genug Zeit für die Trauerarbeit einzuräumen, diese direkt anzusprechen und jeden einzelnen Menschen zu einer Wortmeldung einzuladen. Der eine oder andere wird seine Emotionen und Gedanken einbringen, wird erzählen, was genau ihn so besonders traurig, vielleicht auch schuldig oder zornig stimmt. So können auch die Schweigsamen die Gefühle von anderen Betroffenen wahrnehmen.
Menschen sind unglaublich unterschiedlich, sowohl im Tempo als auch im Umgang mit Trauer:

„Ich möchte jetzt jeden von Ihnen einladen, zu erzählen, wie es Ihnen jetzt gerade geht, wenn Sie in die Zukunft und in die Vergangenheit zurückblicken."

Akzeptieren Sie, was immer kommt, allerhöchstens vorsichtiges Nachfragen ist möglich:

„Vielen Dank für die Zusammenfassung der Fakten. Und auf der emotionalen Ebene, macht es Sie eher traurig oder zornig?"

Achtsame Moderation ist wichtig: Bei Gleichgültigkeit, Schuldzuweisung, Zynismus, Fröhlichkeit oder Aggression (vielleicht ohnehin Variationen maskierter Trauer) sollte auf die Möglichkeit hingewiesen werden, dass es sich auch dabei um eine höchstpersönliche Form des Umgangs mit dem Verlust handelt. Dadurch wird im Gruppenprozess die Wertschätzung für jene, die sich erlauben offen traurig zu sein, gewährleistet, ohne jene mit weniger Trauer abzuwerten.
Als Abschluss eines solchen Treffens kann man dem Verlorenen einen Platz zugestehen:

ein Foto der verstorbenen Mitarbeiterin, ein Modell des früheren Bürogebäudes, die Namensliste der gekündigten KollegInnen, die aus den Wortmeldungen gestaltete Seite im Jahresbericht, vielleicht sogar einen Jahrestag.

Die öffentliche Anerkennung des Verlustes und die Nähe im Team werden tröstend und stärkend empfunden. Erinnern Sie sich an das Koordinatensystem der Bedürfnisse (⇨ S. 30).

Falls Sie wirklich nichts für mehr Sicherheits- oder Einflussgefühl tun können, dann bleibt immer noch die ***Nähe*** zu verständnisvollen Menschen. Falls Ihnen signalisiert wird, dass das im Moment nicht passt, nehmen Sie eine Ablehnung von Kontakt keinesfalls persönlich. Fragen Sie von sich aus kontinuierlich einmal pro Tag, Woche oder Monat nach, ob und was Sie tun können, und holen Sie sich vorher die Erlaubnis dazu.

DIE TRAUERNDE PERSON SELBST DEFINIERT, WAS IHR DIE MEISTE ENERGIE BRINGT.

In einer amerikanischen Fernsehserie wurde dazu einmal gesagt:

„Nichts und niemand konnte mir helfen. Doch von Zeit zu Zeit hat jemand Essen vorbeigebracht. Das hat es irgendwie besser gemacht."

Schwierig wird es, wenn die/der Betroffene Sie als **schuldig am Verlust** betrachtet. Denn falls Sie selbst die Entscheidung zur Kündigung oder Ablehnung einer Bitte getroffen haben, dann versteckt sich die Trauer mit hoher Wahrscheinlichkeit hinter Zorn oder Hoffnungslosigkeit. Lassen Sie sich davon nicht anstecken, aber auch nicht durch Angriffe verletzen. Der Zorn will kämpfen, will Kontrolle und Selbstwert verteidigen (⇨ vgl. Beispiel in *Handlungen und Emotionen haben Ursachen und Ziele*, S. 29). Würdigen Sie das und Sie nehmen ihm damit den Wind aus den Segeln, weil er verstanden wird.

Sprechen Sie eigene Trauer oder das Bedauern an, falls Sie wirklich so empfinden. Zeigen Sie, dass Ihnen der Mensch wichtig ist und Sie sich im Rahmen Ihrer Funktion Gedanken gemacht und Möglichkeiten ausgelotet haben. Wenn Sie die Botschaft schicken: „Sie als Mensch sind mir wichtig!" erleichtert das die Akzeptanz von Verlust. Ein wichtiges Medium zum Transport dieser Nachricht ist Zeit und Raum:

Vergeben Sie für so schwierige Gespräche persönliche Termine, rufen Sie später nochmals an, wie's geht, das schickt am Besten die Botschaft von Respekt.

E Schritt 4: wie entscheiden und erledigen

Meist wird versucht, Trauernde zu „trösten" oder „aufzuheitern". Dabei wird der Blick auf das gelenkt, was man nicht verloren hat, was das Gute im Schlechten ist oder Ähnliches. Das alles ist unter Umständen zu einem späteren Zeitpunkt hilfreich. In der akuten Trauerphase offenbart es meist nur, dass sich die helfende Person selber angesichts der Trauer hilflos, zornig und ängstlich fühlt und als Abwehr ihrer eigenen Gefühle *irgendetwas tun* will.

Wenn sich der/die Trauernde nicht helfen lässt bzw. lassen kann, reagieren so manche theatralisch mit gekränktem Rückzug.
Besser ist es, bewusst „untätig", vielleicht sogar nur schweigend und mitfühlend Kontakt zu halten. Das schickt auf wesentlich nützlichere Art die Botschaft:

„Ich bin da, mich haben Sie nicht verloren."

Denn nochmals: Das Ausmaß an *beobachtbarer* Aktivität einer Führungskraft bzw. BeraterIn ist hier vergleichsweise gering. Es reicht in der Regel, durch die oben genannten Informationen bzw. Fragen Betroffenen ein wenig mehr Rüstzeug zur Verfügung zu stellen und beim Finden von allfälligen Notfallmaßnahmen zu begleiten. Sollte die Entscheidung für ein Teamtreffen fallen (was häufig eine wirklich gute Möglichkeit darstellt, den Trauerprozess konstruktiv zu gestalten und zu nutzen), dann muss ebenfalls lediglich das Thema vorgegeben und zurückhaltend moderiert werden.

R Schritt 5: als Rückblick

Manchmal hilft alles nicht: Chronifizierte Trauer zieht Menschen, Teams oder ganzen Betrieben empfindlich viel Energie ab und verhindert die Akzeptanz von Veränderungen. Wenn es langfristig keinerlei emotionale Erleichterung gibt, dann ziehen Sie einen externen Spezialisten/eine Spezialistin hinzu.

Lob für erfolgreiches Gefühlsmanagement ist bei Trauer niemals angebracht. Sie braucht ganz einfach ihre Zeit und man kann und soll das weder als Betroffene/r noch als Außenstehende/r beschleunigen. Anerkennung kann man für den Mut zur Offenheit, für das Vertrauen, eine aktive Vermeidung der Gefahrenzone und gute Nutzung von Energiequellen geben.

Als Führungskraft und BeraterIn könnten Sie bei der Begleitung von Trauerprozessen durchaus an Ihre persönlichen Grenzen kommen. Es ist eine Herausforderung, weil bei aller Empathie doch immer auf eine Distanz geachtet werden muss, um nicht selber in Mitgefühl und Schmerz zu versinken und um seine eigenen Energiequellen nutzen zu können.
Doch Trauer und ihre Begleitung sind nicht nur schwere Arbeit, sie bringen auch beiden Seiten Gewinn und machen den Blick frei für die wirklich wichtigen Dinge des Lebens. Jene Beziehungen, die sich in solch schwierigen Phasen bewähren, halten für lange Zeit, Teams rücken näher zusammen und die große Verbundenheit, die zu einem Menschen oder Betrieb durch eine gute Trauerbegleitung entsteht, kann durch keine noch so brillanten Engagement- oder Corporate-Identity-Aktionen erzeugt werden.

Unterstützung bei Angst

(⇨ vgl. *Keine Angst vor der Angst*, S. 46)

Man kann davon ausgehen, dass die Mehrzahl von Menschen Angst vor beruflichen Veränderungen hat. Denn selbst jene, die scheinbar nur Vorteile haben, bringen viel Neues und damit Unbekanntes, potenziell Unkontrollierbares oder Gefährliches mit sich. (⇨ *Was Menschen motiviert: ein Koordinatensystem der Grundbedürfnisse*, S. 30)
Für die Begleitung von Veränderungsprozessen gibt es präventiv eine exzellente Frage:

> *„Was genau würden Sie brauchen, um bei all diesen zukünftigen Neuerungen ein gutes Gefühl behalten zu können?*
> Die Einrichtung einer Informationsdrehscheibe, Ressourcen, schriftliche Zusagen, Klarheit, Mitbestimmung ...?"

Schritt 1:
B wie bemerken, benennen und bremsen

Im beruflichen Kontext muss man die Angst meist *indirekt benennen*, denn sie gehört zu den Emotionen, die Betroffene verstecken wollen, weil sie Schwäche signalisieren. Im Zweifelsfall können Sie diese Emotion umschreiben:

> „Ich merke,
> ❍ ... Sie sind jetzt etwas unter Druck.
> ❍ ... Sie sind sehr vorsichtig.
> ❍ ... Sie sind irgendwie gestresst.
> ❍ ... Sie wollen keine übereilten Entscheidungen treffen.
> ❍ ... Sie möchten etwas potenziell Gefährliches vermeiden ..."

Schritt 2:
E wie ehren und erforschen

Mit den folgenden Fragen kann man die Analyse der Botschaft der Angst bezüglich Ursache und Ziel einleiten, um ihre Intensität weiter zu verringern.

> *„Ich verstehe das gut, fast alle Menschen empfinden in dieser Situation so ähnlich. Was genau macht Ihnen derzeit Druck/Stress?*
> *Was ist das Schlimmste, was passieren könnte, wovor will Sie dieses Gefühl, dass Sie jetzt vielleicht haben, warnen?"*

Meistens ist es jedoch (zusätzlich) notwendig, die Angst selbst zur Gegnerin zu erklären:

„Es ist vollkommen in Ordnung, dass Sie vorsichtig sind. Immerhin weiß man nie so genau, was die Zukunft bringen wird. Was genau bräuchten Sie, damit Sie trotz allem ein wenig mehr Sicherheit/Vertrauen bekommen könnten?"

SS Schritt 3: wie suchen und sammeln

Die 9 Grundprinzipien (⇨ S. 18, s. auch *Tools zum Bremsen*, S. 121) liefern wertvolle Hinweise zum Ausstieg aus der Angst. Angesichts dieser oder einer anderen eskalierten Emotion geraten viele Führungskräfte in Not und machen einen Kardinalfehler: Die eigene, unerträgliche große Hilflosigkeit wird durch Zorn, durch Vorwürfe oder ziellose Aktionen (Hauptsache, irgendetwas tun) bekämpft. Besonders paradox ist es, die *Angst mit Angst bekämpfen* zu wollen. Hören Ängstliche den Satz „Jetzt reißen Sie sich aber zusammen, sonst...!", dann bekommen sie zur ursprünglichen Furcht noch jene vor dem Gegenüber oder den angedrohten Konsequenzen dazu. Das ist ähnlich sinnvoll, als würde man einen im Treibsand feststeckenden Menschen mit Steinen bewerfen, um ihn zu retten. Ein Mensch in Angst weiß in der Regel sehr gut, *dass* er da unbedingt heraus muss. Das braucht man ihm nicht zu sagen. Er weiß nur nicht, *wie* er das bewerkstelligen soll. Kann sich jemand trotz solcher Bedrohung irgendwie aus der Extrememotion befreien, dann wird er sich in Zukunft hüten, eine Angst öffentlich zu machen. Er muss sie deshalb noch mehr als früher fürchten. Ab nun hat er einen energieintensiven Zweifrontenkrieg zu führen: gegen das Gefühl *und* gegen das Zeigen des Gefühls.

Zur bereits beschriebenen **Musterunterbrechung** ist es jedoch manchmal nützlich, rigoros einzuschreiten. Sie können Verhaltens- oder Gedankenmuster energisch stoppen oder durch ein überraschendes Verhalten zumindest vorübergehend davon ablenken. Dabei wird nicht das Gefühl selbst unterbunden, sondern jene Verhaltensweisen, die es verstärken, indem sie Kontakt, Denken und objektive Wahrnehmung verhindern: Wenn sonst gar nichts mehr geht, muss man vielleicht „einen Tritt verpassen": Panisches Weglaufen, Katastrophenphantasien, Schreien oder blindes Um-sich-Schlagen kann man möglicherweise nur mehr durch Anschreien, Festhalten oder Schütteln unterbrechen. Doch das darf so wie alle anderen Bremsstrategien nicht zu einem Dauerzustand werden. Sofort danach muss man den ängstlichen Menschen wertschätzend dort abholen, wo er jetzt steht. Eine solche Gewaltmaßnahme darf also nur eingesetzt werden, wenn sie das kleinere Übel ist. Denn ein „Tritt" ist immer eine Verletzung, sogar wenn er sich als nützlich oder unumgänglich erweist.

E Schritt 4: wie entscheiden und erledigen

Sie werden es vielleicht aus eigener Erfahrung wissen: Für Menschen in Angst ist das Entscheiden und Erledigen ein schwieriger Schritt, vor allem dann, wenn nicht die Vermeidung gewählt wird. Vielleicht können Sie das große Ziel in winzige Teilschritte zerlegen helfen?

R Schritt 5: als Rückblick

Menschen verzagen leicht, denn manchmal wird die Angst nur langsam kleiner.
Sagen Sie das voraus, halten Sie auch minimale Erfolge fest und ermutigen Sie weiter!

Gesprächsziel: Veränderung persönlicher Merkmale und Verhaltensweisen

Eine wichtige Aufgabe von Führungskräften ist die kritische Rückmeldung, damit Schwächen ausgebessert und Verhaltensweisen so verändert werden, wie es zur Bewältigung von Herausforderungen sinnvoll erscheint.

Niemand hört gerne das, was bei ihm oder seiner Arbeit nicht in Ordnung ist und was er anders oder besser machen soll. Konstruktive Gestaltung der Kritik ist wichtig, doch trotzdem bleibt es Kritik und kann – für Sie vielleicht im ersten Moment unerwartet und unverständlich – Scham, Hilflosigkeit, Zorn, Angst, Schuld- oder Opfergefühle auslösen.

- Falls Sie bemerken, dass Ihre MitarbeiterInnen in erster Linie Angst vor der Konfrontation mit einem Fehler oder einer Verbesserungsmöglichkeit ihrer Arbeit haben, wenn vielleicht sogar offenkundig wird, dass jedermann panisch Fehler um jeden Preis verstecken will, folgt das Management der Angst den bereits beschriebenen Prinzipien. Mit Sicherheit tun Sie jedoch als Vorgesetzte/r in diesem Fall gut daran, den prinzipiellen Umgang mit Fehlern im Betrieb oder Team kritisch zu untersuchen. Möglicherweise sind die Konsequenzen tatsächlich unangemessen hart oder peinlich und verhindern dadurch Lern- und Entwicklungsprozesse.
- Gleiches gilt für einen vielleicht ungerechtfertigten harschen Umgang mit Schuld und Wiedergutmachung (⇨ *Management von Schuld- und Opfergefühlen*, S. 120).
- Sollte eine geforderte Veränderung unbewältigbar erscheinen, wird Hilflosigkeit entstehen. (⇨ *Einfluss statt Kontrollverlust*, S. 107)
- Extremer Zorn ist meist ein Zeichen, dass eine Grenze überschritten wurde – außer, es verstecken sich dahinter andere Emotionen. (⇨ Mehr zu seinem Handling in *Empfehlungen bei Zorn* S. 114).

Rettungsanker bei Scham

(⇨ vgl. *Scham: Jetzt wird's peinlich*, S. 52)

Es kann Ihnen jederzeit passieren, dass Sie ohne Absicht einen anderen Menschen beschämen, denn das Ursachengefüge ist höchst individuell. Bei Kritik oder Hinweis auf Eigenheiten bzw. Fehler werden sich Menschen vor allem dann schämen, wenn sie denken oder wahrnehmen, wie sehr sie nun als dumm, oberflächlich oder als Träger einer noch negativeren Persönlichkeitseigenschaft abgestempelt werden. Manche Fragen, ja selbst Informationen, lösen Scham aus, weil sie als zu intim gelten oder auf etwas negativ Bewertetes hinweisen. Die Entstehung von Scham hängt immer von der Einschätzung des Betroffenen ab. Objektivität zählt bei der Entstehung von Emotionen nicht immer, das gilt ganz besonders bei Scham.

Auf Scham müssen Sie daher *in jeder Form von Gespräch* gefasst sein, selbst wenn Sie keine Ahnung haben, woher das jetzt kommen könnte, weil *Sie* keinen Grund sehen. Sie brauchen sich jedoch nicht davor zu fürchten (mitfühlenden Menschen ist die Scham eines anderen manchmal unangenehmer als eine eigene), sondern sollten einfach sofort eine der unter Schritt 3 genannten Möglichkeiten zum Einsatz bringen können.

Machen Sie niemals den Fehler, andere Menschen mit Scham „motivieren" zu wollen, denn das wird zu Recht als eine massive Bedrohung empfunden:

„Falls Sie das nicht machen, werde ich Sie/werden Sie sich bloßstellen! Sie machen sich ja lächerlich, wenn Sie das nicht hinkriegen!"

Diese Emotion wird rasch unkontrollierbar groß und verhindert dann schlagartig jegliche Aktivität, anstatt sie zu fördern und zu motivieren.

Schritt 1: B wie bemerken, benennen und bremsen

Zwar möchte sich Scham im beruflichen Alltag immer hinter Gleichgültigkeit oder Zorn verstecken, doch oft gelingt das nicht. Zumindest in der Innenwelt ist sie trotzdem da und macht das Leben schwer, falls sie unkontrollierbar groß ist oder Ihr Gegenüber sie voll Angst unbedingt vermeiden will.

BENENNEN IST BEI DER SCHAM ABSOLUT KONTRAPRODUKTIV!

Bezeichnen Sie etwas höchstens als ärgerlich, stressig, schwierig, ... statt als peinlich. Denn niemals darf man Scham namentlich ansprechen, das veröffentlicht die Scham selbst und macht das Ganze erst so richtig schlimm. Auch nett gemeinte Fragen oder Formulierungen wie „Sie brauchen sich da wirklich nicht zu schämen", sind unangebracht und verstärken die Scham.

Nur in sehr vertrauensvollen beruflichen Beziehungen ist *nach* der akuten Situation ein Benennen manchmal möglich. Doch (indirekt) kann man bei ihrem Management trotzdem sehr gut unterstützen, falls man Scham bemerkt oder anlässlich der Konfrontation mit einem Fehler mit hoher Wahrscheinlichkeit vorhersagen kann.

Schritt 2: E wie ehren und erforschen

Beobachten, vermuten oder befürchten Sie diese Emotion bei Ihrem Gegenüber, dann dürfen Sie nur indirekt Verständnis oder Anerkennung schicken. Alles andere würde die Scham veröffentlichen und sie dadurch vergrößern.

Sie können jedoch ihre guten Ziele würdigen, denn sie möchte ja einerseits die Befolgung von sozialen Gesetzen und Werten fördern und andererseits einen privaten Bereich schützen:

„*Ich vermute* (niemals: Ich sehe), *Sie sind ein Mensch, dem nicht alles egal ist, so wie vielen anderen. Aus Ihrem früheren Verhalten weiß ich, Sie haben Ihre Werte und hinter denen stehen Sie auch. Einer davon ist ein hohes Qualitätsstreben. Ich respektiere das, auch wenn ich selbst das nicht immer teile: Mir reichen 100% Arbeitsleistung, es müssen nicht 120 sein. Daher weiß ich/wusste ich, dass Sie meine Rückmeldung jetzt sehr ernst nehmen. Es ehrt mich, dass Sie meine Worte nicht einfach abprallen lassen. Es tut gut, sich ernst genommen zu fühlen ...*"

DIE URSACHEN DER SCHAM GEMEINSAM MIT DEN BETROFFENEN ZU ERFORSCHEN, STEHT IHNEN IM BERUFLICHEN KONTEXT NIEMALS ZU.

Besser ist, Sie unterstützen beim Finden von Reduktionsmöglichkeiten oder bieten solche einfach an.

Schritt 3: SS wie suchen und sammeln

Es gibt eine Vielzahl von Möglichkeiten, direkt in der Situation können Sie das jedoch nie und nur in Ausnahmefällen nachher offen besprechen.

Verringern Sie den Anteil der Unkontrollierbarkeit, indem Sie die Konzentration des Mitarbeiters/der Mitarbeiterin auf einen beeinflussbaren Bereich richten helfen bzw. *Wahlmöglichkeiten* geben:

- Wenn sich ein Redner über ein Missgeschick schämt und zu stottern beginnt, dann fragen Sie ihn etwas zu einem Bereich, wo er sich auskennt.
- Wer einen Fehler öffentlich zugeben muss, der soll über den Zeitpunkt und über die Form der Veröffentlichung selbst bestimmen dürfen.
- Geniert sich eine Assistentin wegen einer Ungeschicklichkeit, fragen Sie überraschend nach der Marke ihres Autos und ob sie damit zufrieden ist.
- Wenn Sie dabei unterstützen, die *Scham selbst* oder *eine ihrer Entstehungsbedingungen* zu verleugnen, hilft das ebenfalls, nachträglich die Kontrolle wiederherzustellen:

> *„Finden Sie auch, dass es hier sehr heiß ist? Ich mach das Fenster kurz auf. Wollen Sie auch ein Glas Wasser?" oder: „Das Sekretariat hat Sie offensichtlich falsch informiert, ich bin nicht Herr A., sondern Herr B."*

Reduzieren Sie die unfreiwillige Nähe, indem Sie die Scham selbst oder einen Fehler überhören, übersehen, einen Schritt zurücktreten, sich wegdrehen oder kurz weggehen, das Thema wechseln ...

Jede *neue positive Bewertung* entlastet deutlich, weil sie der „Es-ist-nicht-in-Ordnung"-Botschaft widerspricht. Das kann durch die Betonung des fehlerlosen und kompetenten Anteils am Betroffenen, durch die Neubewertung der Ursachen oder durch eine wertschätzende Interpretation der Scham selbst (⇨ vgl. Schritt 2) geschehen.

- Fällt also einer Rednerin ein Stift mehrmals aus der Hand und läuft sie dabei rot an, sagen Sie:

> „Besonders gut finde ich, wie es Ihnen gelingt, Ihr großes Engagement zu vermitteln. Erfrischend authentisch, nicht so aalglatt!"

- Interpretieren Sie eine Scham-Blockade als Gelassenheit:

> „... und dann haben Sie einfach geschwiegen und gewartet, bis sich die Leute beruhigt haben. Großartig."

- Würdigen Sie eine Ablenkungsstrategie als Mut:

> „Ich werte es als ein Zeichen großen Selbstbewusstseins, dass Sie nach diesem unfairen Zwischenruf einfach weitergemacht haben."

- Sie können auch bereits vor einer Kritik ausschließen, dass Sie einen Fehler als ein Zeichen einer negativ bewerteten Eigenschaft sehen:

> „Sie arbeiten für mich seit drei Jahren. In dieser Zeit habe ich Sie als absolut korrekten, engagierten und lernbereiten Mitarbeiter kennen gelernt. Jetzt machen Sie diesen Fehler bereits das dritte Mal, das passt überhaupt nicht zu Ihnen. Was können Sie tun oder was kann ich tun?"
> Oder Sie sagen: „Ich bin wirklich froh. Ich hatte schon den Verdacht, Sie seien ein wenig zu pedantisch. Aber jetzt bin ich beruhigt: selbst Sie haben dieses Mal einen Fehler gemacht!"
>
> Bedenken Sie: All das sind Sätze für Menschen, die sich nach Kritik zutiefst schämen und nicht für jene, die zornig reagieren, ohnehin keine Verantwortung übernehmen wollen oder sich nur „so durchschwindeln".

Normalisieren der Scham ist eine Unterform der Neubewertung. Dazu gehört, Scham als *„normale Reaktion normaler Menschen"* vorherzusagen:

> *„Ich sag Ihnen gleich, für die meisten ist so ein Mitarbeitergespräch beim ersten Mal ziemlich peinlich! Ich werde Ihnen nämlich alles sagen, was mir nicht passt und was ich von Ihnen will. Aber gleichzeitig haben auch Sie die Gelegenheit, mir Rückmeldung zu geben und zu sagen, was Sie von mir brauchen, damit Sie diese Ziele erreichen können."*

Normalisieren und Wertschätzen sind auch außerhalb von Kritik wunderbare Hilfen:

„Es war vollkommen klar, dass einem so qualitätsbewussten Mitarbeiter wie Ihnen diese Situation etwas unangenehm sein würde." Danach können Sie die Stärke anerkennen, weitergemacht oder etwas Schwieriges trotzdem wieder versucht zu haben.

Scham kann einem/einer bereits Beschämten sogar *gezielt empfohlen* werden:

„...und da wäre es günstig, bei der Entschuldigung ein wenig so zu tun, als ob Ihnen das sehr peinlich und unangenehm wäre. Das betont, wie ernst es Ihnen damit ist."
Der Kollege, der sich schon allein beim Gedanken an diese Entschuldigung in Grund und Boden schämte, wird sich ungeheuer entlastet fühlen.

Eine besonders großzügige Hilfestellung ist, das beschämende Detail bzw. **den Fehler *bei sich selber zuzugeben*.** Wenn Ihnen als Führungsperson oder BeraterIn das Gleiche auch schon einmal selbst passiert ist, vermittelt das die Botschaft:

„Es ist normal, so etwas kann eben bei erfolgreichen Menschen vorkommen."

Gleichzeitig entsteht ein Moment größerer Nähe zwischen Ihnen und Ihrem Gegenüber, vielleicht sogar eigener Verwundbarkeit. Daher sollte man das nur in für Sie selbst sicheren Situationen anwenden.

Ein alltägliches Beispiel dafür: *„Ach, Herr B, stellen Sie sich vor, kürzlich habe ich einen ziemlich ärgerlichen Fehler gemacht, ich habe vergessen, meine Hose zu schließen. Ich glaube, Ihnen ist das jetzt auch einmal passiert. Willkommen im Club der Hochgestressten!"*

Das ist Normalisierung und Wertschätzung: ärgerlich statt peinlich und Würdigung des Fehlers als Zeichen von Stress.

Ermutigen Sie im Notfall, **Scham bei sich selbst offen zuzugeben** (⇨ *Scham: Jetzt wird's peinlich*, S. 52).

Sollten Sie eine Leitungsfunktion innehaben und selbst hier mit gutem Beispiel vorangehen, kann das den Umgang mit schamvollen Situationen im ganzen Betrieb, also die „Schamkultur" entscheidend entspannen.

Bringen, notfalls *zwingen* Sie die betroffene Person **weg von der Selbstaufmerksamkeit!** Das kann durch irgendeine Aufgabe passieren, die vollste Konzentration verlangt, es kann jedoch auch in direktem Bezug zur Scham stehen:

„Mich interessiert, was Sie jetzt über die Kollegin denken, nachdem sie die ganze Zeit einen Knopf der Bluse offen hatte?" oder auch, als rhetorische Frage mit anschließender, wertschätzender Antwort: *„Was glauben Sie, denke ich jetzt über Sie nach dieser Knopfgeschichte? ... Ich denke nämlich, Sie können sich so auf eine Sache konzentrieren, dass Sie sich selbst vergessen. Beneidenswert!"*

Die Kollegin wird sofort aufhorchen und aus der Scham auftauchen, denn was denken denn wirklich Menschen über einen solchen Toilettenfehler? Der Focus der Aufmerksamkeit hat sich schlagartig verändert und die Scham ist reduziert.

Um jemand erst gar nicht in peinliche Situationen zu bringen, sollten Sie auf sichtbare Fehler immer sofort hinweisen, am Besten gleich mit einem Lösungsvorschlag:

„Sie haben da einen Fleck, wollen Sie mein Bad benutzen?"
„Sie haben meinen Namen falsch geschrieben, möchten Sie's noch rasch korrigieren?"

Es ist zur Unterstützung immer möglich dem in der Scham feststeckenden Menschen spontan einen Satz mit einer Ablenkung oder einer Aufwertung wie ein rettendes Seil zuzuwerfen.

Sie können helfen, **den Spieß umzudrehen!**

Um beim Beispiel des offenen Knopfes zu bleiben: *„Ich bin mir noch nicht sicher, was ich darüber denken soll, dass ihr das niemand von Ihnen früher gesagt hat. Erklären Sie mir das jetzt!"*

Alle werden den Kopf einziehen und gehen. Falls Sie selbst jemanden beschämt haben, dann können Sie Ihr eigenes Verhalten als Fehler bewerten und Ärger oder Scham über sich selbst zeigen:

> *„Das war jetzt ziemlich unbedacht von mir. Diese Information hätte ich Ihnen später auch geben können, nicht vor allen anderen, das ist mir jetzt wirklich peinlich. Bitte entschuldigen Sie, es wird nicht wieder vorkommen."*

Exkurs – Scham im Verkaufsgespräch

Nahezu alle VerkaufsberaterInnen machen den Fehler, neuen KundInnen oft noch vor der Begrüßung in irgendeiner Form zu nahe zu treten: Durch kritische Blicke und Fragen werden sie von oben bis unten einer Musterung unterzogen oder im Gespräch möglichst rasch in eine Kategorie (ernsthaft interessiert oder nicht, arm/reich, traditionell/modisch ...) eingeordnet.
Das kann jedoch schlagartig eine unangenehme Berührtheit (Scham durch zu nahe gehende Blicke, durch eine falsche oder eine unangenehm richtige Schublade) auslösen. Ein ernstes Gesicht des/der Angestellten könnte nun als „kritisch" interpretiert werden, ein Lächeln als „auslachen". Scham bewirkt natürlich kein Interesse an einem Kauf, die Prävention kann über mehr Kontrollgefühl des Kunden/der Kundin laufen:

> Sie können z. B. in der Textilbranche freundlich Augenkontakt suchen und erst nach der Begrüßung sowie der Abklärung der Wünsche fragen: *„Darf ich Sie kurz anschauen, was ich Ihnen zu Ihrem Typ Passendes anbieten kann? Welche Größe kann ich Ihnen bringen?"* Warten Sie auf eine (nonverbale) Erlaubnis. Das gibt eine *Wahlmöglichkeit* und somit mehr Einfluss-Gefühl.

E Schritt 4: wie entscheiden und erledigen

In diesem Fall handelt nicht der oder die Betroffene selbst, sondern Sie können sich für eine Form der Unterstützung entscheiden. Falls das nicht möglich ist und sich bestimmte Scham-Situationen für einen Mitarbeiter/eine Mitarbeiterin wiederholen, können Sie eventuell im Nachhinein indirekt Hilfe anbieten. (⇨ Schritt 5)

R Schritt 5: als Rückblick

Sie werden ungemein viel Sympathie bei jeder Person ernten, der Sie aus einem Gefühl der Scham heraushelfen, im Normalfall ohne es direkt zu benennen.

Verzichten Sie unbedingt auch in der Rückschau in jedem Fall weiterhin auf peinliche Kommentare. Also nicht:

> *„Ich habe bei der Präsentation gesehen, dass Sie zittern. Was war denn los?", „Na, da sind Sie ja ganz schön ins Fettnäpfchen getreten. Das war wirklich witzig!"*

Jedoch kann ein gar nicht so besonders gefinkelter Schachzug beim Scham-Management unterstützen, der sich übrigens auch für jede andere belastenden Emotionen eignet: **Visieren Sie die Lösung, den erwünschten Zustand an!**

> „Ich habe Sie jetzt bereits bei der dritten Präsentation beobachtet. Sie machen das engagiert und fachlich ausgezeichnet. Allerdings habe ich den Eindruck, *dass Sie sich etwas mehr Gelassenheit/Sicherheit/Coolness wünschen* würden. Stimmt das?"

Bei einem Ja können Sie die Tipps von Schritt 3 weitergeben, ohne näher auf die Ursache einzugehen. Oder Sie ermutigen, ein Symbol für die Sicherheit zu schaffen und den Zustand im Körper zu verankern. (⇨ *Tools Symbolisierung*, S. 137)

Gesprächsziel: Motivation

Zu den zentralen Anliegen im Mitarbeitergespräch gehört die Motivation. Darunter wird im Allgemeinen die Schaffung oder Förderung einer positiven, aktiven Bereitschaft zur Erreichung eines bestimmten Ziels und zur Bewältigung von Hindernissen verstanden. Die Grundlagen für Mitarbeitermotivation - von A wie „Aufgaben klar strukturieren" bis Z wie „Ziele vereinbaren" - werden in vielen guten Fachbüchern und Seminaren vermittelt. Der nun folgende Abschnitt konzentriert sich auf Emotionen, die entstehen, wenn sich Hindernisse in den Weg stellen und belastende, bedrückende Emotionen verursachen. Hier können Sie als Führungskraft oder BeraterIn weit mehr tun als mit einem aufmunternd gemeinten „Es wird schon!" Ihrem Mitarbeiter/Ihrer Mitarbeiterin auf die Schulter zu klopfen und möglichst schnell das Gespräch zu beenden, bevor ein zweifelndes „Ja, aber..." kommt.

Besser durch Zweifel

(⇨ vgl. Der Zwiespalt des Zweifels, S. 58)

Unsicherheit, Skepsis und Zweifel werden häufig als Gegner bei der Zielerreichung betrachtet und geflissentlich so lange wie möglich übersehen, anstatt sie zu benennen und zu nutzen. Kein Wunder also, wenn diese so wertvollen Emotionen unkontrollierbar groß werden müssen, damit sie sich Gehör verschaffen können.
Bei potenziell schwierigen oder tatsächlich ambivalenten Entscheidungen können Sie Zweifel sogar im Vorhinein ankündigen und als Helfer, der das Ergebnis optimieren wird, begrüßen. Bei einem Zweifel, der im Mitarbeitergespräch auftaucht, sollten Sie ebenfalls seinen Argumenten gut zuhören, um ihn letztendlich gemeinsam guten Gewissens verabschieden zu können.

Wenn Sie sich dabei ertappen, ängstlich keinerlei Skepsis sehen zu wollen oder in Ihren MitarbeiterInnen aufkommen zu lassen, dann haben Sie vermutlich selbst einen ausgewachsenen Zweifel, den Sie vor sich und den anderen verstecken möchten. Stellen Sie sich ihm!

Schritt I:
B wie bemerken, benennen und bremsen

Zweifel können Sie direkt oder über seine guten Ziele benennen oder einfach wertschätzend und einladend danach fragen:

> *„Ich sehe, Sie zögern. Haben Sie Zweifel? Oder was ist sonst los?"*

Falls Sie sich irren und Ihr Gesprächspartner hat gar keinen Zweifel (das von Ihnen beobachtete Zögern oder die Passivität kann auch Zeichen von Unkonzentriertheit, Trauer oder Angst sein), dann schicken Sie damit zumindest die Botschaft:

> *„Hier sind Zweifel und auch andere Emotionen erlaubt."*

Falls die Emotion bereits allumfassend geworden ist, beenden Sie jede sachliche Diskussion und bieten Sie Unterstützung dabei an, die Emotion zu bremsen. (⇨ Tools *zum Bremsen,* S. 131).

Schritt 2:
E wie ehren und erforschen

Ein Zweifel beweist, dass der andere Mensch motiviert ist, ein Ziel wirklich zu erreichen, und den bestmöglichen Weg zu finden, indem er auch mögliche Hindernisse oder Nachteile bedenkt. Bevor Sie also auf die Argumente des Zweiflers/der Zweiflerin eingehen oder helfen, den Zweifel zu reduzieren, erkennen und ehren Sie das:

„Grandios. Sie sind offensichtlich jemand, der Erfahrung hat, und hoch motiviert ist!"

Hinter chronischem und starkem Zweifelverhalten (auf wirklich jede Idee kommt ein „Ja, aber ...") steckt häufig Hilflosigkeit oder Ärger. Falls Sie das beobachten oder solche Emotionen in Ihnen selbst auftauchen, fragen Sie danach:

„Ich schätze Ihre kritische Grundhaltung. Doch könnte es heute sein, dass Sie ziemlich mutlos sind/dass da auch ein gewisser Zorn da ist?"

Schritt 3:
SS wie suchen und sammeln

Die prinzipiellen Möglichkeiten zum Umgang mit dieser Emotion finden Sie in: *Der Zwiespalt des Zweifels* (⇨ S. 58)

Falls Sie selbst in der Rolle einer „oberen Instanz" um Hilfe gegen Zweifel ersucht werden, können Sie das Gefühl selbst nochmals als Zeichen von Engagement wertschätzen und helfen, die wahre Ursache herauszufinden:

„Sie kommen jetzt das 3. Mal mit der Bitte, dass ich ein Detail bei Ihrer Präsentation entscheide. Ich merke schon, es liegt Ihnen sehr viel daran, dass sie optimal läuft. Doch ich bin ein wenig irritiert, so viel Zweifel kenne ich sonst nicht bei Ihnen. Was ist denn das Besondere an der gegenwärtigen Situation?"

Sie können ermutigen, einen Notfallplan zu entwickeln:

„Falls Ihr Zweifel berechtigt und Möglichkeit A nicht optimal ist, welche Notfallpläne lassen sich entwickeln?"

Schritt 4:
E wie entscheiden und erledigen

Fordern Sie indirekt dazu auf, den Zweifel jetzt einmal zurückzustellen – fast so, wie man nach einer ausführlichen Beratung mit einem wirklich guten Freund eine eigene Entscheidung trifft. Man darf dann von ihm mit Recht erwarten, dass die Freundschaft bleibt, auch wenn er eine andere Meinung vertreten hat:

„Ich weiß, es wird nicht leicht, das Ziel zu erreichen. Wir haben dank Ihres Zweifels Möglichkeiten und Alternativen besprochen und unseren Handlungsplan optimiert. Sehen Sie das auch so? Und was sagt der Zweifel? Sind Sie nun bereit, eine klare Entscheidung zu treffen und alle notwendigen Schritte zu unternehmen?"

Schritt 5:
R als Rückblick

Der Rückblick kann eine objektive Analyse des Prozesses zur Optimierung eines nächsten Entscheidungs- oder Zielerreichungsprozesses anbieten.

„Ihr Zweifel hatte bei diesem Punkt Recht – wie konnte er das damals schon wissen, welche Informationsquellen standen ihm zur Verfügung, die man das nächste Mal wieder nutzen kann? Und in jenem Bereich hatte er vollkommen Unrecht. Was lernen wir daraus? War es trotzdem gut, ihn im Team zu haben, weil er die Konzentration und die Anstrengungsbereitschaft der Gesamtgruppe erhöht hat? Oder war er viel zu stark, eine Behinderung, ein Klotz am Bein? Dann braucht er beim nächsten Mal eine deutliche Reduktion, Sie/wir sollten nicht mehr so lange auf ihn hören."

In Gruppen empfiehlt es sich, zur Optimierung eines Ergebnisses immer einen Menschen mit der Rolle des Zweiflers zu betrauen. Er soll ganz bewusst Gegenargumente und vielleicht übersehene Fragen in den Raum stellen. Hilfreich ist es, für den Zweifel ein Symbol zu schaffen, das nach der gut überlegten und schließlich getroffenen Entscheidung in einer Schublade verschwinden kann.

Verzweiflung kanalisieren helfen

(⇨ vgl. *Verzweiflung und ihre Lösung*, S. 61)

Hier wurde eine Hilfestellung auf einer sachlichen Ebene zu einem Zeitpunkt versucht, wo Gefühlsmanagement gefragt war. Ein Beispiel für eine gelungene Intervention finden Sie bei Schritt 4.

B Schritt 1: wie bemerken, benennen und bremsen

Wenn Sie der Verzweiflung im beruflich-distanzierten Kontext begegnen, *benennen* Sie diese Emotion nicht namentlich. Das könnte als Bloßstellung ähnlich wie bei der Scham empfunden werden.

Umschreiben Sie besser wertschätzend die einzelnen Komponenten:

- den Traueranteil z. B. als „beinharten Realismus",
- die Angst als „Vorsicht"
- und den Zorn als ein „hohes Maß an Engagement". Oder in anderen Worten:

> *„Könnte es sein, dass Sie einerseits furchtbar sauer über diese Entscheidung/diesen Plan/das Ziel sind und dagegen kämpfen wollen und andererseits schon resigniert haben?"*

Manchmal wird der passive Traueranteil vor Ihnen versteckt werden, ein anderes Mal eher der Ärger. Wenn in Ihrer Innenwelt während eines Gesprächs unvermittelt solche Emotionen auftauchen, dann erleben Sie vielleicht eine Ansteckung. Nutzen Sie das für die Analyse und stellen Sie entsprechende Fragen in den Raum.

Eine Warnung im Vorhinein: Verzweifelte verhalten sich manchmal wie Ertrinkende. Typischerweise kann es passieren, dass man beim Rettungsversuch einen Seitenhieb abbekommt. Man braucht sich nicht verletzen lassen, jedoch sollte ein Angriff im Verzweiflungszustand nicht überbewertet werden. Unkontrollierte Verzweiflung schaltet wie jeder Hochstress das Großhirn ab, doch sie vergeht bald wieder und dann kehrt das logische Denken zurück.

> Ein **Beispiel**: *„Gestern war mein Kollege völlig fertig. Er musste ein Projekt abschließen, aber es war klar, dass er niemals rechtzeitig die notwendigen Informationen bekommen würde. Ich wollte helfen und habe einige Vorschläge gemacht. Da hat er mich doch tatsächlich schimpfend aus seinem Büro geworfen."*

Ein Ausbildungsleiter erzählt: „Ich habe an sich kein Problem damit, wenn sich jemand bei mir ausweint, das ist für mich ein Vertrauensbeweis und kommt hin und wieder vor. Neulich war Frau A tränenüberströmt bei mir, doch dieses Gespräch hat mich immer zorniger gemacht. Am liebsten hätte ich sie angeschrieen. Glücklicherweise kam dann der Gedanke, dass dieses Gefühl vielleicht von Frau A stammt. Ich habe sie gefragt, ob es denn sein könnte, dass neben der Trauer auch eine gehörige Portion Ärger im Spiel ist. Die Frage hat sie irritiert und nachdenklich gemacht. Und in mir selber war schlagartig keine Wut mehr da. Einfach vorbei, wie weggeblasen."

Schritt 2:
E wie ehren und erforschen

Nach Schritt 1 haben die Anteile der Emotion Namen, sie sind damit diskutierbar und können auf ihre Ursachen und Ziele hin analysiert werden.

„Ich bin sicher, diese Mischung hat einen Sinn. Was denken Sie, woher kommt der eine Anteil und woher kommt der andere?"

Schritt 3:
SS wie suchen und sammeln

Verzweifelte sind wie Ertrinkende und brauchen zum *Bremsen* ihrer Extrememotionen etwas zum Anhalten. Ein **Plan** kann wie ein Seil sein, das sofort ein wenig Kontrollierbarkeit der Zukunft vermittelt und dem Sog der drohenden emotionalen Eskalation entgegenwirkt! Durch gezielte Fragen können Sie bei der Erstellung dieses Planes unterstützen oder ihn aus einer entsprechenden hierarchischen Position heraus vorgeben.

Welcher Anteil hat also objektiv gesehen eher Recht und kann gestärkt werden, ohne die anderen Elemente wegdiskutieren zu wollen?

Sie können zur Trauer ermutigen oder zu Kampf und Problemlösung. Falls es objektiv tatsächlich unentscheidbar ist, welches Ergebnis eher eintreffen wird, dann bieten Sie Möglichkeiten für die verschiedenen Szenarien an. Diskutieren Sie dabei jedoch nicht über Wahrscheinlichkeiten und verschwenden Sie keine Energie damit, die weniger realistische Hälfte des Gefühls in Frage stellen zu wollen. Investieren Sie lieber in den Ausbau von Plänen wie im unten folgenden Beispiel.

Schritt 4:
E wie entscheiden und erledigen

Wie diese 4 Schritte konkret umsetzbar sind, zeigt ein Ausschnitt aus einem Mitarbeitergespräch:

Ein Abteilungsleiter beobachtet beginnende Verzweiflung bei seinem Gesprächspartner (geringe Muskelspannung, Stimme kippt, dabei jedoch zorniges Argumentieren), als er auf die Risiken von dessen Lösungsvorschlag hinweist. Er kann am Körper (Schwäche) erkennen, dass diesem die Gegenargumente sehr wohl bewusst sind, obwohl sprachlich (Kampf) eine vollkommen andere Botschaft zum Ausdruck gebracht wird. Es braucht keine weiteren Kritikpunkte, der Mitarbeiter ist schon verzweifelt genug.

Dem Abteilungsleiter wird das ganz plötzlich klar, er stoppt mitten im Satz, überlegt kurz und macht dann Schritt 1:
„Ok, machen wir eine kurze Pause. Ich hole mir nur schnell einige Unterlagen. Darf ich Ihnen in der Zwischenzeit eine Kaffee anbieten?"
Die Pause gibt dem Mitarbeiter die Gelegenheit, sich etwas zu beruhigen und der Leiter durchdenkt die Sachlage und formuliert Schritt 2:
„Ich sehe ganz klar, Sie haben sich viele Gedanken gemacht und beurteilen auch selbst kritisch die Erfolgsaussichten Ihres Plans, nennen

wir ihn Plan A. Andererseits glauben Sie offensichtlich sehr stark daran, dass Sie mit dieser Strategie alle Marktanteile wieder zurückgewinnen können. Das ist beides in Ordnung, es zeigt mir Ihr Engagement, Ihren Realismus und gleichzeitig Ihre positive Grundeinstellung ... eine schwierige Entscheidung ..."

Er kommt zu Schritt 3:

„Ich möchte mit Ihnen einen Plan B besprechen, eine Art Notfallstrategie, falls A nicht funktioniert. Und ich denke, es wäre gut, wenn Sie bis zum Ende des Quartals einerseits mit voller Kraft den von Ihnen vorgeschlagenen Plan A verfolgen, gleichzeitig aber Plan B so weit konkretisieren und vorbereiten, dass wir notfalls sofort darauf umschwenken können."

Dann kommt Schritt 4:

„Ist das so in Ordnung? Plan A haben Sie mir bereits präzise geschildert, können wir einen Plan B kurz skizzieren?"

Dieser Abteilungsleiter hat die ersten 4 Schritte von Gefühlsmanagement durchgeführt:

- Er hat die Emotionsmischung richtig erkannt und gebremst (Schritt 1),
- hat ihre gute Absicht verstanden und gewürdigt (Schritt 2),
- hat kurz überlegt, ob der kämpferische oder der Traueranteil zu stärken ist und hat dann eine Strategie vorgeschlagen (Schritt 3).
- Zuletzt hat er nicht vergessen, dass die Entscheidung, ob sein Vorschlag im Moment akzeptierbar ist oder die Diskussion weitergeführt werden muss, beim Mitarbeiter liegt (Schritt 4).

Die Strategie erlaubt den Kampf für die vom Mitarbeiter vorgeschlagene Strategie A. Damit jedoch die Verzweiflung in ihm trotz einer begrenzten Erfolgswahrscheinlichkeit kleiner werden kann, hat er ihm den Plan B mitgegeben, fast möchte man sagen, geschenkt. Denn würde er nur A *oder* B akzeptieren, würde der engagierte Kollege entweder mit zerstörtem Selbstwertgefühl das Gespräch verlassen („Mein Plan A ist abgelehnt worden, dabei hatte er durchaus Erfolgschancen und war mir sehr wichtig.") oder unter extrem großem Druck stehen („Plan A muss mich jetzt zum Erfolg führen, dabei denke ich manchmal, er kann gar nicht funktionieren.")

Schritt 5:
R als Rückblick

Formulieren Sie Ihre Anerkennung über den erfolgreichen Umgang mit der Emotion und bieten Sie Unterstützung an:

„Das war damals ein sehr wichtiges Gespräch. Es hat mir gezeigt, dass Sie einer meiner engagiertesten Kollegen sind, mit viel Power. Damals war schon eine gewisse Verzweiflung spürbar, denke ich. Das muss für Sie wirklich nicht leicht gewesen sein, so hin- und hergerissen zu sein. Ich habe kürzlich ein Buch gelesen, da steht auch etwas über den Umgang mit Verzweiflung und Zweifel drinnen, darf ich es Ihnen empfehlen?" ☺

Einfluss statt Kontrollverlust

(⇨ vgl. *Emotionsmanagement bei Kontrollverlust*, S. 63)

Angesichts unerreichbar erscheinender Ziele oder unüberwindbarer Hindernisse ist Hilflosigkeit die zu erwartende emotionale Reaktion.

Wenn Sie dieses Gefühl bei einer Person beobachten, dann kann das entweder bedeuten, dass diese ihre eigenen Fähigkeiten und Ressourcen unterschätzt oder das Ziel bzw. Hindernis überschätzt. Hier braucht es die unten beschriebene Unterstützung beim Emotionsmanagement.

Doch möglicherweise erkennt die Hilflosigkeit einen Teil der Realität besser als Sie. Vielleicht ist das Ziel selbst tatsächlich unrealistisch oder die zur Verfügung stehenden Ressourcen sind nicht ausreichend. Diesen Aspekt sollten Sie zumindest von vornherein als Möglichkeit im Kopf haben, sich dabei jedoch der Ansteckungsgefahr der Hilflosigkeit bewusst sein.

B Schritt 1: wie bemerken, benennen und bremsen

Häufig ist es nicht notwendig, die Emotion beim Namen zu nennen. Sie tarnt ihre Passivität und Kraftlosigkeit gern hinter übermäßiger Hektik oder Zorn, der oder die Betroffene würde daher eine direkte Benennung wütend abstreiten. Doch falls Sie Hilflosigkeit hinter einem Verhalten vermuten oder direkt an der Körpersprache sehen, können Sie sie als Thema in den Raum stellen:

„Wir haben Ziele und Meilensteine festgelegt. Irgendwie erscheint mir das jetzt doch sehr viel. Wenn ich das jetzt mal ganz nüchtern betrachte: Vielleicht ist das alles mit dem derzeitigen Budget nicht erreichbar. Was für ein Gefühl haben Sie dazu?"

Ihr Gesprächspartner/Ihre Gesprächspartnerin wird sich wohltuend ernst genommen fühlen, muss nun die Emotion nicht mehr verstecken – um nicht als schwach oder demotiviert zu gelten – und kann mit Ihnen „rein theoretisch" die Sicht der Hilflosigkeit erörtern.

Falls die Emotion jedoch bereits entgleist ist, spricht nichts dagegen, den Stier bei den Hörnern zu packen und anschließend zu bremsen:

„Mir kommt es so vor, dass Sie im Moment ziemlich mutlos/hoffnungslos/am Boden sind. Ist ja auch kein Wunder, bei all diesen Schwierigkeiten und dem Zeitdruck ... Sie entscheiden: Reden wir jetzt oder später weiter, denn das Gefühl hat vielleicht eine wertvolle Information für Sie und mich? Wollen wir hier oder dort sprechen? Möchten Sie Tee oder Kaffee? Ich glaube, das war eine gute Wahl von Ihnen, sich an mich zu wenden. Ich danke schon jetzt für Ihr Vertrauen."

Nehmen Sie keine Entscheidung ab, geben Sie sich bei Fragen nicht mit einem „Ist mir egal." zufrieden, antworten Sie darauf mit: *„Mir auch. Was also möchten Sie?"*
Denn mit jeder Entscheidung, mit jeder winzigen Wahlmöglichkeit, mit jeder Frage, die **die Aufmerksamkeit auf einen kontrollierbaren (Teil-)Bereich** bringt, bremsen Sie die Emotion etwas ein.

E Schritt 2: wie ehren und erforschen

Suchen Sie die Botschaften der Emotion und verändern Sie danach gemeinsam die Ursachen:

„Ich nehme Ihr Gefühl sehr ernst, vielleicht habe ich ja vom Kopf her und in meiner Begeisterung und Vorfreude etwas Entscheidendes übersehen. Was davon könnte eine unüberwindliche Schwierigkeit werden?"

Oder ermutigen Sie, die Emotion selbst zur Gegnerin zu erklären. Das gilt wie immer besonders dann, wenn sie bereits übermächtig geworden ist:

„Ich denke, Ihr Kopf sagt Ihnen hier ebenfalls, dass so viel Mutlosigkeit nicht gerechtfertigt ist. Aber dieses Gefühl kann so stark werden, dass der Kopf dagegen keine Chance hat. Ich kenn' das ja von mir selber. Darf ich mit Ihnen einige Tricks besprechen, wie Sie diese Hoffnungslosigkeit verkleinern können?"

SS Schritt 3: wie suchen und sammeln

Wie bereits im Kapitel *Emotionsmanagement bei Kontrollverlust* beschrieben können die **Ursachen und Ziele** der Emotion analysiert werden. Vielleicht ist das Ziel tatsächlich unerreichbar und die Lösung liegt in einer Veränderung der Rahmenbedingungen.
Doch zur objektiven Beantwortung dieser Frage muss die Emotion im kontrollierbaren Bereich sein – Hilflose reagieren sonst so wie eine Maus, die von einer Schlange wie hypnotisiert ist und tatsächlich vorhandene Fluchtwege einfach nicht mehr sieht.
Also rütteln Sie den Hilflosen/die Hilflose auf und erarbeiten Sie gemeinsam Strategien.

Vergessen Sie dabei nicht, den eigenen Anteil des oder der Betroffenen bei jeder Teil-Lösung sehr deutlich zu machen: Schon wer sich die richtigen Leute zur Unterstützung geholt hat, darf sich mit Recht zugestehen, hier selbst eine richtige Entscheidung getroffen und die passende Form von Hilfe gewählt zu haben – und hatte damit offensichtlich Wahlmöglichkeit und Einfluss. Verdeutlichen Sie das!

Wenn Sie **Hilfe anbieten** reduziert sich nicht unbedingt das Unkontrollierbarkeitsgefühl im betroffenen Menschen selbst. Besser ist es, wenn Sie zu aktivem Aufsuchen von Hilfe ermutigen oder zumindest vorher eine eigene Entscheidung oder Aktivität einfordern.
Falls Sie jemand tatsächlich aus seiner Hilflosigkeit retten müssen, wird jedoch trotzdem das gute Gefühl von Vertrauen und Nähe entstehen. Gleiches gilt, wenn nur Sicherheitsmaßnahmen zur Verfügung gestellt werden können.

„Wenn ich selbst schon nichts tun kann, dann kann ich doch darauf bauen, dass ein anderer für mich das Problem löst, dass nichts Schlimmes passiert."

Selbst ohne aktive Hilfestellungen verringert jeder gute Kontakt die Not. Eine solche Kontaktperson sollte verständnisvoll und wertschätzend sein, sich dabei aber nicht von der Hilflosigkeit anstecken lassen oder sie aggressiv abwehren. Wer in der Nähe bleibt, erleichtert dadurch sogar eine tatsächlich aussichtslose und gefährliche Situation.

E Schritt 4: wie entscheiden und erledigen

Dieser Schritt kann zu einer ernsthaften Hürde werden, denn eine Entscheidung oder Aktivität würde bedeuten, es gäbe ja doch eine Wahl- und damit auch eine Einflussmöglichkeit – und diese Hoffnung ist ja eigentlich verloren gegangen.
Auf entsprechende Vorschläge könnten Sie als Rückmeldung ein Achselzucken und ein „Das klappt sowieso alles wieder nicht" erhalten – alles Zeichen des noch immer allzu übermächtigen Gefühls.

Hier sei ein kleiner Trick erlaubt: Sagen Sie all das voraus!

„Ich werde jetzt einige Vorschläge machen, doch ich sage Ihnen gleich, Sie werden keinen davon sinnvoll finden. Das liegt nicht an den Vorschlägen, sondern an diesem übermächtig starken Gefühl der Sinnlosigkeit/Hilflosigkeit."

Sollte das stimmen, vermittelt es dem/der Betroffenen wieder ein wenig mehr Kontrolle der Zukunft: Sie kennen sich offensichtlich aus, Sie wissen was los ist, Ihrer Einschätzung kann man trauen. Sie symbolisieren daher möglicherweise die stellvertretende Hoffnung darauf, dass etwas doch klappen könnte oder zumindest einen Versuch wert ist.

Und falls Sie mit Ihrer Vorhersage falsch liegen und Schritt 4 gelingt, kann Ihnen das nur recht sein.

Schritt 5:
R als Rückblick

Ziel ist, bei einem nächsten Mal bereits die ersten Anzeichen zu erkennen und auf verschiedenste Arten darauf reagieren zu können. Unterstützen Sie bei einer nachträglichen Analyse und fragen Sie:

„... und was sind Ihre Rückschlüsse aus all dem für das nächste Mal?"

Das Management von Konflikten

Die Rolle von Führungskräften und die häufigste Klage

Konflikte durchlaufen und erzeugen charakteristische kognitive, emotionale und Interaktionsmuster. Falls nicht zumindest ein Beteiligter/eine Beteiligte bewusst dagegen arbeitet, generieren sie sich „ihr eigenes Futter", das sie zum Wachsen und Eskalieren bringt. Die davon Betroffenen sehen und bewerten das Geschehen auf ganz typische Art, sie bauen sich ihre eigenen Realitäten, konfliktfördernde Erklärungssysteme und ausgeklügelte Rechtfertigungsgebäude.

So wird schließlich – um nur einige Beispiele zu nennen – ein Entgegenkommen der feindlichen Partei als Schuldeingeständnis bewertet oder als jämmerlicher Versuch, ihre Schuld zu verringern, entwertet. Angriffe des anderen sind pure Bosheit, die eigenen sind reine Gegenwehr. Alle fühlen sich im Recht oder in Übereinstimmung mit inneren Werten, sogar in Phasen höchster Destruktivität oder Unkontrollierbarkeit.

Selbstverständlich eskaliert nicht jeder Streit, er kann auf jeder Stufe enden, stehen bleiben, gelöst werden oder sich zurück entwickeln. Eine Seite wird möglicherweise aussteigen und sich aus Angst, aus Mangel an Ressourcen, infolge einer Neubewertung oder wegen einer erfolgreichen Problemlösung zurückziehen. Doch meint der Konfliktforscher Friedrich Glasl dazu: „Die dynamisierenden Mechanismen treiben den Konflikt zur Intensivierung ... Alle diese Faktoren scheinen Konflikte automatisch zu eskalieren."[1] Er betont, dass somit jeder Konflikt eine große Herausforderung darstellt. Denn es braucht eine bewusste Entscheidung und die Besinnung auf die eigenen Ziele und Werte, um sich vom Strudel der Ereignisse nicht mitreißen zu lassen.

1 Glasl 2004, S. 305

Zum Gutteil sind es die automatisch im eigenen Inneren anspringenden Emotionen, die den Streitverlauf steuern: Führen die Gefühle in Richtung von Kampf und Gegenangriff, dann betritt man unweigerlich die Stufen der Eskalation und lädt die gegnerische Partei ein, das Gleiche zu tun. Folgt man gehorsam den Empfindungen der Angst und Hoffnungslosigkeit, wird man Rückzug, Flucht, Erstarrung oder Unterwerfung wählen. Damit beendet man zwar die Auseinandersetzung, verliert jedoch den Kampf. Der/Die Besiegte bekommt vielleicht berechtigte Bedürfnisse nicht erfüllt oder kann ein wichtiges Ziel nicht erreichen, während der/die andere vielleicht zu unrecht, aber mit gewaltsamen Mitteln gewinnt.

DIE GRUNDVORAUSSETZUNG FÜR KONSTRUKTIVE KONFLIKTLÖSUNG IST EIN GUTER, KLUGER UND STEUERNDER UMGANG MIT DEN BETEILIGTEN GEFÜHLEN.

Ein wertschätzendes Erkennen, Lenken und gegebenenfalls Reduzieren von konfliktnährenden Emotionen sollte schon allein aus diesem Grund zum Standardrepertoire von Menschen, besonders von Führungskräften gehören.
Ein Axiom der Kommunikation von Paul Watzlawik[1] lautet:

WEIL VERHALTEN KEIN GEGENTEIL HAT, MAN SICH ALSO NICHT NICHT VERHALTEN KANN, IST ES AUCH UNMÖGLICH, NICHT ZU KOMMUNIZIEREN.

Alles, was die verantwortlichen Führungskräfte tun oder nicht tun, wird bewertet und interpretiert, jedes (Nichts-)Tun, jede (Nicht-)Kommunikation verändert etwas am Prozess. Daher ist es klug, sich immer dessen bewusst zu sein, was man auslöst – ganz besonders dann, wenn man sich für Passivität oder Abwarten entscheidet.

Die Praxis der Konfliktberatung zeigt, dass die mit Abstand häufigste Beschwerde von Konfliktparteien über Führungskräfte lautet: *„Sie haben es seit langem gewusst, aber niemand hat etwas getan!"* Diesbezüglich befragte Vorgesetzte meinen ebenfalls, dass „die Klärung zwischenmenschlicher Konflikte ... zu kurz kommt."[2] Falls sie damit befasst sind, ist ihre Rolle eher passiv: „Bei der Klärung von Konflikten und anderen Fragen der Mitarbeiterführung sehen sich die meisten der befragten Chefs und Vorgesetzten als Feedbackgeber (40 %) und Moderator (28 %)."[3] Dementsprechend groß ist die allseitige Unzufriedenheit, denn allzu leicht werden Konflikte als nie wirklich gelöst erlebt[4], selbst wenn sich die Gemüter einfach aufgrund der inzwischen vergangenen Zeit beruhigt haben.

KONFLIKTE SIND AUS GRUPPENPROZESSEN NICHT WEGZUDENKEN.

In jeder Person bestehen immer zumindest geringfügige Emotionen und in jeder Gruppe gibt es immer zumindest minimale Spannungen. Das ist so, es kann und muss nicht vermieden, sondern nur gesteuert und genutzt werden.

GUT GELÖSTE KONFLIKTE VERBESSERN ERGEBNISSE UND STEIGERN DEN ZUSAMMENHALT.

Funktionen bzw. Rollen, die unter anderem von Führungskräften übernommen werden können, finden Sie im Kapitel *Mögliche Funktionen und ihre Wahl je nach Konfliktstufe.* (⇨ S. 123) Diese selbst gewählte oder unbewusst übernommene Positionierung bestimmt ganz wesentlich die *Form* Ihrer Handlungen, selbst wenn deren *Inhalt* gleich ist. Ein Beispiel:

- In der Coachingrolle stellen Sie als Unterstützung bei einer U-W-Z-Analyse vielleicht nur die entscheidenden Fragen,
- während Sie als AnführerIn die Antworten bestimmen und konkrete Ziele vorgeben oder einfordern.

1 Watzlawik 2000

2 Akademie-Studie 2001, S. 22
3 ebd.
4 Ayoko u.a. 2002

Ein Weg zum Ziel

Interventionen zur Konfliktlösung

Phase 1.	Unterstützung beim Emotionsmanagement
Phase 2.	Analyse der Konfliktstufe
Phase 3.	Wahl einer Rolle
Phase 4.	Intervention
Phase 5.	Resümee

Die Unterstützung bei Konflikten ist eine große Herausforderung. Der Schwerpunkt dieses Buches, das Management der beteiligten Emotionen, zeigt nur einen Teil Ihrer Möglichkeiten als Führungskraft oder als BeraterIn. Eine genaue Beschreibung von Interventionen zur Konfliktlösung sprengt jedoch den Rahmen dieses Buches, daher sei hier nur das Prinzip, das wir als Autorinnen gemeinsam mit KollegInnen entwickelt haben, vorgestellt. Ein entsprechendes Buch ist in Arbeit.

Der von uns empfohlene bzw. praktizierte Weg sei anhand eines alltäglichen Beispiels anschaulich gemacht:

> Frau A ist eine Mitarbeiterin, die Sie als ihr Vorgesetzter/ihre Vorgesetzte als selbstständig und eigenverantwortlich kennen. Frau A bittet Sie um ein Gespräch. Dabei werden Sie über einen Konflikt informiert, dem Frau A nicht mehr gewachsen ist. Sichtlich verzweifelt - in der Hauptsache zornig, zugleich jedoch mit mühsam zurückgehaltenen Tränen - sitzt sie vor Ihnen. Sie berichtet, wie sich über mehrere Monate ein Streit zwischen ihr und Kollegin B entwickelt hat. Nun hat sie entdeckt, dass Frau B ihr wichtige Informationen nicht weitergegeben hat. Es handelt sich nach Meinung von Frau A um eine gezielte Attacke. Sie weiß nicht mehr weiter und bittet Sie um Hilfe. Was können Sie nun tun?

Phase I: Unterstützung bei Emotionsmanagement

(⇨ mehr dazu bei Kap. *Hilfe bei typischen Konfliktemotionen*, S. 113)

Sie werden Frau A zunächst bei Schritt 1 der BESSER-Strategie unterstützen:

> *„Ok, ich merke, Sie sind ziemlich verzweifelt, also zornig und gleichzeitig auch schon ziemlich traurig und hoffnungslos. Daran sehe ich, dass die Lage sehr ernst ist. Es war sicher nicht einfach für Sie, damit zu mir zu kommen. Ich kenne Sie ja als Mitarbeiterin, die die Dinge selbst anpacken und lösen will. Daher bedanke ich mich jetzt schon mal für Ihr Vertrauen. Darf ich Ihnen etwas zu trinken anbieten?"*

Und dann Schritt 2:

> *„Ich nehme an, es gibt einen Teil von Ihnen, der möchte weiter kämpfen und andererseits haben sie das Gefühl, Sie hätten schon alles versucht? Doch so einfach aufgeben wollen Sie nicht? Ist vollkommen klar, schließlich wollen Sie ja konstruktiv weiterarbeiten. Es freut mich, zu sehen, wie wichtig Ihnen Ihre Arbeit ist und dass Sie Schaden für die Firma um jeden Preis vermeiden wollen."*

Frau A hat sich inzwischen beruhigt, die Botschaft ihrer Gefühle wurde verstanden, sie braucht kein weiteres Management mehr.

Noch wissen Sie nicht viel vom Konflikt und haben sich auch für keine Rolle entschieden, daher ist jetzt der richtige Zeitpunkt, auf die Frage der Verschwiegenheit hinzuweisen.

„Frau A, ich werde Sie gleich fragen, was genau bisher passiert ist. Vielleicht hilft Ihnen das bereits, vielleicht muss ich dann auch noch mit Frau B reden. Ist das ok? Ich werde nachher noch genau mit Ihnen besprechen, in welcher Form ich Frau B dazu einlade. Also, was ist los und was war vorher?"

(⇨ *Tool Detaildiagramm*, S. 140)

Phase 2: Analyse der Konfliktstufe

(⇨ mehr dazu in Kap. *Das Eskalationsmodell nach Friedrich Glasl*, S. 121)

Nach einem ersten Überblick können Sie bereits eine Entscheidung treffen:

- Vermuten Sie einen Konflikt in Phase 1 (win – win), können Sie weitere Einzelgespräche mit Frau A führen.
- Falls es nicht klar ist bzw. mit Sicherheit bereits Phase 2 (win – lose) oder 3 (lose – lose) erreicht ist, brauchen Sie mehr Information:

„Frau A, danke für die Information. Ich möchte mir da ein umfassendes Bild verschaffen, denn ich denke, dass es ein schwerwiegendes und schon seit längerem sich aufbauendes Problem ist, in das möglicherweise andere Teammitglieder ebenfalls verwickelt sind. Na ja, wenn es einfach zu lösen wäre, dann wären Sie ja kaum bei mir. Damit ich einen guten Vorschlag machen kann, wie wir weiter vorgehen, brauche ich natürlich die Sichtweise Ihrer Kollegin. Ist es in Ordnung für Sie? Ich werde Frau B nur sagen, Sie hätten mich darüber informiert, dass Sie beide in einem Konflikt feststecken und mich um Unterstützung bei der Lösung gebeten haben."

Falls Frau A damit nicht einverstanden ist, fragen Sie, was sie sich vorstellt. Die meisten Betroffenen haben noch nicht überlegt, was genau sie wollen, am ehesten einen Mitstreiter/eine Mitstreiterin oder jemand, der B stellvertretend „die Leviten liest". Manche wollen auch einfach, dass der Streit aufhört. Sobald sie ernsthaft darüber nachdenken, wird ihnen rasch klar, dass für eine dauerhafte Lösung mehr Information und Ihre Neutralität notwendig sind.

Nach dem Gespräch mit Frau B und vielleicht noch mit anderen Beteiligten können Sie die Eskalationsstufe einschätzen.

Phase 3: Wahl der Rolle

(⇨ mehr dazu in: *Mögliche Funktionen und ihre Wahl je nach Konfliktstufe*, S. 123)

Nun können Sie sich für eine Rolle entscheiden. Diese bestimmt ganz wesentlich die Form und zum Teil auch den Inhalt Ihrer nächsten Schritte.
In unserem Beispiel zeigt Ihre Informationssammlung einen Konflikt auf einem mittleren Niveau, die restlichen Teammitglieder haben sich bisher nach Möglichkeit nicht beteiligt. Daher sehen Sie die Chance, in die Rolle des Coaches zu gehen:

„Liebe Kolleginnen, ich möchte Sie zu zwei, maximal drei gemeinsamen Gesprächen einladen. Ich denke, da könnte sich einiges klären. Sollten wir danach sehen, dass Sie beide noch zu keiner Lösung gekommen sind, werde ich mich ausklinken und Ihnen für weitere 5 Einheiten einen externen Coach organisieren. Ist das so für Sie beide in Ordnung?"

Phase 4: Intervention

(⇨ *Toolbox*, S. 131)

Während Sie weiter einfordern bzw. dabei unterstützen, die Emotionen in kontrollierbarem Maß zu halten, erarbeiten Sie in einem Detaildiagramm die Geschichte des Streits und Ausstiegsmöglichkeiten. (⇨ *Tool Detaildiagramm*, S. 140)
Manche Einzelaktionen brauchen möglicherweise die genaue U-W-Z-Analyse. (⇨ *Tool*, S. 138)

Am Ende gilt es noch, die Schuld- und Opfergefühle zu sortieren und anzuregen, dass sowohl A als auch B für ihren jeweiligen Anteil einen Ausgleich leisten. (⇨ *Tool Schuld- und Opferposition* und *Technik des Schuldausgleichs*, S. 139)
Es ist möglich, bis zum Ende in der Coachingrolle zu bleiben, Sie brauchen keine Forderungen stellen (AnführerIn) oder keinen Schuldspruch fällen (SchiedsrichterIn).

Phase 5: Resümee

Am Ende der dritten Stunde überlegen Sie für sich und gemeinsam mit den Beteiligten, was gut und was nicht so gut gelaufen ist.
Als Abschluss wird noch besprochen, wie Sie – nunmehr wieder in der Funktion als Vorgesetzte/r – mit den Informationen umgehen und ob bzw. wie die zwischen A und B getroffenen Vereinbarungen einer externen Kontrolle bedürfen.

Hilfe bei typischen Konfliktemotionen

Zorn wird Ihnen in solchen Situationen am häufigsten begegnen – schon allein deshalb, weil alle möglichen anderen Empfindungen dahinter versteckt werden, um Kampfkraft und Entschlossenheit zu signalisieren.
Opfer- und abgewehrte Schuldgefühle gibt es ebenfalls praktisch immer und von der ersten Konfliktaktion an.
Hoffnungslosigkeit, Verzweiflung und Trotz sind umso stärker, je mehr der Streit eskaliert ist.
Viele dieser Emotionen wurden bereits beschrieben, auf den folgenden Seiten finden Sie noch einige Bemerkungen zu Zorn, Trotz sowie dem Umgang mit Schuld- und Opferemotionen.

Für die Unterstützung beim Emotionsmanagement und Analyse der Konfliktstufe (Phase 1 und 2) brauchen Sie keine Überlegungen bezüglich einer Rolle anzustellen. Hier entscheidet lediglich der Grad an Vertrautheit zwischen Ihnen und Ihrem Gegenüber über die Wahl Ihrer Worte und Angebote. (⇨ *Tools zum Bremsen*, S. 131)

Für die weitere Unterstützung empfiehlt es sich jedoch, klar Stellung zu beziehen.

Wir empfehlen, die 8 möglichen Funktionen im Vorfeld darzustellen (⇨ *Tool Rollen in Konflikten*, S. 140) und sich „offiziell" zu platzieren, falls es nicht ohnehin klar ist, in welcher Funktion Sie auftreten.

Ein Wechsel der Rolle ist im Prinzip möglich, braucht jedoch im Vorhinein die klare Mitteilung, wie dann mit vertraulichen Informationen umgegangen wird. Die nun folgenden Beispiele zeigen jede Intervention aus der Position der Anführerin/des Anführers heraus.

Empfehlungen bei Zorn

(⇨ vgl. *Vom Nutzen des Zorns*, S. 75)

Wollen Sie als Führungskraft oder BeraterIn einen zornigen Menschen beim Emotionsmanagement unterstützen, wappnen Sie sich: Der Zorn wird sich vielleicht gegen Sie richten.
Die Kunst ist hier, sich davon nicht anstecken oder zu Verteidigungsaktionen hinreißen zu lassen und dem/der Betroffenen ganz klar zu vermitteln, was das Ziel Ihrer Intervention ist:

> *„Ich will Sie auf keinen Fall als Person angreifen. Denn ich verstehe Ihren Ärger und er ist in Ordnung. Nicht in Ordnung ist, wenn Sie Frau A beschimpfen. Ich möchte, dass Sie den Zorn jetzt ein klein wenig reduzieren. Später kümmern wir uns um Frau A, denn da haben Sie vermutlich im Prinzip Recht, da muss etwas geschehen. Vorher aber möchte ich, dass Sie jetzt mal dieses Glas Wasser trinken und tief durchatmen."*

(⇨ weitere Maßnahmen s. *Tools zum Bremsen*, S. 131)

B Schritt 1: wie bemerken, benennen und bremsen

Das Wort Zorn wird in diesem Buch bevorzugt verwendet, weil es erfahrungsgemäß nicht als Vorwurf oder Abwertung erlebt wird, gibt es doch sogar den „heiligen Zorn". Benennungen wie Aggression, Wut, Hass oder Ärger lösen oft negative Assoziationen (böse, zerstörend, wer sich ärgern lässt, wird ausgelacht) und daher Widerspruch aus, was natürlich einem weiteren Kontakt bzw. einer Deeskalation nicht förderlich ist.

Bei von den Betroffenen selbst gewählten Bezeichnungen kann man ihre Bewertung erfragen:

> *„Wenn Sie sagen, Sie sind stinksauer, ist das für Sie persönlich etwas Gutes oder etwas Schlechtes?"*

Was neutral oder konstruktiv empfunden wird, kann übernommen werden, sonst bleiben Sie lieber beim Wort Zorn oder beschreiben die Emotion über ihre guten Ziele:

> ... hohe Bereitschaft zu Kampf oder Schutz, großes Engagement, zu allem bereit ...

Schritt 1 kann in einer **Gruppe**, in der die TeilnehmerInnen damit beginnen, einander anzuschreien, so klingen:

> *„Ich merke, unsere Wortmeldungen werden immer lauter. Irgendwie ist hier so eine starke Spannung im Raum. Ich denke, so kommen wir nicht weiter. Ich möchte, dass wir auf ein emotionales Level kommen, wo eine konstruktive Diskussion stattfinden kann. Ich weiß nicht, was Sie dazu brauchen. Ich selbst hole mir jetzt ein Glas Wasser und gehe eine Runde. In 10 Minuten wieder hier, ok? Ich schlage vor, dass wir uns in dieser Pause nicht mit dem Thema beschäftigen, sondern, hmm, vielleicht einander vom letzten Urlaub erzählen. Aber natürlich, wie Sie möchten. Also, um .... wieder hier."*

In einem **Einzelgespräch** würde die Einladung zu Schritt 1 möglicherweise so formuliert werden:

> *„Ok Herr A, ich sehe, Sie sind jetzt sehr zornig. Das ist in Ordnung. Es war sicher wirklich schlimm. Setzen Sie sich. Ich bringe ein Glas Wasser ... Soll ich das Fenster aufmachen? Es war sicher wirklich arg. Super, dass Sie vor Frau B die Nerven behalten haben. Na, das wäre eine Geschichte für den nächsten Jahresbericht. Im Nachhinein lässt sich leicht lachen. So etwas soll Ihnen nicht wieder passieren, ich hab' da eine Idee. Aber vorher: Was kann ich tun, was können Sie tun? Möchten Sie alleine sein? Soll ich einen Tee kommen lassen?"*
> Und später: *„Ich schlage vor, Sie beschließen nun, beim nächsten Gespräch mit Frau B kei-*

nen Ärger mehr haben zu wollen. Ganz einfach deshalb, weil Sie selbst das so möchten. Ganz egal, was rundherum passiert. Um dieses Rundherum müssen Sie sich später ohnehin noch kümmern. Jetzt geht es mir nur um Ihr Wohl. Ziel ist, dass Sie allein bestimmen, was Sie tun, und weder Ihrem Ärger noch Frau B erlauben, Sie zu manipulieren."

E Schritt 2: wie ehren und erforschen

Wie bereits beschrieben ist Zorn eine erfolgreiche Emotion. Daher findet man häufig unter der Maske des Zorns andere, unkontrollierbar große, eigentlich schwächende Empfindungen:

- Großer Schreck bzw. Angst kann in Sekundenschnelle in Zorn umschwenken:

  Nach einem Verkehrsunfall springen die eigentlich zutiefst geschockten FahrerInnen aus ihren Autos und gehen wütend aufeinander los.
- Das Gleiche kann bei Hilflosigkeit passieren:

  Der Chef, der selbst vor einem unlösbaren Problem steht, schreit den Mitarbeiter plötzlich wegen einer Nichtigkeit an.
- Sogar Trauer kann sich dahinter verbergen oder dadurch abgewehrt werden:

  Die Kollegin, die durch die Umstrukturierung einiges verloren hat, sabotiert voll Groll subtil den Erfolg der neuen Abteilung.
- Ängstliche Vorgesetzte oder schlecht informierte KundenberaterInnen verstecken sich manchmal hinter einer zornigen und unleidlichen Maske, denn das bringt sofort Abstand von Menschen und ihren Anliegen.
- Überforderte MitarbeiterInnen und AnstrengungsvermeiderInnen wollen sich durch Aggression vielleicht vor Zusatzarbeit schützen.

Wenn es in diesen Fällen gelingt, das wirklich auslösende Gefühl hinter dem Zorn zu erahnen und in wertschätzender Form zu benennen, kann das eine überraschend entlastende Wirkung haben und den Betroffenen adäquates Gefühlsmanagement ermöglichen oder erleichtern.

Nur das Gefühl von Scham hinter zornigem Verhalten sollte niemals angesprochen werden.

Der **Gruppendialog** im oben genannten Beispiel könnte als 2. Schritt auf folgende Art fortgesetzt werden:

„Willkommen nach unserer kurzen Pause. Ich war in Gedanken auf einen Sprung in Griechenland. Aber nun zurück in die Gegenwart: Ich merke, es ist noch immer eine recht große Spannung im Raum. Lassen Sie uns versuchen, diese zu verstehen."

Vielleicht ist es günstig, kurz eine frühere Auseinandersetzung zu erwähnen und die Erinnerung zu beleben, wie konstruktiv diese gemeistert wurde.

„... Denn bevor wir nun sachlich weiterreden, würde ich gerne begreifen, wieso dieses Thema eine solche Spannung zwischen uns bringen kann. Mich erinnert das an unser erfolgreiches Meeting vom Herbst, da war auch eine Phase, wo die Stimmung etwas unklar war. Ist Spannung überhaupt das richtige Wort? ... Ich bin überzeugt, dass dahinter eine wichtige Botschaft steht. Was genau ist es, was sind mögliche Ursachen und Ziele? Will diese Stimmung davor beschützen, dass wir etwas Wichtiges übersehen? Haben wir uns von etwas anstecken lassen, das gar nicht hierher gehört?"

Lassen Sie bei einer U-W-Z-Analyse (⇨ s. Tool, S. 138) ruhig der Phantasie freien Lauf und sammeln Sie vielerlei Möglichkeiten, wie bei jedem Brainstorming. Außerdem wird Offenheit leichter möglich, wenn sie notfalls als Spekulation tarnbar ist.

Ihre Aufgabe als Führungskraft oder BeraterIn bei der U-W-Z-Analyse ist es vor allem, eine möglichst klare Trennung zu unterstützen zwischen:

- der *vergangenen Ursache* eines Gefühls (bzw. einer Verhaltensweise)
- und seinem *Ziel in der Zukunft*.

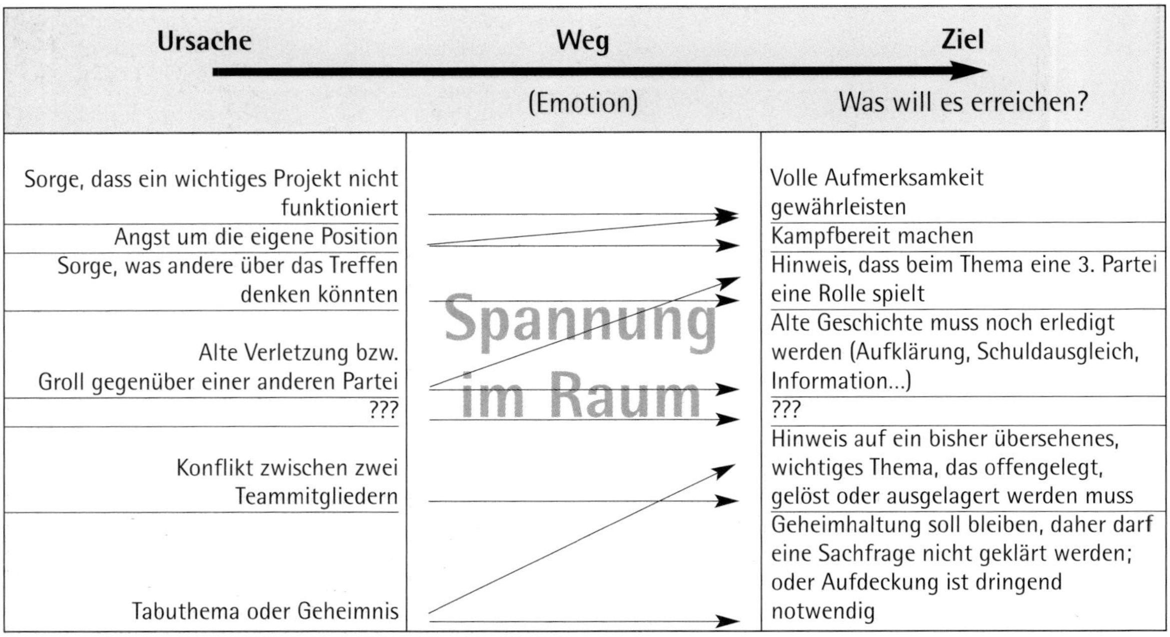

Schritt 3:
SS wie suchen und sammeln

Die Fortsetzung vom Beispiel zum Ärger in der Gruppe könnte lauten:

„Ich denke, wir haben vieles von der Botschaft der Spannung verstanden, wir brauchen sie im Moment nicht mehr. Aber zumindest in mir ist noch so ein Rest. Wie geht es Ihnen damit? Ich möchte, dass wir uns kurz noch Möglichkeiten überlegen, auf welche Art die Spannung den Raum nun endgültig verlassen kann. Dinge, die jeder für sich tun könnte oder ein wenig körperliche Action, an der wir alle gemeinsam beteiligt wären."

Man kann auch noch andere Möglichkeiten, die im Kapitel *Vom Nutzen des Zorns* (⇨ S. 75) vorgestellt wurden, anbieten bzw. einfordern.

Schritt 4:
E wie entscheiden und erledigen

„Entscheiden Sie sich bitte für eine dieser Möglichkeiten – oder vielleicht ist es auch etwas ganz Eigenes, das Sie jetzt tun möchten. Wie lange brauchen Sie dazu, wann sollen wir uns wieder treffen? Oder wollen wir eine der gemeinsamen Aktivitäten starten? ... Los geht's!"

Diese Entscheidung und ihre Umsetzung sind wichtig. Meist überschätzen sich Menschen und glauben, sie sind mit einer Emotion bereits fertig, nur weil sie das sein wollen – aber bei der geringsten Belastung ist das alte Gefühl wieder da.

Widmen Sie daher diesem 4. Schritt bewusst einen Raum und lassen Sie keine diesbezüglichen Ausreden oder Einwände gelten:

„Sie befürchten also, solange wir nicht eine offizielle Stellungnahme vom Vorstand zu unserem Thema haben, können wir die Spannung nicht loswerden? Ich sage, wir schaffen das trotzdem, vielleicht nicht auf Dauer, aber für heute!"

R Schritt 5: als Rückblick

„Ich möchte mich für Ihre Offenheit und Ihr Engagement bedanken. Und natürlich bei der Spannung, die uns alle ein gutes Stück weiter gebracht hat. Erinnern Sie sich noch an das Projekt im Vorjahr, wie lange wir damals zur Bewältigung der Blockade gebraucht haben? Wir haben dieses Mal sehr viel schneller aus dieser scheinbaren Sackgasse herausgefunden. Jetzt sind wir wieder auf gute Art arbeitsfähig und können uns der ursprünglichen Aufgabe widmen."

Wenn Zornmanagement direkt in einer belastenden Situation gar nicht gelingt, dann können Sie zumindest im Rückblick entscheidend dabei unterstützen, dass sich nicht das gleiche Muster endlos wiederholt.

Bei der Fortsetzung des Beispiels von Schritt 1, dem Streit zwischen Herrn A und Kundin B, könnte das so klingen:

„Guten Tag, Herr A. Heute kommt wieder diese Kundin, Frau B, mit der Sie in einen solch extremen Zorn hineingeraten, dass Sie nachher immer eine Auszeit brauchen, um sich wieder zu beruhigen."

Schon beim Gedanken an Frau B fängt A förmlich an zu kochen und beginnt sich wütend zu verteidigen, er braucht **Schritt 1:**

„Ihr Zorn ist ja wirklich mehr als verständlich. Aber ich möchte, dass Sie jetzt und hier aktiv versuchen, ihn klein genug zu halten. Was brauchen Sie jetzt, damit wir gut darüber reden können? ... Frau B ist eine recht treue und gute Kundin, aber sie ist tatsächlich extrem anstrengend. Ich finde, Sie dürfen ihr nicht so viel Macht geben. Das geht auch vom Team her nicht. Was denken Sie?"

Herr A sieht das ein, er will ja selbst nicht in dieses Gefühl kommen. **Schritt 2** ist möglich:

„Mittlerweile können Sie ja ziemlich genau vorhersagen, was alles von ihr kommt, die ganzen Fragen, die Entwertungen. Machen wir mal eine Liste dieser Verhaltensweisen. (Sammlung) Was davon ärgert Sie am meisten?" (Bewertung)

Die Liste wird auf die wesentlichen Punkte reduziert. Nun kommt die entscheidende Frage von **Schritt 3:**

„Was müssten Sie über B denken können, damit Sie immun gegen den ärgsten Punkt werden? Was wäre, wenn Sie sich jetzt entschließen zu glauben, dass Frau B nur noch 3 Tage zu leben hat? Oder wenn Sie sich vorstellen, dass Frau B eigentlich verliebt in Sie ist und deshalb so heftigen Kontakt sucht?" Jetzt schmunzelt A schon.
„Oder dass eine versteckte Kamera mitläuft und Sie sich in einer dieser fragwürdigen Spaß-Sendungen wiederfinden? Die hätten Sie voll erwischt, nicht?" A lacht.
„Wählen Sie nun etwas, und sei es noch so unrealistisch oder absurd, das Sie vorm Zorn schützt. Gegen welche Hauptpunkte möchten Sie sich also auf welche Art wappnen?"
Vielleicht fühlt sich der Mitarbeiter am meisten dadurch geärgert, dass Frau B alles mehrmals fragt und letztendlich nochmals vom Vorgesetzten bestätigt haben will. Als Ursache für ihr Verhalten vermutete Herr A bisher, dass Frau B ihn für inkompetent oder für einen Lügner hält. Durch die Fragen gewinnt er zunehmend Distanz, schöpft Hoffnung und ent-

deckt in der Betrachtung der Gesamtsituation nun Lösungsmöglichkeiten. So beschließt er, als wahre Ursache hinter dem Verhalten von Frau B einfach von nun an besondere Vergesslichkeit und Angst anzunehmen.

Das Ziel ihrer Aktionen wäre dann Sicherheit. Er erarbeitet in **Schritt 4** mit Unterstützung seines Vorgesetzten folgende Reaktion samt freundlich-bestimmtem Tonfall:

„Ich finde, es spart Zeit, wenn ich Ihnen Ihre Frage und meine Antwort hier aufschreibe." Auf den entsprechenden, gut lesbaren Satz kann er dann bei einer Wiederholung der Frage einfach wortlos hinweisen. Und der Vorgesetzte bestätigt das Papier schließlich am Ende des Gesprächs durch eine Unterschrift. Herr A ist hochzufrieden mit dieser Lösung, er sieht dem nächsten Besuch gelassen entgegen.

Jeder Mensch, der so wie Herr A immer wieder in die gleiche Situation gerät, kann sich mit konkreten Verhaltensstrategien und ausformulierten Sätzen ausrüsten. Der Vorteil von immer wiederkehrenden Gefühls-, Kommunikations- oder Verhaltensmustern ist ihre Vorhersehbarkeit!

Für Vorgesetzte noch zum Abschluss ein dringender Rat:

EHREN SIE DEN ZORN,
DOCH VERURTEILEN SIE GEWALT
UND LASSEN SIE DESTRUKTIVE
IM TEAM ODER IM BETRIEB NICHT GEWINNEN.

Zwang oder Unterdrückung kann als kurzfristige Verhaltensalternative manchmal unvermeidlich sein, doch auf Dauer sollte es niemandem in Ihrem Team gelingen dürfen, sich damit durchzusetzen. Denn in jeder Gruppe gibt es ein Lernen am Modell und wehe, wenn zur Norm wird, dass Gewalt durch Erfolg belohnt wird.

Manöver aus der Trutzburg

(⇨ *vgl. Der Trotz als Zeichen purer Not,* S. 81)

B — Schritt 1: wie bemerken, benennen und bremsen

Trotz ist verpönt, daher darf man ihn niemals direkt benennen, sondern nur seine Bestandteile umschreiben:

„Ich denke, Sie sind mit Recht sehr zornig und zugleich einfach zu müde, um weiterzukämpfen. Daher haben Sie den Kontakt abgebrochen. Das ist sehr verständlich und mit Sicherheit besser, als seine Energien weiter in einen offensichtlich sinnlosen Kampf zu stecken."

E — Schritt 2: wie ehren und erforschen

Trotz trifft man in seinen erwachsenen Erscheinungsformen nahezu immer während längerer Konflikteskalationen, auch wenn er gut hinter rationalen Erklärungen versteckt wird.
Beobachtet man dieses Gefühl, können Sie sicher sein, dass es etwas zu verteidigen oder bewahren gilt, das von *lebenswichtiger Bedeutung* für den Betroffenen/die Betroffene ist. Gleichzeitig ist er/sie am Ende der Kräfte, hat Angst oder keine anderen Kampfmittel mehr, will destruktivere Methoden nicht einsetzen oder sieht absolut keinen Sinn in weiteren Gesprächen. Sie können all das rückmelden und damit der oder dem Betroffenen helfen, diese anstrengende Gefühlsmischung zu sortieren und zu verstehen.

SS Schritt 3: wie suchen und sammeln

Falls Sie als Beteiligte/r bei Ihrem Gegner/Ihrer Gegnerin diese Emotion sehen:

TROTZ IST ZEICHEN PURER NOT!

Daher darf man niemanden, der sich in einer emotionalen Trutzburg hat verschanzen müssen, beschämen, besiegen oder überrennen. Man könnte dadurch zwar den Kampf gewinnen, aber die Beziehung mit dem solcherart besiegten Menschen (und vielleicht auch er selbst oder zumindest ein wichtiger Teil seiner Innenwelt) wäre für immer beeinträchtigt oder gar zerstört.
Doch man kann auch nicht einfach abwarten. Das würde als Belagerung empfunden werden und die Fronten noch mehr verhärten: Trotzige würden lieber verhungern als nachzugeben.

DER EINZIGE KONSTRUKTIVE AUSWEG IM KONFLIKTFALL FÜHRT ÜBER VERHANDLUNGEN.

Wegen der Trauer und/oder Hoffnungslosigkeit, die sich im Rückzug bzw. im Kontaktabbruch offenbart, ist es allerdings schwer, die dicke Mauer aus Verbitterung mit einem Kompromissvorschlag zu durchdringen. Manchmal ist es notwendig, als Führungskraft oder BeraterIn die erstarrten Fronten regelrecht anzuheizen und dadurch die Parteien aus ihren Rückzugsgebieten zu holen, um überhaupt irgendwie etwas bewegen zu können.

Beim Emotionsmanagement ist es ebenfalls wichtig, zuerst die Isolation beenden zu helfen, um danach so zu unterstützen wie bei der Verzweiflung: Pläne und Strategien für alle möglichen Ausgänge entwickeln.

E Schritt 4: wie entscheiden und erledigen

Sollten die Menschen in ihrem Rückzug tatsächlich unerreichbar sein und sich weigern, in Kontakt mit dem Gegner/der Gegnerin oder mit Ihnen zu gehen (indem zum Beispiel der Konflikt offiziell vollkommen geleugnet wird), bietet sich Vermittlung oder DeputyCoaching (⇨ S. 127) als Lösungsversuch an: VermittlerInnen werden entsendet oder VertreterInnen ermächtigt und treffen einander zum Austausch von Sichtweisen und zur Erarbeitung von Vorschlägen unter Beobachtung der Betroffenen.

Schritt 5:
R als Rückblick

Mit Schaudern denkt jeder, der diesen Zustand absoluter Verzweiflung und Isolation erlebt hat, an Trotzphasen zurück und möchte sie am liebsten vergessen. Den meisten Menschen ist es überdies peinlich, denn im Nachhinein kann es unverständlich sein, wieso man sich in eine solche Ecke manövriert hat.

Doch der Blick zurück, vielleicht mit Ihrer Unterstützung, lohnt:

- ❍ Wie konnte man da hinein geraten?
- ❍ Was war dann schließlich der erste Hoffnungsschimmer, der Anstoß für die Veränderung und das Verlassen der Emotion?
- ❍ Wie könnte man ein nächstes Mal die ersten Anzeichen dieser Emotion erkennen und was sollte dann schleunigst getan werden, bevor man wieder darin versinkt?

Management von Schuld- und Opfergefühlen

(⇨ vgl. *Adäquates Handling von Schuld- und Opfergefühlen*, S. 82)

Schritt 1:
B wie bemerken, benennen und bremsen

Das Benennen von Schuld- und Opfergefühlen muss vorsichtig erfolgen. Selbst so konstruktive Fragen wie

- ❍ *„Könnte es sein, dass Sie sich jetzt mit einem Schuldgefühl herumplagen?"*

  oder
- ❍ *„Stimmt mein Eindruck, dass Sie sich hier ziemlich ungerecht behandelt sehen?"*

können selten aber doch als Grenzverletzungen erlebt werden und wütende Verneinungen zur Folge haben.

Für manche gibt es eben kaum etwas Schlimmeres, als Schuld zu haben, für andere ist es absolut inakzeptabel, ein schwaches Opfer zu sein. Meistens werden jedoch ein wertschätzendes Sehen und Anerkennen der Gefühle und Rollen für die Betroffenen entlastend wirken.

Schritt 2:
E wie ehren und erforschen

Das ist ein ganz besonders wichtiger Schritt: Bevor nicht die konkreten Ursachen und Ziele eines bestimmten Schuld- oder Opfergefühles aufgeklärt sind, sollte man als Führungskraft oder BeraterIn nicht vorschnell die Ent-Schuldigung eines Systems, die Auflösung der Schuld- und Opfergefühle anstreben. Man ließe sonst wertvolle Information und Energie ungenützt, die ein bewusster Analyseprozess zu Tage fördern kann.

- ❍ Wer Schuld im Sinne von Verantwortung übernimmt, der ist bereit, in Schuldausgleich und Veränderung zu investieren.[1]

- ❍ Andererseits darf man nur in der Opferrolle eine Entschädigung annehmen, ohne dass eine neue Schuld oder Rückzahlungsverpflichtung entsteht.

Eine Gegenüberstellung von Vor- und Nachteilen der beiden Rollen und ihre Rechte und Pflichten finden Sie im Kapitel Tools. (⇨ *Tool Schuld- und Opferposition und Technik des Schuldausgleichs, S. 139*) Sie können damit Betroffene in einem Konflikt zu entsprechenden Überlegungen anregen oder diese von Ihnen einfordern.

1 Esther Wanschura, pers. Mitteilung 1997

SS Schritt 3: wie suchen und sammeln

Möglichkeiten wurden bereits im Kapitel *Adäquates Handling von Schuld- und Opfergefühlen* vorgestellt. Die meisten Menschen sind von ihrer Vielzahl überrascht, weil sich in einem eskalierten Konflikt jede beteiligte Partei in *die Gerechtigkeit als Ziel* verrennt, was sich meist als Sackgasse herausstellt.

Häufig ist es im Konfliktmanagement unumgänglich, die Möglichkeit oder die Forderung in den Raum zu stellen, dass man durchaus auf Gerechtigkeit durch Schuldausgleich oder Rache verzichten könnte. Zunächst werden die anderen Möglichkeiten, diese quälenden Emotionen loszuwerden, zornig abgelehnt. Doch wenn die Emotionen entsprechend weit gebremst werden können, werden diese zusätzlichen Optionen zum Teil regelrecht erlösend erlebt.

E Schritt 4: wie entscheiden und erledigen

Vor der gewählten Aktion kann nochmals auf die Vor- und Nachteile hingewiesen werden, damit es zu einer wirklich gut überlegten Entscheidung kommen kann.

- Sind die beiden Seiten wirklich bereit, sich von dieser speziellen Beziehung zu verabschieden?
- Machen die Nachteile genug Not oder überwiegen doch die Vorteile?

Beim Tool *Schuld- und Opferposition* wird ein Modell für die Ausräumung von Schuld zwischen Menschen beschrieben, das sich gut bewährt hat. (⇨ S. 140)

R Schritt 5: als Rückblick

Die Fragen, die im Kapitel *Adäquates Handling von Schuld- und Opfergefühlen* bei Schritt 5 vorgestellt wurden, eignen sich auch bestens zur Unterstützung anderer Menschen bei der Bewältigung dieser Emotionen.

Das Eskalationsmodell nach Friedrich Glasl

Das Ausmaß, wie weit ein Streit bereits eskaliert ist, wenn Sie von ihm in Kenntnis gesetzt werden, bestimmt in entscheidender Weise mit, was Sie in und mit einem Konflikt tun können.

Eskalierende Konflikte verschlingen Unmengen an Kraft, Zeit und Geld. Dazu führt eine scheinbar unentrinnbare, erzwungene Dynamik. Üblicherweise kann man bei jedem plötzlich aufflammenden Streit seine mehr oder weniger im Verborgenen liegenden, übergangenen oder übersehenen Vorstufen retrospektiv aufspüren und verstehen. Das Tempo, in dem sich eine harmlose Spannung bzw. Differenz zu einem Krieg auswächst, ist unterschiedlich und von vielen Einzelfaktoren abhängig: Es kann innerhalb von Minuten passieren oder sich über Jahre hinziehen. Je länger ein Konflikt andauert, umso höher die Wahrscheinlichkeit, dass er sich bereits auf einer tieferen, d.h. fortgeschrittenen Stufe befindet.

Der Konfliktforscher Friedrich Glasl beschreibt die Eskalation eines Konfliktes in Form von drei Phasen mit jeweils drei charakteristischen Stadien. Insgesamt gibt es daher neun Stufen, die durch sogenannte „Schwellen" voneinander getrennt sind. Darunter werden charakteristische Verhaltensweisen mit Schlüsselfunktion verstanden. Der

Moment, wo eine der beteiligten Parteien an Sie als Führungskraft oder vielleicht sogar an die Öffentlichkeit geht, ist ein Beispiel für eine solche Schwelle, denn nun ziehen die anderen sofort nach und fallen dadurch gemeinsam auf die nächst tiefere Stufe der Eskalation.
„Es gibt ... (in allen Kulturen) ein intuitives Wissen um solche Schwellen. Und auch ohne dass die Konfliktparteien die Eskalationstheorie und die Merkmale der einzelnen Eskalationsstufen kennen müssen, haben sie ein Gefühl dafür, was als nächste Stufe betreten werden könnte, wenn sie eine Schwelle nicht respektieren."[1]

1. Phase: Win – Win

Eine problematische Situation, eine unterschiedliche Meinung entsteht. Der andere Mensch wird zwar als Gegner wahrgenommen, doch in erster Linie geht es um ein *sachliches Ziel*. Man nimmt selbstverständlich an, dass die andere Partei ebenfalls ein gerechtfertigtes, vielleicht sogar gemeinsames und gutes Ziel verfolgt.

Stufe 1 Es gibt merkliche ***Spannungen*** zwischen einzelnen Personen oder Parteien, ein gelegentliches Aufeinanderprallen von Meinungen, heftige Wortwechsel. Stufe 1 gehört in jedem Team bzw. Betrieb zum Alltag und wird von manchen noch nicht einmal als „Streit" wahrgenommen. Falls es nicht zu einer Lösung des Problems kommt oder wenn sich bestimmte Konfrontationen wiederholen oder verstärken, dann beginnen die Beteiligten, zu vermuten, der Konflikt könnte „tiefere Ursachen" haben.

Stufe 2: Nun beginnen ***Debatten*** mit einem strategischen Anteil. Mehr und mehr scheint es, dass die Beteiligten vollkommen verschiedene Standpunkte vertreten, weil Unterschiede und Differenzen betont werden. Der eigene Druck steigt, man gibt ihn an die gegnerische Partei oder das Umfeld weiter und bekommt ihn postwendend zurück.

Stufe 3: ***Taten statt Worte*** werden gesetzt, um den eigenen Standpunkt durchzusetzen. Immer öfter werden Gespräche abgebrochen. In der noch stattfindenden Kommunikation geht es kaum mehr darum, den anderen wirklich wahrzunehmen oder zu erreichen, sondern um Rechtfertigung des eigenen Verhaltens.

2. Phase: Win – Lose

Ab jetzt geht es nicht mehr um die Sache und nicht mehr um eine gemeinsame Lösung. Nun will man ***gegen die feindliche Partei gewinnen***, weil das eigene Gefühl sagt, nur dadurch könne Gerechtigkeit wiederhergestellt werden. Selbst wenn jetzt die Sachfrage gelöst wird, bleiben Opfergefühle übrig, die nach Ausgleich streben.

Stufe 4: ***Koalitionen*** werden gesucht, indem andere Menschen oder Hierarchieebenen über die „unmöglichen Handlungen" der Gegenpartei in Kenntnis gesetzt werden. Man will auf andere Druck ausüben, einen Standpunkt zu beziehen und sich – natürlich zu den eigenen Gunsten – zu beteiligen: „Wer nicht für mich ist, ist gegen mich." Die eigene Seite wird beschönigt, eigene Unschuld und rechtmäßiges Handeln werden betont.

Stufe 5: ***Gesichtsverlust*** wird zum Ziel, indem die Innenwelt (moralische Grundhaltung, Identität...) der gegnerischen Partei in Frage gestellt und angegriffen wird. Hier ist der Vertrauensverlust vollständig, man glaubt dem anderen auch „gutes Verhalten" nicht mehr, sondern unterstellt in jedem Fall Strategie und Täuschung. Die Vergangenheit wird unter diesem neuen Aspekt ins Negative umgedeutet, man fühlt sich seit Jahren belogen und betrogen. Beweise dafür liefern Verallgemeinerungen, Zufälle und Kleinigkeiten: „Schon damals hat er mich nie als Erster gegrüßt."

Stufe 6: ***Drohstrategien*** als möglichst glaubwürdige Androhung von möglichst schrecklichen Konsequenzen werden eingesetzt und Machtmittel entsprechend überzogen demonstriert. Wut, Angst und Verzweiflung steigen, jede Partei/Person fühlt sich zunehmend als Opfer, das sich zur Wehr setzen muss.

1 nach Glasl 2004, S. 231

3. Phase: Lose – Lose

Nun klettern die negativen Emotionen auf ihren Höchststand. Die Hoffnung auf ein konstruktives Ende wurde schon in der vorherigen Stufe begraben, jetzt wird auch deutlich, wie gewaltig die eigenen Investitionen in den Kampf und die Schäden bereits sind. Daher ist klar, dass es keinen wirklichen Gewinner/keine wirkliche Gewinnerin mehr geben kann. Es geht um die Vernichtung des Feindes/der Feindin um jeden Preis. Kämpft man erst einmal auf dieser Ebene, riskiert man damit bewusst den eigenen Schaden und Untergang.

Stufe 7: ***Begrenzte Vernichtung des Gegners*** wird angestrebt, mit gezielten Angriffen, mit allen Tricks, unter Ausnutzung von allen Schwachpunkten. Es gibt kein Mitleid mehr, die gegnerische Partei wird grotesk ins Negative verzerrt, der eigene Schaden oder die Kosten werden nicht beachtet.

Stufe 8: ***Zersplitterung*** ist das nächste „logische" Ziel: Die Vernichtungsschläge breiten sich auf das Umfeld der gegnerischen Partei, sie soll Arbeit, Freundeskreis, Haus und Hof verlieren, damit sie nie wieder gefährlich werden kann.

Stufe 9: ***Gemeinsam in den Abgrund*** zu stürzen, erscheint als einzige Lösung übrig zu bleiben. Hauptsache, man reißt den anderen mit.

Rollen und Funktionen

in Zusammenhang mit den Eskalationsstufen[1]

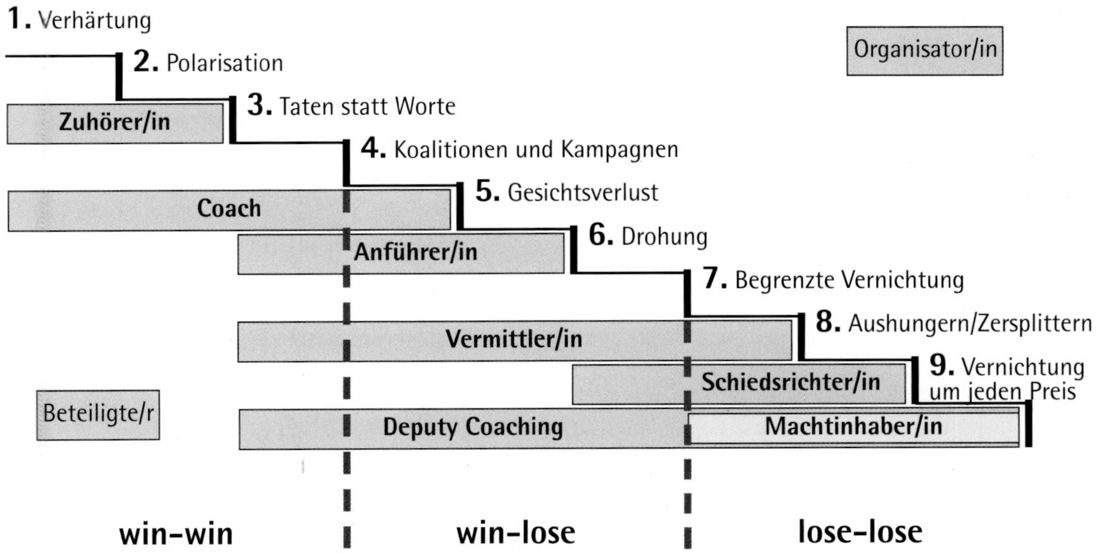

1 Die Abbildung und ihre Beschreibung zeigen wesentliche Komponenten in stark verkürzter Darstellung. Für mehr Details bitte im Original (Glasl 2004) nachlesen.

Mögliche Funktionen und ihre Wahl je nach Konfliktstufe

Insgesamt können in den unterschiedlichen Konfliktphasen im Wesentlichen acht verschiedene Rollen gewählt werden (⇨ *Tool Acht Rollen und Funktionen in Konflikten*, S. 140). Doch ihr Einsatz ist nicht jederzeit gleich notwendig bzw. sinnvoll. Die folgende Auflistung zeigt einen Überblick. Mehr Informationen über Vor- und Nachteile bzw. Unterschiede je nach Ausgangsbeziehung (Vorgesetzte/r, Kollege/in oder Freund/in, externe/r Berater/in) folgen in einer nächsten Veröffentlichung.

Auf Eskalationsstufe I – 9: OrganisatorIn

Auf jeder Eskalationsstufe kann man jemanden organisieren, der die (weitere) Konfliktanalyse und Unterstützung von Streitparteien übernimmt. Dem Organisator/der Organisatorin obliegt die Auswahl dieser Person(en) und die Schaffung der Rahmenbedingungen.

Auf Eskalationsstufe I – 2: ZuhörerIn (und andere)

Differenzen auf den frühen Stufen kann man ausschließlich durch aufmerksames Zuhören und Feedbackgeben unterstützen. Das entlastet und fördert den eigenständigen Problemlösungsprozess. Verständnisfragen des Zuhörers/der Zuhörerin werden vieles ordnen, klären und nutzlose Verhaltensweisen der Vergangenheit sowie neue Möglichkeiten sichtbar machen. In Gruppengesprächen kann es schwierig werden, diese Position beizubehalten und sich klar von anderen Rollenerwartungen abzugrenzen.

Auf Eskalationsstufe I – 4: Coach (und andere)

Die Coachingrolle wird als Funktion im Konflikt sehr allgemein als ein Bündel von Verhaltensweisen definiert, die als Ziel „Hilfe zur Selbsthilfe" haben. Die Rolle beinhaltet die Durchführung von gängigen Interventionen aus den Bereichen Beratung, Supervision und Mediation und kann alle Konfliktbeteiligten oder nur Einzelne einbeziehen.

Ein Coach muss neutral sein, daher braucht er sowohl auf der fachlichen als auch der zwischenmenschlichen Ebene Distanz bzw. Distanzierungsfähigkeit zu den beteiligten Personen und Themen. In der Sekunde, wo die eigene Zielvorstellung wichtiger wird als die des beratenen Menschen, hat sich ein Rollenwechsel zum „Anführer"/zur „Anführerin" vollzogen. Hier kommen Führungskräfte an ihre Grenze, denn die Coachingfunktion muss abgelehnt oder abgegeben werden, wenn es aufgrund der eigenen, berufsbezogenen Zielvorgaben mehr Führung braucht oder wenn ein Streit zu sehr eskaliert ist.

Teamcoaching ist nutzlos oder schadet sogar allen Beteiligten (auch dem Coach!), wenn die Auseinandersetzung allzu eskaliert ist. Falls Gruppengespräche verletzend werden, braucht es striktere Regeln und Konsequenzen als in einem Coaching, ein Rollenwechsel (s. u.) ist notwendig. Ob dazu auch ein Wechsel der Person notwendig ist, muss möglichst schon im Vorfeld gut überlegt und besprochen werden:

> *„Morgen wird erstmals ein gemeinsames Treffen stattfinden. Wir haben die dazu notwendigen Regeln besprochen und vereinbart. Sollten diese von einer Seite nicht eingehalten werden können, dann möchte ich aus meiner bisherigen Coachingfunktion aussteigen und die klare und strikte Führung des Gesprächs*

übernehmen. Schlimmstenfalls behalte ich mir vor, das Zusammentreffen sofort zu beenden. Ist das so in Ordnung oder soll ich eine andere Person bitten, das Gespräch zu leiten?"

Häufig wird für Konfliktcoaching von Beginn an externe Beratung organisiert, damit es zu keinen Rollenkonfusionen kommt. Doch im praktischen Alltag werden fast täglich zumindest kleine und mittlere Differenzen an Vorgesetzte herangetragen und sie sind aufgefordert zu reagieren. Je nach Selbstdefinition oder Arbeitsplatzbeschreibung gehört die Unterstützung bei Konflikten dazu und die Coachingfunktion kann bei klarer Abgrenzung gegenüber anderen Aufträgen extrem hilfreich sein.

Auf Eskalationsstufe 3 – 6: AnführerIn (und andere)

Unter dieser Rolle wird die klare Vorgabe von Regeln und/oder Problemlösungen zur Erreichung eines Ziels verstanden. Dafür muss ein Anführer/eine Anführerin von allen Beteiligten anerkannt sein. Je mehr man ihm/ihr Macht (z. B. zur Verteilung von Belohnung oder Sanktionen), Allparteilichkeit und Kompetenz zuschreibt, umso erfolgreicher und wirkungsvoller sind Interventionen, durch die er/sie einen Weg aus dem Konflikt vorgibt. Die Ziele beziehen sich zu Beginn (ähnlich wie die Vorschläge eines Vermittlers/einer Vermittlerin) manchmal auf die Beachtung einfacher Kommunikationsregeln und die Einhaltung minimaler Vereinbarungen, wie zum Beispiel einem Nichtangriffspakt oder regelmäßigem Informationsaustausch über Sachfragen.

Man sollte die Führungsfunktion im Konflikt nur wählen, wenn die Betroffenen noch bzw. wieder fähig sind, halbwegs realistisch wahrzunehmen und vernunftgesteuert zu handeln. Denn ist dies nicht mehr der Fall, scheitert Führung. Sie sollten diesen worst-case bedenken und die weiteren Maßnahmen für jeden möglichen Ausgang ankündigen, bevor Sie sich für diese Rolle entscheiden. Damit übernehmen die MitarbeiterInnen die Verantwortung für eine konstruktive Konfliktlösung mit höherer Wahrscheinlichkeit selbst und lasten einen Misserfolg nicht Ihnen als Führungsschwäche an:

„Ich habe einige Ideen, wie Sie aus der momentanen Sackgasse herausfinden können, und ich möchte, dass Sie sich darauf einlassen. Falls ich bis zum Monatsende sehe, dass es keine Erfolge gibt, dann werde ich in die Rolle des Organisators wechseln und externe Unterstützung für das Team holen. Und wenn wir bis zum Ende des Quartals keine konstruktive Lösung finden, dann muss ich wohl oder übel eine Entscheidung über Ihre Köpfe hinweg treffen (MachthaberIn)."

Auf Eskalationsstufe 5 – 7: VermittlerIn (und andere)

Bei der Vermittlung ist weder die Beziehung zwischen den Beteiligten noch deren Befindlichkeit, weder die konkrete Lösung noch die Herstellung von Gerechtigkeit vorrangig. Der Vermittlungsprozess beginnt unter Umständen zunächst mit grundlegenden Fragen, wo es zunächst vielleicht nur um den Beginn möglicher Verhandlungen geht und noch lange nicht um ihr Ziel. Im Gegensatz zur Führungsrolle wird nichts vorgegeben, obwohl geschickte VermittlerInnen ihre eigene Kompetenz einzubringen wissen.

Als VermittlerIn hat man es wahrlich nicht leicht, auch langfristig als unparteiisch anerkannt zu werden und einen extremen Konflikt persönlich unbeschadet zu überstehen. Immerhin bekommt man als Bote/Botin der Gegenseite einige emotionale Ausbrüche mit und ab. Einen Vermittlungsversuch zu starten oder zumindest zu akzeptieren ist jedoch ein letzter Vertrauensbeweis der Streitparteien.

Auf Stufe 7 ist Vermittlung bereits ein optimistischer Ansatz und wird vor allem dann funktionieren, wenn die vermittelnde Person als unanfechtbar neutral und kompetent anerkannt wird, sie als Koryphäe gilt oder die Beteiligten aufgrund früherer positiver Erfahrungen großen Respekt haben, ihr also gleichzeitig Führungskompetenz zuerkennen.

Auf Eskalationsstufe 6 – 8: SchiedsrichterIn (und andere)

Beim Richterspruch setzt sich eine unparteiische und mit Durchsetzungsmacht ausgestattete obere Instanz mit der Sachlage auseinander und trifft eine Entscheidung. Eine Annäherung wird nicht mehr angestrebt, es geht um das Vorschreiben und das Durchsetzen von Verhaltensweisen zur Beendigung des Streits. SchiedsrichterInnen sollen unabhängig von den Personen, jedoch mit Bezug auf irgendeine Form von „Rechtsgrundlage" urteilen und eine darauf bezogene, gerechte Lösung bestimmen.

Auf Eskalationsstufe 7 – 9: MachthaberIn (und andere)

Spätestens auf der letzten Konfliktstufe akzeptieren die Beteiligten weder einen Vermittlungsversuch noch einen Richterspruch. Sie sind in ihrer logischen Kompetenz nicht mehr erreichbar, es gibt keine Gesprächsbereitschaft, sondern unkontrollierbare Emotionen und einen Kampf mit allen Mitteln. Nun kann nur mehr eine Machtinstanz den Streit beenden.

Diese kann sich dabei über die Parteien vollkommen hinwegsetzen, entscheidet alleine, muss keine Informationen einholen, sich weder an Gesetze halten noch ihr „Machtwort" begründen. Sie gibt einfach Verhaltensweisen vor oder unterbindet welche. Allerdings braucht sie genügend starke Machtmittel, um ihre Entscheidung durchsetzen bzw. notfalls aufzwingen zu können. In Betrieben ist zum Beispiel die Kündigung von einem oder mehreren Beteiligten, die Zwangsversetzung oder die Auflösung eines Teams oder Standortes ein typischer Machteingriff der Firmenleitung. Ein Machteingriff stellt selbst einen Gewaltakt dar, doch manchmal ist er das kleinere Übel, weil es keine andere Möglichkeit mehr gibt, um die Beteiligten vor der eigenen Vernichtung zu retten – außer, man erreicht noch die Zustimmung für die Durchführung eines DeputyCoachings.

Auf Eskalationsstufe 3 – ?: DeputyCoaching

(⇨ *Was noch geht, wenn alles steht: DeputyCoaching*, S. 127)

Diese Möglichkeit verbindet Elemente von Führung, Vermittlung und Coaching. Sie kann immer dann angeboten werden, wenn sich Beteiligte weigern oder keinerlei Sinn darin sehen, noch einmal miteinander zu sprechen. Das kann bei eskalierten heißen Konflikten der Fall sein – hier wird Geschrei und Beschimpfung befürchtet – oder bei geleugneten, vor Trotz oder Angst starrenden Situationen, wo eisiges Schweigen und indirekt vernichtende Kommunikation jedes Treffen einen destruktiven Verlauf nehmen ließe.

Beim DeputyCoaching liegen derzeit noch keine Erfahrungen für die letzten beiden Stufen vor. Das Setting legt jedoch nahe, seinen Einsatz bei Stufe 8 oder 9 zumindest anzubieten, sofern sich die Beteiligten an die im nächsten Kapitel beschriebenen Spielregeln halten.

Auf Eskalationsstufe 1 – 6: Beteiligte/r

Die Übernahme der Rolle eines/einer „Beteiligten", also der Funktion als MitstreiterIn, GegnerIn oder zusätzliche Konfliktpartei, kann in Ausnahmefällen die bestmögliche Wahl sein (Unterstützung oder Schutz einer Person, eines wichtigen eigenen oder Firmenanliegens, -wertes oder -ziels u. Ä.). Tunlichst vermeiden sollte man jegliche Beteiligung an Extremkonflikten.

Was noch geht, wenn alles steht: DeputyCoaching

In Konflikten auf tieferen Eskalationsstufen gibt es ein ganz typisches emotionales Klima, das durch hohen Druck und eskalierte Emotionen (Hilflosigkeit, Zorn, Angst, Trotz, Opfer- und abgewehrte Schuldgefühle u. Ä.) gekennzeichnet ist. Die Vernunft ist kaum mehr erreichbar. Erste Vernichtungsschläge drohen oder sind bereits passiert.

Wenn Sie als Führungskraft oder BeraterIn einen solchen „Kriegsschauplatz" betreten, versuchen die Beteiligten in ihrer Not sofort, den Druck an Sie weiterzugeben. Die Wucht verschiedenster und widersprüchlicher Erwartungen ist enorm. Daneben gibt es oft eine objektive Notwendigkeit, rasch zu handeln: Der bereits verursachte und unmittelbar bevorstehende Schaden ist groß, die Emotionen eskalieren weiter und sind hoch ansteckend, Verzweiflung und Hoffnungslosigkeit sind besonders stark: Meist muss man sich selbst gegen das Gefühl wehren, dass hier bereits alles versucht wurde und gescheitert ist. „Für Konflikte auf den tiefsten Eskalationsstufen eignen sich nur noch Machteingriffe. Diese müssen typischerweise von Vorgesetzten ausgeführt werden."[1]

Richtersprüche oder Machteingriffe sind keine Sache, die Menschen in Führungspositionen gerne tun oder die externe BeraterInnen durchführen können. Doch wenn nichts anderes mehr zu funktionieren scheint, wenn die Beteiligten kein normales Wort mehr miteinander reden können, sich hinter Vorwürfen oder einer Mauer des Schweigens verbarrikadieren, was ist sonst möglich?

Beim DeputyCoaching werden die sachlichen und emotionalen Konfliktinhalte der Betroffenen mit der Konfliktlösungskompetenz externer ExpertInnen verknüpft. Das kann dazu führen, dass die Beteiligten auf den Glasl'schen Stufen zurücksteigen – manchmal mit einer Geschwindigkeit, die erstaunt.

1 Rauen 2002, S. 196f

Einsatzbereich: Nichts geht mehr!

Manchmal kann es in den besten Teams und bei optimaler Führung zu eskalierenden Konflikten kommen, in denen es keinerlei Gesprächsbasis mehr gibt. Damit erreicht Coaching als Unterstützung zur selbstbestimmten Konfliktlösung ihre Grenze, üblicherweise kommt es zu Vermittlungsversuchen o. Ä.. Neben extremen Auseinandersetzungen gibt es weitere Situationen, wo effektives Team- bzw. Gruppen-Coaching schwierig ist. Denn es braucht dafür ein Mindestmaß an *Vertrauen* zwischen Coach, AuftraggeberIn und jedem Teilnehmer/jeder Teilnehmerin. Ist das erschüttert, wird jede Form von Offenheit gefährlich und das Coaching (verdeckt) abgelehnt.
Falls *Kompetenzunterschiede* im Team extrem groß sind, können die langsamen, weniger eloquenten, fairen, zurückhaltenden oder mehr praktisch begabten Menschen in einem Gruppengespräch benachteiligt sein und sich schließlich mutlos zurückziehen.
Steckt jemand in irgendeinem *Extremgefühl* fest, fehlt die notwendige Distanz und kommunikative Kompetenz für konstruktive Beteiligung an Gesprächen.

In solchen Sonderfällen musste Teamcoaching von Seiten eines verantwortungsbewussten Beraters/einer verantwortungsbewussten Beraterin abgelehnt werden, obwohl es dringend notwendig erschien. Und aus der Sicht der Auftraggeberin/des Auftraggebers war das gemeinsame Gespräch häufig genau dann nicht möglich, wenn Weiterentwicklung oder Konfliktlösung sowohl menschlich als auch ökonomisch außerordentlich wichtig war.

Ein **Beispiel**: In einem kleinen, hoch spezialisierten Team innerhalb eines großen Unternehmens baut sich über Jahre schleichend eine Gewaltbeziehung durch die Gruppenleiterin auf. Das Team ist durch subtile Repressalien dermaßen eingeschüchtert und in seiner Wahrnehmung verändert, dass erst deren Urlaub und die Rückmeldung eines neuen Teammitgliedes deutlich machen, wie unangemessen ihr Verhalten ist. Das Team geht geschlossen zur Firmenleitung und weigert sich, auch nur noch einmal mit der Gruppenleiterin zu sprechen, so groß sind Angst und Zorn. Für die betroffene Gruppenleiterin jedoch ist dieses Verhalten vollkommen unverständlich und zutiefst kränkend, war sie doch bisher tatsächlich nie mit Kritik konfrontiert und ist sich keiner Schuld bewusst. Sie fühlt sich vom Team und auch von der Leitungsebene hintergangen. Ein Vermittlungsversuch bleibt erfolglos, daher organisiert man externe Unterstützung. Ein gemeinsames Gespräch wird jedoch weiterhin abgelehnt, Einzelcoachings entlasten beide Parteien zwar, führen jedoch zu keiner prinzipiellen Veränderung. Schließlich bleibt der kostenintensive Machteingriff in Form einer Kündigung die einzige Alternative.

DeputyCoaching-Setting

Für solche Sonderfälle wurde ein besonderes Setting entwickelt, damit Nähe zum Prozess und gleichzeitig Distanzierung von Emotionen möglich sind. So wie jede Intervention *kann* es helfen, doch es gibt keine Garantien: Was passt, was nutzbringend verwendet wird und was nicht, bestimmen letztendlich immer die Beteiligten.

Coaching im professionellen Sinn wird als ein fokussiertes Beratungsangebot für Einzelpersonen oder Teams in beruflichen oder persönlichen Veränderungsprozessen durch BeraterInnen definiert, die keinen parteiischen Bezug zum Unternehmen, seinen Zielen oder privat zu einem der Teilnehmer/zu einer der Teilnehmerinnen haben. Es braucht zu seiner Initiierung einen Organisator/eine Organisatorin, der/die möchte und glaubt, dass ein Input von außen günstig ist und einen gewünschten Prozess in Gang bringen, erleichtern oder beschleunigen kann.

Coaching durch externe BeraterInnen ist eine erwiesenermaßen wirkungsvolle Interventionsform: Eine Metaanalyse entsprechender Studien beweist dies eindrücklich.[1]

Bei DeputyCoaching geht es genau wie beim herkömmlichen Coaching nicht um Gerechtigkeit. Es hat zum Ziel, *konstruktive Entwicklung* statt Stillstand oder Destruktivität möglich zu machen. Selbstverständlich sind manchmal ein Schuldausgleich oder ähnliche Interventionen unumgängliche Mittel zum Zweck, doch nicht das eigentliche Ziel des Prozesses.

DeputyCoaching nutzt das *StellvertreterInnen-Prinzip*, das auf die spezielle Situation des Kommunikationsabbruchs zugeschnitten ist:

- Zunächst kommt die übliche Auftragsklärung (= **Phase 1**).
- Danach werden „Deputys" (externe BeraterInnen) als StellvertreterInnen von den jeweils zu vertretenden Parteien oder Personen, den sogenannten „Chiefs" in einem ausführlichen Vorgespräch (= **Phase 2**) instruiert.
- In **Phase 3** führen die Deputys mit einem neutralen „Headcoach" ein Gespräch, das den üblichen Coaching-Regeln folgt. Die Chiefs sitzen dabei – ohne Sichtkontakt zueinander und ohne Kommunikationserlaubnis – in Beobachterposition außerhalb des Gesprächkreises hinter ihren Deputys. Diese arbeiten also in Anwesenheit von und stellvertretend für ihre Chiefs am Konflikt, vertreten sie sachlich und emotional, behalten jedoch genug Distanz, um dabei ihre eigene kommunikative Kompetenz zur Verfügung zu stellen. Beendet wird Phase 3 mit einem Reflecting-Team.[2]
- In **Phase 4** geben und bekommen die Deputys in einem Rückmeldungsgespräch von den Chiefs Feedback und gehen in die neue Gesprächsrunde (= neue Phase 3).
- Der Wechsel zwischen Phase 3 und 4 wiederholt sich so lange, bis die Chiefs die Plätze ihrer Deputys einnehmen können und somit ein klassisches Coaching beginnen kann (= **Phase 5**). Diese Interaktion wieder konstruktiv möglich zu machen, ist das Ziel des Prozesses.

1 Künzli 2005
2 Anderson 1990

Zwischen Deputy und Chief sind Übersetzungs- und Kommunikationsfehler unvermeidlich. Daher wird diese Tatsache nicht nur vorhergesagt, sondern aktiv in den Prozess einbezogen und für die Entwicklung genutzt, gibt sie doch den Chiefs jenen wichtigen Freiraum, um sich bei Bedarf von Aussagen der eigenen bzw. der gegnerischen Deputys distanzieren zu können.

Ein **Beispiel**: Der langjährige Mitarbeiter A ist mit seinem neuen Kollegen B nach einigen Monaten so verfeindet, dass er sich schließlich depressiv und hoffnungslos im Dauerkrankenstand befindet. Jeder Tag Abwesenheit macht es ihm schwerer zurückzukommen, vermutet er doch eine einseitige Meinungsbildung im Team.
Die Leitung bringt Herrn A das DeputyCoaching-Konzept nahe, er schöpft Hoffnung und auch Herr B ist einverstanden. Es findet an seinem ersten Arbeitstag statt.
A und B erklären ihren Deputys ihre Lage, diese vertreten die beiden Positionen im Coaching. Bald wird offensichtlich, welche Verkettung von Fehlern, Missverständnissen und als Verteidigung gemeinten Angriffen es gab.
Die Deputys klären stellvertretend Ziele und Bedingungen der zukünftigen Zusammenarbeit.

Im Reflecting-Team werden die verständlichen Ursachen und guten Ziele von A und B gewürdigt. Phase 4 dient der weiteren Ergänzung und Klärung, eine neue Phase 3 folgt.
Danach signalisieren A und B ganz klar, dass sie nun selbst weiterarbeiten möchten. Phase 5 beginnt, wobei das bisher Erarbeitete zunächst überprüft und korrigiert wird.
Es wird ein weiteres Treffen vereinbart. Das DeputyCoaching mündet damit in klassisches Konfliktcoaching bzw. in Supervision.

DeputyCoaching

Phase 1: **Auftragsklärung**	**Headcoach** Gespräch **Auftraggeber/in**
Phase 2: **Instruktion Deputy + Chief**	**Deputy 1** Gespräch **Chief 1** **Deputy 2** Gespräch **Chief 2**
Phase 3: **Deputy-Coaching**	**Headcoach** **Deputy 1** Gespräch **Deputy 2** Chief 1 … Chief 2
Phase 4: **Rückmeldung Deputy + Chief**	**Deputy 1** Gespräch **Chief 1** **Deputy 2** Gespräch **Chief 2**
Phase 5: **Chief-Coaching**	**Headcoach** **Chief 1** Gespräch **Chief 2**

Headcoach und Deputys sind externe BeraterInnen, Chiefs sind die Konfliktparteien

Historischer und fachlicher Hintergrund

Wir leben in einer Gesellschaft, wo die Delegation in Form von (politischer) Vertretung, Spezialisierung und Arbeitsteilung an der Tagesordnung ist. In professionellen Beratungssituationen muss normalerweise die Übernahme von Aufträgen einzelner Personen in Teams mit Berufung auf die Neutralität abgelehnt werden. Besonders strikt wird dies bei einem Streit beachtet, um ihn nicht durch Beteiligung noch weiter anzuheizen.

Doch weil es natürlich immer schon Bereiche gab, wo die Kompetenz oder Kraft Einzelner erschöpft war, erfand man in jeder Kultur Methoden zur Unterstützung in Konflikten. Das Rechtssystem stellt ein solches klar definiertes Regelwerk dar: Aus Mangel an Wissen, Erfahrung, Redegewandtheit oder durch ein Überwältigt-Sein von Emotionen können nicht alle Beteiligte ihren Standpunkt gleich gut präsentieren. Ein halbwegs fairer Richterspruch wäre nicht möglich, daher kommen Anwälte/Anwältinnen zum Einsatz.
Zum Unterschied von DeputyCoaching geht es in einem *Rechts*streit jedoch – wie der Name schon sagt – um die Gerechtigkeit und um den Kampf darum. Ziel ist nicht die Entwicklung.
In politischen Konflikten werden RepräsentantInnen oder Delegierte[1] bestimmt. Für diese VertreterInnen zählen die Ziele der Partei, daneben müssen sie jedoch darauf bedacht sein, dass ihre Gruppe mit ihnen zufrieden ist und sie das Ergebnis als persönlichen Sieg darstellen können. Das kann die Lösungsfindung behindern. Um solche Komplikationen zu vermeiden, braucht DeputyCoaching unbedingt externe KommunikationsspezialistInnen.

Weiters enthält das Deputy-Setting einige Elemente des Rollenspiels und des „Doppelns", einer Methode aus dem Psychodrama, die mittlerweile in vielen Therapie- und Beratungsformen zum Einsatz kommt.[2] Ein weiterer Bestandteil ist das Reflecting-Team[3], wo die BobachterInnen (bei DeputyCoaching das gesamte BeraterInnen-Team immer am Ende der Phase 3) den Prozess und eigene Überlegungen hörbar für die Betroffenen in konstruktiver Form zusammenfassen.

Last not least ist die Methodik an die Grundprinzipien der Emotionen angepasst. Pointiert ausgedrückt: Physiologischer Hochstress schaltet das Großhirn ab. Übrig bleibt nur Kampf, Flucht, Unterwerfung oder Erstarrung. Um wieder halbwegs klar denken zu können, hilft jede Form der *Distanzierung*. Damit man jedoch den Lösungsprozess mitbestimmen kann, braucht es die *Beteiligung*. Die Mischform des DeputyCoachings scheint wegen der nützlichen Kombination dieser beiden Faktoren so gut zu funktionieren: Man ist nahe genug, um Einfluss zu nehmen und entfernt genug, um einen kühlen Kopf behalten zu können.

Erfolgsfördernde Faktoren

- **Ziel ist Entwicklung**
  Dieses Ziel und seine Konsequenzen muss den Chiefs von Beginn an offengelegt werden: Der Headcoach ist nicht RichterIn, MachthaberIn oder Beteiligte/r, sondern immer ein Coach. Es geht nicht um Gerechtigkeit, es geht nicht darum herauszufinden, welche der beiden Konfliktparteien die größere Schuld hat, die Wahrheit sagt, wer angefangen hat oder Wiedergutmachung verdient. All das kann zwar Teil des Prozesses sein, doch jede Aktion und Intervention dient langfristig dem Ziel, selbstbestimmte Entwicklung wieder möglich zu machen.
- **Klare Rollenzuteilung**
  Selbstverständlich muss in jeder Sekunde vollkommen klar sein, ob jemand in der Rolle des Deputys spricht oder als Mitglied des Beratungsteams. Im Reflecting-Team wird es durch einen Wechsel von der Chief-Körperhaltung in die eigene sowie durch das vertraute „Du" in der Metakommunikationsphase zwischen Headcoach und seinem Team verdeutlicht.

1 vgl. Glasl 2004 S. 174f
2 Glasl 2004 S.333
3 Anderson 1990

- **Hohe Kompetenz im Coachingteam**
  Die Vertretungsposition und der Wechsel der Rollen verlangt ein hohes Maß an fachlicher und persönlicher Kompetenz, Fähigkeit zur Empathie und zur Abgrenzung. Innerhalb des DeputyCoachingTeams darf es keine ungelösten oder unterschwelligen Konflikte, Macht- oder anderen Kämpfe geben, denn diese Faktoren würden sofort mit jenen der Chiefs interagieren und zu verwirrenden Verwechslungen führen.
- **Bereitschaft der Betroffenen**
  Selbstverständlich braucht es die Zusage von allen Beteiligten, sich an diesem Prozess in der vorgegebenen Form zu beteiligen. Der Auftraggeber/die Auftraggeberin muss bereit sein, die relativ aufwändigen Rahmenbedingungen zu organisieren: Es braucht geeignete Räume, es braucht Zeit und es braucht mehrere externe BeraterInnen, die gleichzeitig zu bezahlen sind.
- **Externes Beratungsteam**
  Aus bereits genannten Gründen ist es notwendig, dass externe und unabhängige BeraterInnen diese Funktionen übernehmen, die miteinander vertraut sind.
- **Realistische Erwartungen**
  Selbstverständlich ist DeputyCoaching keine Garantie dafür, dass eine Konfliktlösung gelingt: Nicht jedes Werkzeug passt zu jedem Coach, zu jedem Menschen und für jedes Problem. Die Chance auf eine konstruktive Weiterentwicklung und selbstbestimmte Lösung wird zwar gegeben, doch nützen müssen sie die betroffenen Menschen selbst. Jeder einzelne von ihnen ist dafür verantwortlich, was er aus diesem Angebot macht.

Toolbox
Werkzeuge für die Praxis

Auf den folgenden Seiten finden Sie Werkzeuge und Techniken für Ihre praktische Arbeit, in der Sie als Führungskraft oder BeraterIn nicht um Gefühlsmanagement und den Umgang mit Konflikten herumkommen werden. Sie können diese sowohl in der Unterstützung anderer Menschen als auch bei der Arbeit mit eigenen Themen einsetzen.

Tools zum Bremsen

Ziel: Emotionen und die dadurch ausgelösten Panik-Reaktionen einbremsen und etwas kontrollierbarer machen

Auf diese Anregungen können Sie direkt in der Notlage zurückgreifen, sie im Laufe der Zeit ergänzen oder Unpassendes streichen. Das ist wörtlich gemeint, Kopien davon kann man im Schreibtisch o. Ä. platzieren.

Die „Bremsliste" enthält ausschließlich *Notfallmaßnahmen*, keine von ihnen ist zum Dauereinsatz gedacht. Sie sollen eine übermäßige Emotion bremsen, sie aber nicht verdrängen oder verleugnen: „B" ist nur der erste Buchstabe, der erste Schritt der BESSER-Strategie, die weiteren vier Schritte müssen getan werden, um dauerhaft Erfolg zu haben.

Tool: Bremsen über die 9 Grundprinzipien

Die 9 Grundprinzipien	Ableitbare Bremsstrategie
1 Das Gesetz der guten Absicht	Suchen Sie konsequent nach dem guten Ziel! Ist dieses erkannt, folgt meist bereits eine deutliche Entlastung und neue Wege können beschritten werden.
2 Emotionen sind im Prinzip steuerbar	Suchen Sie konsequent nach Steuerungsmöglichkeiten! Akzeptieren Sie die Zone echter Unkontrollierbarkeit, doch suchen Sie eine der 10.000 Möglichkeiten, wie sie im Normalfall vermieden werden kann.
3 Gefühle, Körper und Gedanken gehören zusammen	Steuern Sie Ihren Körper und/oder Ihre Gedanken! Wer den Körper (die Atmung, seine Bewegungen...) unter Kontrolle behält, kann dadurch Emotionen beeinflussen. Stoppen Sie Katastrophengedanken und füllen den Kopf mit konstruktiven Inhalten.
4 Die Koppelung an Signale	Solche Koppelungen funktionieren in beide Richtungen! Bauen Sie gezielt und konsequent nützliche Signale (⇨ Der innere Glücksbringer) auf, die Sie bei Bedarf „auf Knopfdruck" entlasten.
5 Gesetz der fallenden Intensität	Spielen Sie auf Zeit! Dann ist der schlimmste Moment überwunden. Danach wartet allerdings noch genug Arbeit.
6 Extreme Emotionen beeinflussen Denken und Wahrnehmung	Das Zauberwort heißt Distanzierung! Ein dadurch reaktiviertes, logisches Denken kann weiterhelfen, das nunmehr gezähmte Gefühl zu nutzen.
7 Software verändert Hardware	Sie können sich langfristig und bis zu einem gewissen Grad Emotionen an- und auch wieder abgewöhnen.
8 Gefühle sind ansteckend	Ruhe kann genau so ansteckend sein wie Stress, Friedfertigkeit genauso wie Aggression. Bleiben Sie daher selbst bei konstruktiv wirksamen Emotionen – oder suchen Sie sich in eigener Not Menschen, die das können.
9 Emotionen und Handlungen haben Ursachen und Ziele	Analyse macht neugierig und schafft Distanz, die Voraussetzungen für die weiteren Schritte der BESSER-Strategie.

Tool: Der innere Glücksbringer

Sie können sich selber einen Glücksbringer oder Talisman erschaffen. Dabei werden einem Gegenstand, Wort oder Bild nicht von vornherein besondere Kräfte zugeschrieben, sondern gute Emotionen werden bewusst damit verknüpft. Über eine Erinnerung an einen früheren Erfolg, einen Glücksmoment, ein angenehmes Phantasiebild, die Erinnerung an einen perfekten Moment, eine bewusst idealisierte Zukunftsvorstellung u. Ä. versetzen Sie sich in einen guten Zustand. Dieser koppelt sich an ein Signal, indem Sie am Höhepunkt des guten Gefühls einen Gegenstand als „Glücksbringer" in die Hand nehmen, ein Signalwort sagen, ein bestimmtes inneres Bild aufrufen oder eine kleine Bewegung machen. Festigen Sie diese Koppelung durch mindestens 30 intensive Trainingseinheiten. Danach können Sie über das Signal das gute Körpergefühl abrufen und Anspannung zumindest teilweise reduzieren.

Für den Managementbereich hat das Neurolinquistische Programmieren diesen einfachen Mechanismus besonders gut ausgearbeitet und als „Ankern" bezeichnet.

Tool: Bremsliste

Bei den nun folgenden Beispielen wird mehr Einfluss/Kontrolle, mehr Kontakt und Nähe oder mehr Sicherheit vermittelt. Außerdem übersetzen sie die 9 Grundprinzipien in Taten und Worte. Einen wichtigen Unterschied macht es, ob Sie sich selbst oder einer/einem völlig Fremden aus einem Extremgefühl helfen wollen - mit all den dazwischen liegenden Abstufungen von Nähe.

Sie werden merken, dass die von uns hier getroffene Zuteilung subjektiv ist. Viele der nun beschriebenen Techniken und Hilfestellungen können sowohl verbal als auch nonverbal gegeben werden - und der Ton macht bekanntlich die Musik und bestimmt zu einem Großteil, ob ein bestimmter Satz zur Situation und in die Beziehung passt oder nicht.

Die folgenden Anregungen gelten für normale Beziehungen oder wenn andere Personen dabei sind.

1 Distanz herstellen, einen Schritt zurück reten, Orts- oder Themenwechsel vorschlagen:
„Ich lasse Sie einen Moment allein und hole mir rasch ein .... (Unterlagen, Glas Wasser, Kaffee...). Kann ich Ihnen auch etwas bringen?"
Dabei (wenn es glaubhaft ist) so tun, als würde man das Gefühl des Gegenübers nicht bemerken:
„Nehmen wir uns bitte jetzt eine kurze Auszeit! Ich schlage vor, dass wir während dieser Pause nicht über das Thema nachdenken, sondern uns ein paar Schritte in der Sonne gönnen, ok?"

2 Unterstellen Sie Ihrem Gegenüber gute Ursachen und Ziele:
„Ich habe den Eindruck, dass es Ihnen jetzt darum geht, Ihre Idee zu schützen, eine Katastrophe zu verhindern ... Ich erkenne daran Ihr großes Engagement. Doch ich akzeptiere nicht Ihr Verhalten."
Falls Ihnen etwas gänzlich unverständlich erscheint - vielleicht steckt in Wahrheit ein ganz anderes Gefühl hinter einem Verhalten:
„Was genau ist jetzt los, ich bin verwirrt?"

3 Das Gefühl selbst zum Beobachtungsgegenstand machen:
„Das ist ja interessant, dass da jetzt so ein Zorn im Raum ist. Merken Sie das auch oder sehe ich da etwas falsch? So etwas will meistens darauf hinweisen, da ist eine Grenze verletzt worden und die muss beschützt oder wieder hergestellt werden. Was könnte das sein?"

4 Sicherheit und Kontrollierbarkeit der Zukunft vermitteln/Vorhersagen treffen:
„Ich weiß, das fühlt sich jetzt ganz schrecklich an, aber ich weiß auch ganz sicher, dass es in einer Stunde/einem Tag ein klein wenig leichter ist."
„Das Treffen wird anstrengend, denn wir wollen eine Lösung/einen Kompromiss finden, wo es scheinbar gar keine gibt. Da werden wichtige Emotionen ins Spiel kommen. Daher möchte ich jetzt gleich sagen, weil ich es nachher möglicherweise in der Hitze des Gefechtes vergesse: Für 10 Uhr habe ich eine kleine Stärkung organisiert. Wir alle brauchen jetzt Kraft, um im konstruktiven Bereich zu bleiben."

5 Dem Körper Energien geben:
In die Sonne setzen, eine Runde rasch gehen, etwas Warmes und/oder Kalorienreiches trinken oder essen.
Einem Betroffenen ein Getränk anbieten oder sonst etwas, das ihm körperlich gut tut (Temperatur, Bequemlichkeit ...)

6 Einen ersten Plan oder eine Lösungsidee präsentieren:
„Ich habe da eine Idee! Der erste Schritt dazu ist ..."
Später kann man wieder davon abgehen, doch in der Akutsituation verringert ein Plan den Stress.

7 Musterunterbrechung/einen Tritt verpassen.
Man kann etwas vollkommen Überraschendes, Verwirrendes, Verrücktes oder zumindest Unpassendes selbst tun, anregen, sagen oder fragen:
„Wir diskutieren jetzt schon ziemlich heftig, mir scheint, wir haben auf der Vernunftebene lang genug eine Lösung gesucht. Lassen Sie uns ein Timeout nehmen und eine Runde Dart spielen."
„Bevor wir nun weiter diskutieren, habe ich eine ganz andere Frage: Was ist das für eine außergewöhnliche Uhr?"
„Ich weiß, das passt nun gar nicht zum Thema. Und trotzdem: Was werden Sie morgen um diese Zeit tun?"
„Ich weiß jetzt nicht warum genau, aber ich hätte gerne, dass wir die Plätze tauschen."

8 Abholen:
Zuerst so wie der andere sehr laut reden - aber dann immer ruhiger sprechen.
Zuerst auch hektisch im Raum herumlaufen - dann sich zum Fenster stellen und dem anderen draußen etwas zeigen.
Zuerst auch starr und eingesunken am Tisch sitzen - und dann sich aufrichten und schließlich aufstehen und den anderen dazu einladen.

9 Den Kontakt mit positiven Elementen der Gegenwart herstellen:
„Auch wenn es absurd klingt: Woran müssten Sie jetzt denken können, um glücklich zu sein?"
„Was ist/war Ihr größter Erfolg?"
„Was läuft im Moment sehr gut in Ihrem Leben? Gibt es dafür sichtbare Zeichen? Können Sie das beim nächsten Mal mitnehmen?"

10 Den Kontakt zu einer positiven Zukunft herstellen:
„Jetzt kommt mir gerade ein ganz komischer Gedanke: Ich machte ein Foto von diesem ganzen Schlamassel, das wir hier auf dem Wandbild so treffend dargestellt haben und das uns verzweifelt macht. Und in 3 Jahren, dann sitzen wir hier und sehen uns das Foto an. Was glauben Sie, was werden wir dann darüber denken?"
„Stellen Sie sich vor, Sie wären 10 Jahre älter und noch immer in dieser Firma. Was würden Sie dann tun?"

11 Den Kontakt mit früheren Lösungsstrategien oder Erfolgen herstellen:
„Ich weiß noch, beim letzten Personalengpass, da waren Sie der einzige, der ruhig geblieben ist. Wie haben Sie das damals gemacht, was war Ihre Strategie? Was brauchen Sie, um das hier ebenfalls anzuwenden?"

12 Im emotionalen Hochstress möglichst keine Entscheidungen treffen, nicht streiten, nicht argumentieren, nichts versprechen, keine Versprechen annehmen.
In einem solchen Zustand getroffene Vereinbarungen und gehörte Argumente niemals ernst nehmen (das Gehirn des Betroffenen und das eigene waren vielleicht offline), sondern nochmals in Ruhe überprüfen.

Die folgenden Tipps setzen zumindest ein begrenztes Vertrauensverhältnis zwischen den Beteiligten oder ein Vier-Augen-Gespräch voraus.

13 Verständnis und Informiertheit zeigen:
„Ich glaube, ich verstehe, was jetzt los ist. Es ist ganz normal und vollkommen nachvollziehbar, was da (in Ihnen) abläuft. Doch das bedeutet glücklicherweise nicht, dass es unveränderbar ist..." (und weitere Bremstechniken anbieten)

14 Fest und freundlich führen:
„Ok, ich verstehe, dass Herr A Schuld hat. Sagen Sie mir jetzt aber: Was ist derzeit in Ihnen genau los? Ich finde, Sie sollten aus diesem Gefühl etwas aussteigen, ok? Das ist jetzt wirklich wichtig! Ich weiß, Sie können nichts dafür, es ist total unfair. Und trotzdem: Jetzt geht es mir nur um Sie, dass es Ihnen ein klein wenig besser geht. Lassen Sie uns jetzt darüber reden, wie Sie ruhiger werden können."

15 Äußere, sichtbare Zeichen benennen:
„Ich erkenne an der Anspannung, den Tränen, der geballten Faust, der Stimme ... (oder: *Ich glaube zu erkennen), Ihnen geht es im Moment irgendwie schlecht. Was genau ist jetzt los? Wie ist denn das Gefühl, das jetzt hier im Raum ist? Ich will gerne verstehen, was jetzt da ist."*

16 Mit Worten Distanz herstellen/symbolisieren (⇨ s. Tool Symbolisierung, S. 137):
Vermeiden Sie zu sagen:
„...ich bin/Sie sind zornig ..."
Besser ist: *„Ich habe/Sie haben natürlich jetzt einen Zorn."* Oder: *„Ich verstehe, dass eine Enttäuschung da ist."*

17 Schutzschildfragen nach Ursache und Ziel:
Wieso hat er/sie dieses Verhalten jetzt nötig?
Wieso hat er/sie jetzt nötig, mich/Sie zu entwerten, anzugreifen, zu beschämen ...?
Welche Not steckt hier dahinter, dass sie/er zu solchen Mitteln greifen muss?
Welche Ursache steckt bei ihm/ihr/mir/Ihnen dahinter, dass jetzt genau diese Reaktion kommt?
Rationale Analyse schafft Distanz und schützt vor eigener Verletzung!

18 Kontakt anbieten:
Sanft, freundlich und mitfühlend trösten oder schweigend da sein, ohne sich dabei vom Gefühl anstecken zu lassen.
In der Nähe bleiben, telefonisch erreichbar sein, einen der Beziehung angemessenen Körperkontakt anbieten, Unterstützung organisieren ...
„Ich denke, es wird früher oder später ein wenig leichter erträglich, das ist mit Gefühlen immer so. Und später überlegen wir dann, was Sie tun können, damit die Belastung nicht mehr so stark wird."

19 Jeden kleinen Hinweis auf Einfluss beobachten, hervorheben und -holen:
„Ich sehe, das Läuten des Telefons hat Sie irgendwie ruhiger gemacht. Was können Sie

denn jetzt noch tun, damit Sie wieder ein wenig mehr der Mensch werden, der Sie sonst sind? Sie haben mit Ihrer Beschwerde vermutlich vollkommen Recht. Wir können Frau B nicht ändern, leider. Was aber können Sie und was kann ich denn verändern? Jetzt können Sie entscheiden: Wollen Sie das oder jenes versuchen, in 5 oder in 10 Minuten, in diesem oder im anderen Büro, mit Mitarbeiter A oder mit B?"

20 **Stoppen Sie Vorstellungen, wie das Gefühl destruktiv ausgelebt wird** (jemanden verletzen, tot sein, sich verkriechen...), denn das steigert es meistens noch.
Wenn ein Stopp gar nicht geht, dann lassen Sie die Vorstellung an das realistische Ende weiterlaufen:
Wer tot ist, verliert nicht nur das Unangenehme; wer jemanden verletzt, sitzt im Gefängnis. Zorn oder Verzweiflung gehen vorüber, doch die Gitterstäbe bleiben und der Tod auch. Und danach kann man sich vorstellen, wie es sein wird, wenn man mit dem Gefühl konstruktiv umzugehen gelernt hat.

21 **Stoppen Sie alle „Katastrophenphantasien"** (sich vorstellen, wie man ausgelacht, verletzt, verlieren, sterben wird ...), denn das verstärkt es. Sonst wie bei (20) und sich danach gute Gedanken und Phantasien holen.

22 **Dem anderen Menschen Kontakt zu seinen Gefühlen ermöglichen:**
„Ich sehe, dass Sie jetzt sehr wütend wirken. Aber irgendwie, ich weiß nicht, könnte es sein, dass Sie darunter einfach tief verletzt sind?"
„Sie sagen, es geht Ihnen gut. Aber ich sehe, dass Sie hier in Hochspannung sitzen. Woher kommt diese Anspannung?"

Für Sie selbst oder eine gut befreundete Person stehen im Prinzip alle genannten Hilfen zur Verfügung. Die folgenden Anregungen sollten Sie jedoch nur bei sich oder in vertrauensvollen Beziehungen bei passenden äußeren Umständen überaus respektvoll einsetzen.

23 **Ein bereits antrainiertes Signal** (⇨ *Der innere Glücksbringer*) oder ein positives Bild abrufen und sich eine Zeit lang darauf konzentrieren. Und erst dann wieder zur belastenden Situation zurückkehren.

24 **Über die Selbst-Beobachtung und Beschreibung Distanz herstellen.** Das Gefühl einfach da bleiben lassen, es dabei allerdings genau beschreiben (lassen):
„Wie genau fühlt es sich an? Wo im Körper ist es am stärksten? Wo ist es gar nicht? Wenn es eine eigene Stimme hätte, was würde es sagen? Auf die Uhr schauen und schätzen (lassen): Wie lange wird es bleiben, was ist da Ihre Erfahrung? Welche Form passt zu ihm, welche Bezeichnung, welches Symbol?"

25 **In einer Weise atmen, wie es nicht zu dem typischen Atemimpuls des Gefühls passt:** tiefer durchatmen, langsamer atmen, Luft kurz anhalten. Das kann auch zu einem kleinen Ritual werden:
5 Sekunden einatmen, eine Sekunde lang die Luft anhalten, dann 5 Sekunden ganz bewusst ausatmen. Dabei mit den Fingern mitzählen und gleichzeitig schnippen oder auf den Oberschenkel klopfen.

26 **Den Körper in einer Weise bewegen, wie es nicht zu dem Gefühl passt:**
Von der Angst/Erstarrung in die Bewegung kommen,
von der Bewegung/Aufregung/Anspannung zu mehr Ruhe,
vom Schreien in das laute und später leise Singen,
von der Traurigkeit/Schwäche in die Kraft.

27 Über das Sehen/Hören/Spüren/Riechen/Schmecken ganz bewusst gegen die durch das Gefühl verursachte Einengung arbeiten: (sich) zwingen, über den Maler eines bestimmten Bildes nachzudenken, eine komplizierte Rechenaufgabe zu lösen, ein fast vergessenes Gedicht oder Lied zu rekonstruieren, ein kurzes Spiel am Mobiltelefon oder PC ... und dann zum Thema zurückkehren.

28 Setzen Sie sich (und andere) nicht zu lange dem gleichen Gefühl aus: Stoppen Sie mit Absicht und Energie Zorn, Schuldgefühl, Stress, Selbstmitleid ... bevor es zum Dauerzustand wird. Geben Sie entsprechende Rückmeldungen bzw. nehmen Sie solche ernst: *„In letzter Zeit wirken Sie immer so erschöpft/angespannt."*

Tool BESSER-Strategie

Ziel: Gefühle richtig zuordnen und aussteigen oder sie nutzen unter dem Motto: Besser als gestern!

Schritt 1:	B	wie bemerken, benennen und bremsen
Schritt 2:	E	wie ehren und erforschen
Schritt 3:	SS	wie suchen und sammeln
Schritt 4:	E	wie entscheiden und erledigen
Schritt 5:	R	wie Rückblick und Resümee

Tool Symbolisierung

Ziel: Distanzierung und bessere Handhabung einer Emotion, eines Problems oder eines Konflikts

Den Streit oder das Gefühl zu benennen, also ein Wort dafür zu finden, stellt bereits einen ersten Schritt auf dem Weg dar, es anschaulich, begreifbar und diskutierbar zu machen. Symbole schaffen Distanz:

„Es gab also diesen Streit. Danach hat sich das Verhalten von Frau A verändert. Irgendwann tauchte das kleine und später immer größer werdende Gefühl von Ungerechtigkeit auf. Wann ist denn der Zorn dazugekommen? Eine explosive Mischung, damit geht es Menschen meistens nicht besonders gut. Hat diese Mischung den Streit noch angefacht? Inwieweit steht diese Gefühlsmischung zwischen Ihnen und Ihrer Arbeit?" Diese Art der Beschreibung bewirkt vollkommen andere Reaktionen als eine vielleicht übliche Formulierung: *„... da haben Sie sich also gestritten. Und dann waren Sie zornig und haben sich ungerecht behandelt gefühlt. Können Sie da überhaupt noch so gut arbeiten wie früher?"*

Es ist wesentlich einfacher, ein „außerhalb" der eigenen Person platziertes Gefühl oder ein Verhalten zu diskutieren und zu verändern, als eine „innenliegende" Charaktereigenschaft. Etwas Unsichtbares zu „verkörpern" und wie eine Person oder eine Sache zu behandeln, entlastet:

„Seit wann arbeitet der Streit gegen Sie? Nehmen Sie ihn auch nach Hause mit oder wartet

er hier auf Sie? Seit wann ist er der heimliche Teamchef und Sie alle seine Sklaven geworden?"

Es kann eine weitere Distanzierung und Klärung bringen, ein reales Ding als Symbol für den Streit bzw. die Emotion zwischen die Betroffenen zu stellen: einen Sessel, die Unterlagen des misslungenen Projekts, einen schwarzen Mantel, eine Sonnenbrille oder eine gebrauchte Kaffeetasse. Hier etwas zu finden, das den Konflikt oder das Extremgefühl repräsentiert, macht das Problem nun für alle sichtbar. Über das Symbol lässt sich leichter das gemeinsame Ziel darstellen: Dieser Gegenstand soll auf die passende Größe geschrumpft werden oder wieder auf den Platz kommen, der ihm zusteht.

Die nun symbolisch dargestellte Differenz bzw. Emotion wird also zwar einerseits als Gegnerin betrachtet, die übermächtig oder schädlich geworden ist und die Herrschaft an sich gerissen hat. Andererseits hat sie mit Sicherheit wichtige Botschaften, gute Ziele oder verständliche Ursachen, daher wird sie bzw. das Symbol respektvoll behandelt. Nicht selten entwickelt sich im späteren Verlauf eine Form von Dankbarkeit ihm gegenüber: Es hat auf etwas Wesentliches hingewiesen oder eine wirklich gute Entwicklung möglich gemacht.

Mithilfe von kreativen und anschaulichen Materialien kann ein komplexes Gefüge samt Beteiligten, Schwierigkeiten, Lösungen und Hindernissen aufgestellt werden. Die Systemische Strukturaufstellung bietet hier eine Fülle von Möglichkeiten. Dazu sind unterschiedliche Hilfsmittel auf dem Markt, die zumeist im Familienbrett von Ludewig[1] ihren Ursprung haben. Von Kernstock-Redl/Vavrik wurden das „Team-Struktur-Set"® und der „Team-Struktur-Koffer"® entwickelt, die eine symbolische Darstellung der verschiedenen Faktoren und ihrer Botschaften ermöglichen.[2]

Tool U-W-Z-Analyse

Ziel: Die Botschaft bzw. die gute Absicht einer Emotion, eines Konfliktes oder eines Verhaltens verständlich machen, indem die Ursachen und die Ziele analysiert werden.

Ursache	Weg	Ziel
liegt in der Vergangenheit	Gefühl oder Verhalten	liegt in der Zukunft

Auf einem Flipchart oder einem ähnlich gut sichtbaren Medium wird eine dreispaltige Tabelle mit den entsprechenden Oberbegriffen gekennzeichnet. Dann wird das Verhalten oder die Emotion, für das/für die Alternativen gesucht werden soll, als Weg bezeichnet.

Die Ursachen- und Zielesammlung kann möglichst realistisch sein oder zu wilden Spekulationen einladen: Es kann überraschende Ergebnisse bringen, der Phantasie wie bei einem Brainstorming freien Lauf zu lassen. In jedem Fall müssen die Ergebnisse ganz klar als Sammlung theoretischer Möglichkeiten deklariert werden.

Ihre Aufgabe bei der U-W-Z-Analyse ist es vor allem, eine möglichst eindeutige Trennung zwischen der Ursache und dem Ziel eines Gefühls bzw. einer Verhaltensweise zu unterstützen.

1 Polt 2006
2 Weiterführende Literatur: Sparrer 2006, Polt 2006, Schulz von Thun 2004

Tool Schuld- und Opferposition

Ziel: Unterstützung bei der Klärung und der Reduktion von Schuld- und Opfergefühlen

	Ein Opfer ...	Ein Schuldiger/eine Schuldige ...
Vorteile Beziehung	❍ „ist im Recht", hat daher Recht auf Wiedergutmachung oder Rache ❍ hat kein unangenehmes Schuldgefühl ❍ hat die Wahlmöglichkeit: kann fordern, vorwerfen und bestimmt die Form eines Schuldausgleichs ❍ hat die Wahlmöglichkeit: kann verzeihen oder nicht ❍ muss selbst nichts verändern ❍ kann etwas bekommen, ohne dass daraus Schuld erwächst ❍ bekommt soziale Zuwendung und Unterstützung ❍ etc.	❍ der/die etwas falsch gemacht hat, kann es auch richtig machen, kann in Zukunft verhindern, beeinflussen, kontrollieren ... ❍ wird als mächtig, aktiv und stark gesehen und/oder sieht sich selbst so ❍ „hat den Ball" und kann aktiv werden ❍ hat die Wahlmöglichkeit: kann Schuld zurückweisen oder übernehmen ❍ hat die Wahlmöglichkeit: kann Schuld ausgleichen oder nicht ❍ etc.
Nachteile Beziehung	❍ kann/konnte nicht verhindern, nichts anders machen, hat Gefühle von Schwäche, Ausgeliefert sein und ohnmächtigem Zorn, ❍ ist passiv auf Wiedergutmachtung angewiesen, ❍ hat nach dem Schuldausgleich den Druck, dass etwas jetzt abgeschlossen sein muss; emotionales Verzeihen ist jedoch nicht einfach willentlich steuerbar, ❍ bekommt manchmal soziale Aggression, Ächtung und/oder ungerechterweise einen Teil der Verantwortung zugeschrieben; man missgönnt ihm den Schuldausgleich, Spendengelder, die Zuwendung oder die Aufmerksamkeit, ❍ etc.	❍ hat Schuldgefühle, die quälend-bestrafend erlebt werden ❍ hat eine große Bereitschaft bzw. Druck, etwas tun zu müssen, um das Gefühl loszuwerden ❍ „hat den Ball" und muss aktiv werden ❍ braucht die klare Anweisung des Opfers, das über die Form des Schuldausgleichs bestimmen kann, daher hat die Rolle auch einen passiv-ausgelieferten Anteil ❍ bekommt soziale Aggression, Strafe oder Ächtung ❍ etc.

Technik des Schuldausgleichs

Der Familientherapeut Clement[1] hat ein äußerst brauchbares Verfahrensmodell entwickelt, den Schuldausgleich in verschiedene Schritte zu unterteilen. Darauf wurde folgender Strategieplan zum Einsatz in Teams und Organisationen aufgebaut:

1. Schuldliste: Definition und Menge der Schuld, Verteilung
2. Sammlung von eigenen irrationalen Emotionen oder solchen, an denen die Anwesenden nicht beteiligt sind.
3. Schuldübernahme und Akzeptanz des eigenen Anteils
4. Prüfung der Veränderungsambivalenz in Anbetracht der Vor- und Nachteile
5. Eine/r muss beginnen, meist jener mit der größten Schuld oder durch Losentscheid
6. Bewertung: Den wichtigste Punkt wählen und einen Ausgleich bestimmen
7. Aus dem Ausgleich eine realistische Handlung machen
8. Beide Seiten auf die Folgen eines Ausgleichs hinweisen
9. Ein einmaliges Ausgleichsritual kreieren und vollziehen
10. Die neue Runde beginnen (zurück zu Schritt 5)

Tool: Acht Rollen in Konflikten

Rolle	Eskalationsstufe	Funktion
OrganisatorIn	Stufe 1 – 9	organisiert Unterstützung beim Konfliktmanagement
ZuhörerIn	Stufe 1 – 2	gibt Informationen und Feedback, moderiert, unterstützt
Coach	Stufe 1 – 5	begleitet aktiv bei der Hilfe zur Selbsthilfe
AnführerIn	Stufe 3 – 6	gibt Ziele vor, fordert Weg bzw. unterstützt aktiv dabei
VermittlerIn	Stufe 5 – 7	vermittelt als BotschafterIn zwischen den Beteiligten
SchiedsrichterIn	Stufe 6 – 8	fällt aufgrund einer Rechtsgrundlage ein Urteil
MachthaberIn	Stufe 7 – 9	beschließt eine Lösung und setzt sie durch
Beteiligte/r	Stufe 1 – 6	schließt sich als Partei oder Mitstreiter/in dem Konflikt an

Tool: Detaildiagramm

Ziel: Komplexe Streitabläufe darstellen und Ausstiegsmöglichkeiten finden.

Auf die Frage nach den Ursachen eines Konfliktes fangen Betroffene meist an, von einer Interaktion zu berichten, die vom Zeitablauf her in Wahrheit irgendwo in der Mitte liegt. Davon ausgehend kann man langsam den Konflikt nach oben hin (in die Vergangenheit hinein) und nach unten (bis zum gegenwärtigen Stand) aufrollen. Mithilfe von Fragen nach den Details ist es möglich, ein sehr genaues Interaktionsdiagramm aufzustellen.

1 Clement 2002

Folgende grafische Darstellung, die an ein Flussdiagramm erinnert, hat sich bewährt, weil dabei viele Faktoren berücksichtigt und klar gemacht werden können. Wenn mehrere Parteien beteiligt sind, dann empfiehlt sich das Detaildiagramm für wesentliche Sequenzen jeweils zwischen zwei Personen zu erstellen und relevante Aktionen von dritten als „äußere Ursachen und Einflussfaktoren" darzustellen. Die Kunst dabei ist die Gratwanderung zwischen einer Annäherung an die wirkliche Komplexität und dem Erhalt von Klarheit. Übersichtlichkeit ist oberstes Gebot, sonst ist das Diagramm zwar genau, aber nicht nützlich.

Den Betroffenen ist es häufig wichtig, den Auslöser beziehungsweise die allererste Sequenz zu finden, um die Person zu finden, die angefangen und somit in den Augen der Beteiligten die Hauptschuld trägt. Nach Erarbeitung des Diagramms ist diese Antwort manchmal nicht mehr so wichtig, weil der Aufschaukelungseffekt und die auf beiden Seiten versäumten Ausstiegsmöglichkeiten gesehen werden können. Im Idealfall ist dann jeder bereit, sich für seinen Anteil, für seine verpassten Wahlmöglichkeiten zu entschuldigen.

Detail-Diagramm

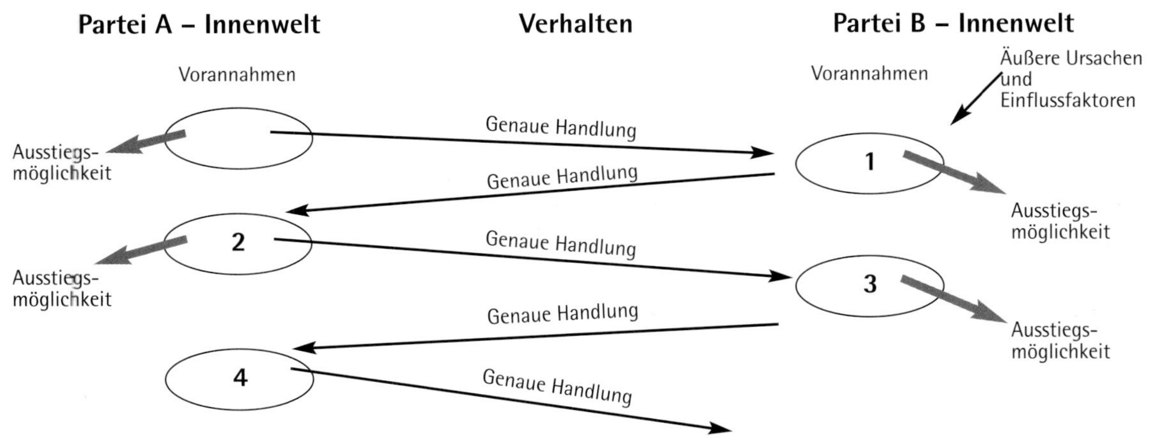

1 – 4: Beschreibung jenes Ausschnittes der Innenwelt, der relevant ist oder für den eine Veröffentlichung für den/die Betroffene/n in Ordnung ist

Bei sehr langen Sequenzen, wenn die Anfänge im Dunklen liegen, wenn vollkommen unterschiedliche Wahrnehmungen bzw. Erinnerungen dazu vorliegen oder wenn als Auslöser externe Faktoren identifiziert werden, dann ist die Suche nach dem Beginn nicht sinnvoll. Hier empfiehlt es sich, möglichst schnell den Schritt zur Erarbeitung von Lösungen zu gehen, der das eigentliche Ziel dieses Tools darstellt. Konkret werden diverse Ausstiegsmöglichkeiten von A und B grafisch dargestellt und rücken dadurch in den Mittelpunkt des Interesses.

„Ich hätte auch anders antworten können. Ich hätte erstaunt fragen können, was denn los ist. Ich hätte nach den guten Zielen Ausschau halten können..."

Weitere Fragen finden Sie zu Beginn des Kapitels *Die antreibenden Kräfte in Konflikten* (⇨ S. 73)Die erarbeiteten Möglichkeiten werden ins Detaildiagramm eingetragen und dienen der Prävention.

Literaturliste

AGB - Arbeitsgemeinschaft für Gruppenberatung (Hrsg.): Das Methodenset, 5 Bände. Ökotopia-Verlag, Münster 2004

Akademie-Studie: Beziehungs-Weise... - Führung und Unternehmenskultur. Befragung von 242 Führungskräften durch die Akademie für Führungskräfte der Wirtschaft GmbH. Überlingen 2001

Anderson, T.: Das reflektierende Team. Dialoge und Dialoge über Dialoge. Modernes Leben, Dortmund 1990; s. auch Arbeit von Harry Merl, Linz

Ashkanasy, N. M. u.a.: Managing Emotions in the Workplace. Verlag M. E. Sharpe. New York, London 2002.

Ayoko, O. und Härtel, C.: The Role of Emotion and Emotion Management in Destructive and Productive Conflict in Culturally Heterogeneous **Workgroups", S. 77 - 98 in**: Ashkanasy, N. M. u.a.: Managing Emotions in the Workplace. s.o.

Bauer, J.: Das Gedächtnis des Körpers, und: Warum ich fühle, was du fühlst. Heyne-Verlag, München 2006

Buchhaupt, F.: Emotion und Regulation. Entwicklung und Bedeutung für soziale Beziehungen und das Selbst. Universität Frankfurt am Main, Institut für Sonderpädagogik, Diplomarbeit 2007

Clement, U.: Offene Rechnungen - Ausgleichsrituale in der Paartherapie. in: Welter-Endelin, R. u. Hildebrand. B. (Hrsg): Rituale - Vielfalt in Alltag und Therapie. Carl Auer Verlag, Heidelberg 2002

Damasio, A.: Ich fühle, also bin ich. List Verlag, Berlin 2002

Elliott, R. u.a.: Praxishandbuch der Emotions-fokussierten Therapie. CIP-Medien, München 2008

Fischer, G. u.a.: Mehrdimensionale Psychodynamische Traumatherapie MPTT. Asanger, Heidelberg 2000

Fischer, G. u.a.: Lehrbuch der Psychotraumatologie. Ernst Reinhardt Verlag, München - Basel 2003

Fonagy, P. u.a.: Affektregulierung, Mentalisierung und die Entwicklung des Selbst. Klett-Cotta, Stuttgart 2004

Frankl, V.: Der Mensch vor der Frage nach dem Sinn. Serie Piper 289, München 2003

Glasl, F.: Konfliktmanagement. Verlag Freies Geistesleben, Stuttgart 2004

Glasl, F.: Selbsthilfe in Konflikten, Konzepte - Übungen - Praktische Methoden. Verlag Freies Geistesleben, Stuttgart 2008

Goleman, D.: Emotionale Intelligenz., Carl Hanser Verlag, München - Wien 1995

Goleman, D., Kreissl, R.: Soziale Intelligenz: Wer auf andere zugehen kann, hat mehr vom Leben, Droemer/Knaur, München 2008

Hüther, G.: Biologie der Angst: wie aus Stress Gefühle werden. Vandenhoeck & Ruprecht, Göttingen 1997

IGF - Institut für Grundlagenforschung, gemeinsam mit der Unternehmensberatung Wietasch & Partner: Wirtschaftsmediation und Konfliktlösung in österreichischen Unternehmen. Online unter „Studien" auf http://www.vmoe.at Wien 2004 und 2006 (Stand Okt. 2008)

Innerhofer, P.: Das Münchner Trainingsmodell. Springer-Verlag. Berlin - Heidelberg - New York 1977

Jones G., Rittman A.: A model of emotional and motivational Components of Interpersonal Interaktions in Organisations. in Ashkanasy u.a.: Managing Emotions in the Workplace. s.o.

Kernstock-Redl, H.: Wie kommt der Zornaffe von der Palme? Werkzeuge zum Gefühlsmanagement. G&G BuchvertriebsgesmbH, Wien 2007

Kernstock-Redl, H.: Emotionsregulation bei Kindern: Eine Brücke über die Kluft zwischen Theorie und Praxis. In: Berufsverband Österreichischer Psychologen/innen (Hrsg.): Psychologie in Österreich. Heft 1, Wien 2009

Kernstock-Redl, H., Sachsse, U.: Was Menschen motiviert: Ein Koordinatensystem der Bedürfnisse. In: Berufsverband Österreichischer Psychologen/ innen (Hrsg.): Psychologie in Österreich. Heft 2, Wien 2008

Klein, S.: Die Glücksformel. Rowohlt, Reinbek bei Hamburg 2002

Künzli, Hansjörg: Wirksamkeitsforschung für Führungskräfte-Coaching. Zeitschrift für: Organisationsberatung, Supervison und Coaching. Vol.12, Nr.3, 2005

Merten, J.: Einführung in die Emotionspsychologie. Kohlhammer, Stuttgart 2003

Panksepp, J.: Affective Neuroscience. Oxford University Press, Oxford - New York 1999

Polt, W., Rimser, M.: Aufstellungen mit dem Systembrett. Interventionen für Coaching, Beratung und Therapie. Ökotopia-Verlag, Münster 2006

Rauen, D.: Handbuch Coaching. Hogrefe, Göttingen 2002

Rosenberg, M. B.: Gewaltfreie Kommunikation. Junfermann, Paderborn 2005

Sachsse, U.: Traumazentrierte Psychotherapie. Schattauer, Stuttgart 2004

Schäfer, U., E. Rüther, U. Sachsse: Hilfe und Selbsthilfe nach einem Trauma. Ein Ratgeber für seelisch schwer belastete Menschen und ihre Angehörigen. Vandenhoeck & Ruprecht, Göttingen 2006

Schmidt, H., Schischkoff: Philosophisches Wörterbuch. Begriff Schuld. Alfred Kröner Verlag, Stuttgart 1982

Schulz von Thun, F., Stegeman, W.: Das innere Team in Aktion. Praktische Arbeit mit dem Modell. Rowohlt, Hamburg 2004

Sechser, E.: Familieninterne Betriebsnachfolge. kmu-forum verlag, Wien 2006

Shapiro, F.: EMDR-Seminarunterlagen. EDMR-Institut Deutschland, Bergisch Gladbach 2002; s. auch Arbeit von Lutz Besser

Simanowitz, J.: 100 außergewöhnliche Stimmungsmacher. Ökotopia-Verlag, Münster 2008

Sparrer, I.: Systemische Strukturaufstellungen. Theorie und Praxis. Carl Auer Systeme Verlag, Heidelberg 2006

Spitzer, M., Bertram, W.: Braintertainment. Schattauer, Stuttgart 2007

Varga von Kibéd, M., Sparrer I.: Ganz im Gegenteil. Carl-Auer-Systeme Verlag, Heidelberg 2005

Watzlawik, P. u.a.: Menschliche Kommunikation. Huber, Bern 2000

Die Autorinnen

Mag. **Helga Kernstock-Redl**, geb. 1964, 2 Kinder, Wien

Berufliche Entwicklung: Klinische und Gesundheitspsychologin · Weiterbildung im Münchner Trainingsmodell (Prof. Paul Innerhofer) · Arbeits- und Organisationspsychologin (ÖAP) · Systemische Psychotherapeutin (ÖAGG/ISIS, Dr. Hildegard Katschnig und Dr. Esther Wanschura) · EMDR und Gefühlsmanagement bei klinischen Fragestellungen

Publikationen zum Thema: „Was Menschen motiviert: Ein Koordinatensystem der Bedürfnisse" Helga Kernstock-Redl und Ulrich Sachsse. In: Psychologie in Österreich. Heft 2, 2008 · „Krisenmanagementberatung in Betrieben", Helga Kernstock-Redl. In: Psychologie in Österreich, Heft 4, 2009

Tätigkeitsbereiche: Training emotionaler Kompetenz · System. Coaching · Supervision · Psychotherapie

Béa Pall, geb. 1965, Wien

Berufliche Entwicklung

Systemische Psychotherapeutin nach Ausbildung im ÖAGG Wien Institut ISIS; Dr. Hildegard Katschnig, Dr. Esther Wanschura mit Eintragung in die Liste des Bundesministeriums für Gesundheit und Soziales in Wien · Weiterbildung zum systemischen Coach für Organisationen (ÖAGG) · Fortbildung in EMDR in Wien

Tätigkeitsbereiche

Arbeit in freier Praxis als Coach und Wirtschaftspsychotherapeutin zur Entwicklung und Stärkung emotionaler Kompetenzen - Gefühlsmanagement, · System. Coaching von Teams im Gesundheits- und Bildungsbereich zum Thema Teamentwicklung · Systemische Einzel-, Paar und Familientherapeutin · Co-Autorin

Mehr Infos: www.emotionskompetenz.at · www.deputycoaching.at